경전산책

원불교 경전 한문구 해설1

원불교 경전 한문구 해설 1

경전 산책

오광익 해의

DongNam
동남풍 PIIIIg

일러두기

1. 주제를 원불교 주요 경전인《정전》과《대종경》에서 취하였다.
2. 한문구 가운데 외부의 경전에서 인용된 문구를 주로 하여 선택하였다.
3. 해설은《원불교대사전》이나《원불교용어사전》또는 기타 고경古經에서 끌어와 활용하였고, 때로는 자료를 제공하는데 중점을 두었다.
4. 각 글의 중간이나 끝에 한시 한두 수를 넣어서 문요文要를 파악하도록 하였다.
5. 책은 1·2 두 권으로 나누어서 편집한다.

서문

중국 당송 8대가의 한 사람인 한유^{韓愈}가 세상을 떠난 뒤에 문인들이 《한창려집^{韓昌黎集}》을 편집하였다. 서문을 써야 하는데 선뜻 나서는 이가 없어서 머뭇거리다가 그의 사위인 이한^{李漢}에게 맡겨졌다. 이렇게 하여 쓰게 된 이한의 서문 첫머리는 '문자 관도지기야(文者 貫道之器也)'라, 즉 '문장이라는 것은 도를 꿰 담는 그릇이다.'라는 문장으로 시작된다. 아무리 좋은 도가 있다 할지라도 문장으로 꿰놓거나 담아놓지 않으면 후래에 전해질 수가 없고, 전해지지 않으면 보고 읽고 배울 수가 없게 되어 묵어버리고 만다.

우리나라의 이이^{李珥}도 《율곡전서》의 습유 잡저 문무책^{拾遺雜}^{著 文武策}에서 "성현의 가르침은 육경에 실려 있으니, 육경이란 도에 들어가는 문이라. 어찌 이것을 녹봉을 구하기 위한 도구로 삼기를 정하겠는가? 도가 나타난 것을 일러 문이라 하나니, 문이란 도를 꿰는 그릇이라. 어찌 이것을 문사의 자구나 꾸미는 기교라고 정하겠는가?(聖賢之訓 載在六經 六經者 入道之門也 豈期以此爲干祿之具耶 道之顯者 謂之文 文者 貫道之器也 豈期以此爲雕蟲篆刻之巧耶)”라 하였다.

북송 5자五子 가운데 한 사람인 주돈이周敦頤의 《통서》에 “문장이란 도를 싣는 까닭이다.[文者 所以載道]”라 했다. 이에 주희朱熹가 주를 달았는데 “문장이 도를 싣는 까닭은 수레에 물건을 싣는 까닭과 같은 것이라.[文者 所以載道 猶車所以載物]”고 했다.

우리의 《정전》과 《대종경》도 문장이나 글에다 실어놓지 않는다면 뒷사람들이 익히고 배울 수가 없게 되는 것이니, 글을 배우는 것이 중요하다고 아니할 수 없다. 《정전》 ‘개교의 동기’에 “현하 과학의 문명이 발달됨에 따라 물질을 사용하여야 할 사람의 정신은 점점 쇠약하고, 사람이 사용하여야 할 물질의 세력은 날로 융성하여, 쇠약한 그 정신을 항복 받아 물질의 지배를 받게 하므로, 모든 사람이 도리어 저 물질의 노예 생활을 면하지 못하게 되었으니, 그 생활에 어찌 파란고해가 없으리오.” 하였으니 글자 수가 모두 120자이다. 한자로 이루어진 이들 단어에 한자를 입혀 보자.

"現下 科學의 文明이 發達됨에 따라 物質을 使用하여야 할 사람의 精神은 漸漸 衰弱하고, 사람이 使用하여야 할 物質의 勢力은 날로 隆盛하여, 衰弱한 그 精神을 降服받아 物質의 支配를 받게 하므로, 모든 사람이 도리어 저 物質의 奴隸生活을 免하지 못하게 되었으니, 그 生活에 어찌 波瀾苦海가 없으리오."

여기서 한글과 한자의 비율을 나누어 보자. 이 글은 모두 120자인데 한자로 변환되는 글자가 49자이요, 한글은 한자보다 12자가 많은 71자이니 대략 한자가 41%를 차지한다. 이렇게 볼 때 우리가 한자나 한문 공부를 절대 소홀히 할 수 없다.

비록 전문적인 지식은 아닐지라도 경전에 나와 있는 한문의 구나 단어를 사습寫習하고 숙지熟知하는데 있어서 상식의 범주에도 다가서지 못한다면 어떻게 될까? 원불교 교도가 되어 경전의 한문 글자를 모른다 할 때 내심 부끄러운 생각이 들고 답답한 심경이 아닐 수 없다. 그래서 필자는 원기98년(2013)에 《원불교 정전 한자쓰기》 상·중·하 3권을 펴내었다. 그리하여 《대종경》이나 《불조요경》은 놔두고라도 최소한 《정전》 가운데 있는 한자를 익히도록 해서 의미를 깊게 파악할 수 있도록 하였다.

《정전》이나 《대종경》에 나온 한문 글귀는 대부분 남의 집안

글이요 선현의 글이다. 그래서 빌려다가 쓸 경우에는 정확해야할 뿐만 아니라 출전도 명확하게 밝혀주는 것이 도리이다. 그래서 원기95년(2010) 당시 교화연구소가 발행하는 <월간 교화>에 '경전한문구해설'이라는 제목으로 오래도록 연재를 해왔다.

또한 원기96년(2011) 원광대학교 원불교사상연구원과 한국원불교학회가 주최한 '인류정신문명의 새로운 희망'이라는 대제 하大題下에 제30회 원불교사상연구 학술대회에서 《정전》·《대종경》 한문 인용구의 원전 검토'라는 제목으로 발표를 하기도 했다.

이와 같은 상황을 거치면서 완벽을 기할 수는 없지만 부족함을 무릅쓰고라도 일차 책으로 엮어서 공부하는 사람들에게 작은 도움을 주고 싶은 마음이 있고, 또한 해설도 해설이지만 어떤 의미에서는 자료를 제공한다는 뜻을 더 담아서 첫 권을 내놓게 되었음을 삼가 밝혀둔다.

頌曰

先後天交易 선후천교역 선천과 후천이 서로 바뀌니
宗師主佛生 종사주불생 대종사 주세불로 나셨어라
言行眞理貫 언행진리관 말씀과 행동 진리를 꿰뚫은

法寶典經迎 ^{법보전경영} 법보의 정전 대종경 맞으리.

法身圓理佛 ^{법신원리불} 법신인 일원의 진리 부처는
群敎最高宗 ^{군교최고종} 뭇 종교의 최고 종지라
奉戴吾團主 ^{봉대오단주} 우리 교단 주제로 봉대하니
拯生救世從 ^{증생구세종} 생령 건지고 세상 구제 따르리.

四恩恩惠報 ^{사은은혜보} 사은의 은혜를 갚으면
毋限福禔盈 ^{무한복지영} 한정 없는 복지 가득하고
三學修行積 ^{삼학수행적} 삼학의 수행을 쌓으면
無量智慧明 ^{무량지혜명} 한량없는 지혜가 밝으리.

원기103년(2018) 12월

원로원 니우실^{涅藕室}에서

오광익 근지

차례

005 서문

012 일원즉불一圓卽佛 _ 일원은 곧 법신불이다

075 분통작분忿通作憤 _ 분은 분발이다

083 무주생심無住生心 _ 머묾이 없이 마음을 내라

089 작악기선作惡起善 _ 악을 짓고 선을 일으키다

099 상량지문上樑之文 _ 상량의 글귀

115 적적성성寂寂惺惺 _ 고요함과 깨임

125 태극무극太極無極 _ 태극과 무극

140 신통말사神通末事 _ 신통은 말변의 일이다

152 사경공부使境功夫 _ 경계를 부려 쓰는 공부

161 의불모리義不謀利 _ 의는 이익을 도모하지 않는다

189 무념지덕無念之德 _ 응용무념의 덕

217 선현지시先賢之詩 _ 선현의 시

258 서전서문書傳序文 _ 서전의 서문

283 교화지법敎化之法 _ 교화하는 방법

322 운심처사運心處事 _ 마음을 운전하고 일을 처리한다

341 대어상도對於常道 _ 떳떳한 도에 대하여

362 음양상승陰陽相勝 _ 음과 양이 서로 이기다

381 상생상극相生相克 _ 상생과 상극

396 도산지옥刀山地獄 _ 칼산의 지옥

405 즉심시불卽心是佛 _ 곧 마음이 이에 부처이다

421 첫 권의 말미에 글을 붙이니

일원즉불
一 圓 卽 佛

일원은 곧 법신불이다

'일원一圓은 법신불法身佛 ….' 또는 〈교법의 총설〉에 '법신불 일
원상法身佛 一圓相 ….' 또는 〈일원상의 진리〉에 '일원一圓 ….'

《정전》교리도

    여기서 문제를 삼고자 하는 것은 결국 '일원一圓과 법신불法身
佛'의 관계이다. 즉 '일원즉법신불 법신불즉일원一圓卽法身佛 法身佛卽
一圓' 곧 '일원은 바로 법신불이요 법신불은 곧 일원이라'는 의미
로 교리도와 교법의 총설과 일원상의 진리에서 말하는 일원이나
법신불의 의미는 상호 동급이요 상호 재기중在其中이라고 할 수
있다.

우선 단어나 숙어를 알아보자.

일원一圓

원불교에서 우주 근본 되는 궁극적인 진리를 상징적으로 표현하는 말. 일一은 모든 수數의 시초, 모든 모양象의 전체, 모든 양量의 총합, 질質의 순수를 의미한다. 원圓은 원만하고 두렷하고 온전하다는 뜻이다. 또 일은 모든 것을 하나로 합친다는 뜻이 있고, 원은 하나로 통한다는 뜻이 있다. 궁극적인 진리는 하나이고 우주 만물에 두루 통한다는 뜻이다.

첫째, 남양 혜충 국사南陽慧忠國師의 일원一圓에 대한 법문을 알아보자. 남양 혜충 국사의 속성은 염씨로 절강 회계 출신이라 이르나니 16세에 육조 혜능 대사를 알현한 뒤에 문득 장강과 황하 사이의 남양 깊은 산속에 은거하여 인고忍苦의 40년을 수행하였다. 만년에 숙종 황제의 부름에 겨우 응하여 장안의 광택사 주지를 맡았다. 대단히 많은 학도가 모두 이름을 사모하여 앞으로 나아가 참방을 하니 혜충 국사는 항상 일원상을 그리고 설법하여 학인들에게 가르쳐 보였다.

어떤 사람이 선사에게 "저 원상에 어떤 뜻이 구유하였는가?" 하고 물으니 선사가 모든 사람에게 저 원상에는 여섯 가지의 의미가 포함되어 있다고 알려 주었다.

① 일진법계의 의미를 표시함이다.

② 통일된 의식의 삼매를 표시함이다.

③ 일체 대립의 관계가 발생하기 이전의 작용을 표시함이다.

④ 불교의 일대총상법문을 상징함이다.

⑤ 진리에 대하여 깨달음의 범주를 표시함이다.

⑥ 선적 근본의 참 뜻을 표시함이다. 이상 여섯 가지가 일원에
장재^{藏在}되어 있다는 의미를 부여하였다.[1]

둘째, 야보 도천^{冶父道川} 선사가 ○[일원상]을 그렸다. 원상을 그
린 것은 처음 남양 혜충 국사였으니 국사께서 탐원에게 전하시
고 탐원이 앙산에게 전하였다. 탐원이 하루는 앙산에게 이르시
기를 "국사께서 육대 조사의 원상 97개를 전하여 노승에게 주시
고 입적하실 때 나에게 이르시길 '내가 멸한 후 30년 뒤에 한 사

---

1   南陽慧忠國師俗姓冉 浙江會稽道出身十六歲時謁見六祖惠能大師後
便隱居在長江和黃河間的南陽深山裡苦修四十年 晚年才應肅宗皇帝
之召 擔任長安光宅寺的住持。很多學生都慕名前去參訪 慧忠國師常
以畫一圓說法教示學人 有人問他這圓相具有什麼意義？ 他總告訴人
這圓相有六種含義： 一曰 表示一眞法界的意義。二曰 表示統一意識
的三昧境界。三曰 表示一切對立 關係尚未發生前的作用。四曰 象徵
佛教一大總相法門。五曰 表示對眞理領悟的範疇。六曰 表示禪的根
本之眞義

미가 남쪽으로부터 와서 선풍禪風을 크게 떨치리니 차례로 전수해서 단절하지 않게 하라.' 하셨는데, 내가 이 예언을 자세히 살펴보니 이 일이 너에게 있음이라. 내가 지금 너에게 부치니 너는 마땅히 받들어 가지라." 하였다. 앙산이 이미 얻었으므로[깨달아 증득] 그것을 태워버렸다.

탐원이 하루는 앙산에게 '지난번 전해준 원상을 깊이 간수하라.' 하니 앙산이 '태워버렸습니다.' 하였다. 탐원이 말하길 '이것은 여러 조사 스님이 서로 전한 것인데 어찌 태워버렸는고?' 하니, 앙산이 말하길 '제가 한 번 보고 이미 그 뜻을 다 알았으니 쓸 때가 되면 능히 쓸 수 있어서 가히 그 본本[○]의 현상에 집착할 것은 아니라 생각하나이다.' 하였다. 탐원이 이르길 '너는 곧 증득하였으나 앞으로 오는 자는 어떻게 하겠는가?' 하니 이에 한 본을 그려서 들어 바치니 하나도 잘못됨이 없었다.

탐원이 하루는 법상에 오르시니 앙산이 대중 가운데서 나와 원상을 그려서 손으로 받쳐드리는 자세를 짓고 물러나 차수하고 서 있으니 탐원이 양손을 합하여 교권交拳[2]하여 보이셨다. 앙산이 앞으로 세 걸음 나가 여인의 절을 하자, 탐원이 마침내 머리를 끄덕거리시니 앙산이 즉시 예배를 했다.

이것은 원상으로부터 지어진 바이로다. 지금 야보 스님께서

---

2   교권(交拳) : 주먹을 쥐다

제목 아래에 일원상을 그리신 뜻은 무엇인가? 곧 문자로써 문자를 여읜 소식을 드러냄이라. 만약 이것이 문자를 떠난 소식일진대 의논으로 증득하거나 계교로써 증득할 수 있는 것인가. 유심으로 구할 수 없고 무심으로 얻을 수도 없으며 언어로써 지을 수도 없으며 적묵寂默 함으로써 통할 수도 없음이니, 바로 두터운 입술과 철로 된 혀로도 마침내 말이 미칠 수 없음이라.

그러나 비록 이와 같으나 필경 어떻게 이를 것인가? 중생과 부처가 같은 근본이요, 묘한 체는 한 물건도 없으나 삼세의 모든 부처님도 벗어남을 얻지 못하고 역대 조사도 벗어남을 얻지 못하고 천하 노화상도 벗어남을 얻을 수 없으며 육도에 윤회도 또한 벗어남을 얻을 수 없음이니라. 삼세간三世間[3]과 사법계四法界[4]의 일체 더럽고 깨끗한 모든 것의 한 가지도 이 원상 밖을 벗어날 수 없음이라.

선禪에서는 그것을 일러 최초의 일구자一句字[5]라 하고, 교教에서는 가장 청정한 법계라 하니라. 유교에서는 통체가 한 태극이라 하고 노자는 천하의 어머니라 하니, 그 실實은 모두 이것을 가리킨 것이니라. 옛사람이 이르되 '옛 부처님이 나시기 이전에 그렇게 한 모양 둥글어 있었으니 석가도 오히려 몰랐거니 가섭에게

---

3   삼세간(三世間) : 기세간, 중생세간, 지정각세간
4   사법계(四法界) : 사법계, 이법계, 이사무애법계, 사사무애법계
5   일구자(一句字) : 말과 행 이전의 향상 일구

어찌 능히 전할 건가?'라고 한 것이 이것이니라.[6]

일원상一圓相

일원상[○]은 원불교에서 본 우주와 인생의 궁극적 진리의 상

---

6 冶父 : ○. 圓相之作이 始於南陽忠國師하니 國師가 傳之耽源하시고
源이 傳之仰山하시다 源이 一日에 謂仰山日國師가 傳六代祖師의 圓
相九十七介하사 授與老僧하시고 臨示寂時에 謂子日吾滅後三十年
에 有一沙彌가 來自南方하야 大振玄風하리니 次第傳授하야 無令斷
絶하라 하시니 吾詳此讖컨댄 事在汝躬일새 我今付汝하노니 汝當奉
持하라 山이 旣得에 遂焚之하다 源이 一日에 謂仰山日向所傳圓相
을 宜深秘之니라 山이 日燒却了也니이다 源日此乃諸祖의 相傳底어
늘 何乃燒却고 山이 日某가 一覽而已知其意호니 能用卽得이 不可
執本也니이다 源이 日在子卽得이어니와 來者는 如何오 山이 於是에
重錄一本하 呈似하시니 一無舛訛러라 源이 一日에 上堂이어시늘 山
이 出衆하사 畫一圓相○하야 以手로 托起하사 作呈勢하시고 却叉手
而立하신대 源이 以兩手로 交拳示之하시다 山이 進前三步하사 作女
人拜하신대 源이 遂點頭어시늘 山이 卽禮拜하시니 此는 圓相所自作
也니 今師가 題下에 畫一圓相하신 意旨如何오 卽文字하야 拈出離文
字底消息이니라 若是離文字底消息인댄 擬議得麼아 計較得麼아 不
可以有心으로 求며 不可以無心으로 得이 不可以語言으로 造며 不可
以寂黙으로 通이니 直饒釘嘴鐵舌이라도 也卒話會不及이니 然雖如
是나 畢竟作麼生道오 生佛이 同源이요 妙體無物이라 三世諸佛이 出
不得이 歷代祖師가 出不得이며 天下老和尙이 出不得이며 六道輪迴
도 亦出不得이며 三世間四法界의 一切染淨諸法이 無一法도 出此圓
相之外니 禪은 謂之最初一句子요 教謂之最淸淨法界요 儒는 謂之統
體一太極이요 老는 謂之天下母라 其實은 皆指此也 古人이 道하사대
古佛未生前에 凝然一相圓이라 釋迦도 猶不會어니 迦葉이 豈能傳者
是也니라.

징으로서, 이를 '일원상의 진리' 또는 '법신불 일원상'이라 하여, 최고의 종지宗旨로 삼아 신앙의 대상과 수행의 표본으로 모신다. 일원상은 교조 소태산 대종사의 대각에 의해 밝혀진 '일원상 진리'의 상징이다. 이는 《대종경》 서품 1장에 소태산 자신이 20여 년간의 구도 끝에 도달한 대각의 심경으로서, "만유가 한 체성이며 만법이 한 근원이로다. 이 가운데 생멸 없는 도와 인과보응 되는 이치가 서로 바탕하여 한 두렷한 기틀을 지었도다."라고 선포한 대각 제일성에도 그대로 드러나 있다.

법신불法身佛

진리 그 자체로서의 불佛. 산스크리트 다르마까야붓다Dharma-kāya Buddha의 의역으로, 법·보·화法報化 삼신불 중의 하나. 법불法佛·자성신自性身·법성신法性身·진여신眞如身·여여불如如佛·실불實佛이라고도 한다. 법신은 원래 이지불이理智不二의 불신을 의미하지만, 삼신설을 확립한 유가행파에서는 이와 지를 나누어 전자를 법신, 후자를 보신이라 하기도 한다.

유가행파에 의하면 진여 법신眞如法身은 언어 명상과 사려 분별을 넘어선 평등 일상으로서, 부증불감하고 불생불멸하며 보편 평등한 무한 절대의 진여 체성인바, 그것은 제불 여래의 근본 자성신이며, 나아가 일체법의 소의所依가 될 뿐만 아니라, 보신과 화신 또한 이에 의지한다고 한다.

법신불일원(상)法身佛一圓(相)
일원(상)법신불一圓(相)法身佛

법신불 일원(상)이나 일원(상) 법신불은 동등한 의미로 단어만 전후로 바꾼 것이라고 볼 수 있다. 원불교의 교리를 한 눈으로 살펴볼 수 있는 '교리도'에 최고 종지로서의 일원상[○]을 상단에 놓고, 그 아래에 "일원은 법신불이니, 우주만유의 본원이요, 제불제성의 심인心印이며, 일체중생의 본성이라"고 정의를 하였으니 이 말 외에 가감을 한다면 자칫 조문상덕彫文喪德의 우愚를 범할 수가 있다.

그러므로 그 의미를 대강 밝히면

법신불 일원상

먼저 '일원은 법신불'이라는 근본 명제에서 볼 때 원불교의 일원상 진리는 소태산 스스로의 대각에 의하여 천명된 독자적 진리관일 뿐 아니라, 그것은 그 깨달음에 바탕하여 동양의 전통적 진리관, 특히 불교적 진리관의 정수를 조화적으로 회통시켜 계승 발전한 것이다. 물론 원불교 교리 전반에 비춰볼 때 거기에는 불교뿐만 아니라, 유교·도교, 그리고 한국의 고유 신앙 등 기타 모든 종교의 진리관이 조화적으로 회통되어 있는 통종교적 경향을 지니고 있으나, 무엇보다 불교적 진리관에 주된 사상적 연원을 두고 있다.

이렇게 볼 때 법신불(Dharma-kya)이란 법·보·화 등 삼신불 중의 하나인 협의의 법신불을 의미한 것이라기보다는, 초기불교뿐 아니라 대승불교 전반의 교리발달사를 통하여 심화 발전되어 온 모든 불타관 내지 진리관의 총체적 의미를 조화적으로 종합 지향한 광의의 법신불을 의미한다. 그것은 개별 현상이나 인격적 화신불(Nirma-kya)을 넘어서서 만법의 근원으로서의 진리(dharma) 그 자체를 부처로 본 것이다.

우주만유의 본원으로서의 일원상

한편 이와 같은 법신불 일원상이야말로 바로 '우주만유의 본원'이라는 명제에 비춰볼 때, 일원상은 우주만유의 전체상과 그 근원성 및 유일 절대성 등의 의의를 상징한다. 곧 일원상은 만유가 한 체성에 바탕해 있는 무한한 존재 세계의 전체상을 상징하며 동시에 그것은 만법의 근원으로서의 절대 유일의 본원 세계를 상징한다. 만유 또는 만법이란 나 자신을 포함하여 시·공을 통해 전개되는 유정·무정의 모든 존재뿐만 아니라, 그들의 생성 변화 작용, 그리고 시간과 공간 그 자체까지도 포함하여 부른 것이다. 나아가 그것은 일체의 가치관이나 진리관 등의 의미적 존재까지도 폭넓게 수용한 개념이다.

인간 자아의 본성으로서의 일원상

법신불 일원상은 '우주만유의 본원'일 뿐 아니라 '일체중생의 본성'이라는 명제에 비춰 볼 때, 그것은 나 자신을 포함하여 모든 생명 존재의 본성 그 자체이다. 이는 진리의 내재성과 그에 따른 인간 스스로의 주체성과 자각성을 강조한 것이다. 곧 우주만유의 본원으로서의 일원은 동시에 인간 자아의 본성 그 자체로서, 그것은 일원의 진리를 깨달은 사람(불보살)이나 깨닫지 못한 사람[범부중생]에 관계없이 그들의 본성에 일원의 진리가 내재해 있다. 인간의 본성은 바로 법신불 일원의 내재적 진리로서, 이를 원불교에서는 자성불自性佛·심불心佛·불성佛性·성품 등의 다양한 이름으로 부른다. 이렇게 볼 때 본성에 있어서는 부처와 범부의 차별이 없을 뿐 아니라, 누구나 수행을 통해 일원의 진리에 계합될 수 있는 불성을 지니고 있다.

제불제성諸佛諸聖의 심인心印으로서의 일원상

우주만유의 본원이요 일체중생의 본성으로서의 법신불 일원상은 동시에 '제불제성의 심인'이다. 심인이란 원래 선가禪家에서 주로 쓰는 용어로서, 심心은 불심佛心, 인印은 인가印可 또는 인증印證을 뜻하며, 부처님이 마음으로 깨달아 증득한 경지, 곧 언어나 문자로는 표현할 수 없는 궁극의 경지 그 자체를 비유적으로 표현한 것이다.

그러므로 제불제성의 심인이라는 명제는 진리의 각증성覺證性과 회통성 및 귀일성 등의 의의를 강조한 것이다. 곧 근원적 진리로서의 법신불 일원은 일상적 언어로 개념화하거나 표현할 수 없으며[言語道斷], 상대적인 사유작용으로는 인식될 수 없는[心行處滅] 자리로서, 오직 부처나 성자들의 심오한 종교체험으로서의 직관적 깨달음覺證을 통해서만이 비로소 그 내면세계에 체인體認될 수 있는 것이다.

頌曰

謂有原非有 위유원비유
있다 이르지만 원래 있는 것이 아니요
言無亦匪無 언무역비무
없다 말하지만 또한 없는 것이 아니니
本來痕滅故 본래흔멸고
본래 흔적이 소멸하였기 때문이요

影子併相逾 영자병상유

그림자와 아울러 형상을 넘었음이라.

夫乾坤未判 부건곤미판

무릇 하늘땅이 갈라지지 않았는데

圓理自然生 원리자연생

둥근 진리 저절로 그렇게 생겼네

一出無消滅 일출무소멸

한번 나옴에 소멸함이 없어서

有餘宇宙盈 유여우주영

우주를 채우고도 남음이 있어라.

欲覺無攸覺 욕각무유각

깨치려 하지만 깨칠 바가 없고

要明匪所明 요명비소명

밝히려 하나 밝힐 바가 없구나

法身枝末露 법신지말로

법신은 가지 끝에 이슬이요

佛祖石場萌 불조석장맹

부처조사는 돌 마당에 싹이어라.

欲得原非失 욕득원비실

얻고자 하지만 원래 잃지 않았고

要觀本未遮 요관본미차

보려 하지만 본래 가리지 않았네

眼盲難見物 안맹난견물

눈 어두우면 물을 보기 어렵듯이

心暗理源叉 심암이원차

마음 어두우면 진리 근원 어긋나리.

一圓爲理質 일원위리질

일원은 진리의 바탕이 되고

敎旨做宗源 교지주종원

교지로 종교의 근원이 되네

心體無非佛 심체무비불

심체는 부처 아님이 없으니

永生此路奔 영생차로분

긴긴 생애를 이 길로 달리리.

더 풀어서 해설을 하자면

　'일원一圓은 법신불法身佛이니 본원本源이요 심인心印이며 본성本性
이다.'라고 하였다. 즉 '일원은 진리의 성체性體인 법신불로 이 우
주인 하늘과 땅과 별과 해와 달의 바탕일 뿐만 아니라 삼라만상
의 근본이요 원질原質이며, 과거는 말할 것도 없지만 현재와 미래
까지 모든 성자들이 마음으로 오증悟證하여 낙인烙印한 자리이고,
이 우주 안에 살고 있는 모든 것, 즉 생生의 요소가 있는 유정물
은 물론이지만 무정물까지도 동성同性이요 동본同本으로 천현闡顯
하여 주신 전겁이무前劫已無하고 후불부생後不復生할 진리의 도판圖
版이라.'고 할 수 있다. 다시 말하면 이 우주 어느 것, 어떤 물건이
본원이 되고 심인이 되며 본성이 되는 것이 있겠는가. 오직 법신
불 일원만이 그 체질體質이 될 수 있고 대상이 될 수 있다.

　이러한 의미에서 일원一圓의 외현지의外現之意와 내재지리內在之理
를 간추려보면

宇宙虛空 眞空實相 一眞法界 未判理體
　우주나 허공은 같은 의미이다. 근래 빅뱅 이론이나 물리학에
서 구성 연도를 찾고 이면을 규명하려고 한다. 그러나 옛날 동양
의 해석은 사방상하四方上下를 우宇라 하고, 왕고내금往古來今을 주

宙라 하여, 시간과 공간을 합칭해서 썼다. 또한 진공실상도 진공
은 머리나 생각으로 분별을 여읜 불가득不可得 불가설不可說의 반야
般若요 실상은 무자성無自性의 진실한 모습을 말한다. 일진 법계도
오직 하나인 참된 세계, 절대 무차별한 우주의 실상을 말한다. 또
한 이체란 만유 곧 온 우주 안의 삼라만상의 본질이라는 뜻으로
제법諸法의 이성理性을 말한다. 종합하여 말하자면 단어들이 어떠
한 의미를 지녔다할지라도 판석判釋하거나 정의定義할 수 없는 자
리이다.

森羅萬象 恩惠母胎 生成化育 慈悲根源

삼라만상은 천삼라天森羅 지만상地萬象이라는 의미로 하늘과 땅
[우주]의 온갖 사물 및 모든 현상을 말한다. 또한 은혜 모태란 어
머니가 태중에서 자식을 기르듯이 사은四恩이 삼라만상의 모태가
되어 생성을 하고 화육을 시키는 것이니 이것이 바로 생명을 불
어넣어 존속케 하는 진정한 자비의 사람이라고 할 수 있다.

無盡世路 正步之方 樂園建設 圖版之本

세상의 길은 한정이 없고 그 길을 따라서 벌려진 세계는 좋은
면도 있지만 오탁汚濁의 악세惡世가 널려 있으니 이런데서 바른 걸
음을 걸을 수 있는 인격의 소유자가 되어야 한다. 그리하여 우리
가 바라는 낙원의 세계를 건설해서 동락同樂을 하고 공유共遊를 하

자는 것으로 그 도판圖版이 바로 진리의 모습을 펼치면 살아가는 길이라고 할 수 있다.

萬有生命 出入門戶 生死融會 涅槃寂靜

하늘과 땅에 널려있는 사물은 생명을 가지지 않는 것은 하나도 없다. 다만 영靈이 위주냐, 기氣가 위주냐, 질質이 위주냐에 따라 은현隱顯이나 강약强弱은 있을지라도 생명은 본유本有하여 생사 거래의 출입을 하고 있다. 그러나 열반이나 해탈의 극처極處에 이르면 생과 사가 융해融解되고 가고 옴이 회통會通되어 불이不二가 된다고 할 수 있다.

諸佛祖師 吞下一物 心性意識 無餘三昧

진리나 불성, 또는 한 종단이나 종파의 종지宗旨가 되는 대상을 일물이라고 표현을 한다. 그리하여 부처나 조사를 이루기 이전에 자신의 심성이나 의식을 수련하여 삼매의 심처深處에 들었다가 출정出定하면서 깨달음을 얻었을 때 비로소 한 물건 곧 일물을 삼키는 것이 된다.

本源屬性 藏空圓正 不生不滅 因果報應

진리의 본원이 되는 속성을 《대종경》교의품 7장에 '일원의 진리를 요약하여 말하자면 공空과 원圓과 정正이니…'라 하였고, 《대종경》 서품 1장에 원기圓紀 원년 사월 이십팔일(음 3월 26일)에 대종사 대각大覺을 이루시고 말씀하시기를 '만유가 한 체성이며 만법이 한 근원이로다. 이 가운데 생멸 없는 도道와 인과 보응되는 이치가 서로 바탕하여 한 두렷한 기틀을 지었도다.'라고 하였으니 진리를 언어문자로 강연이 표현한 것이라고 말할 수 있다.

一切眞理 叢匯之體 一切宗敎 出現之胎

산골 물은 어디로 모일까? 바다로 모여든다. 세상의 모든 종교는 어디서 나왔을까? 결국 진리에서 나왔다. 그러므로 산골 물이 바다에 모여서 회합을 이루듯이 종교의 출현도 진리를 바탕으로 해서 모이기도 하고 또한 잉태되어 나오는 것이라고 할 수 있다.

禍福苦樂 所作酬應 智慧天癡 醒迷劃點

우리가 살면서 알거나 모르거나 의식하거나 안 하거나간에 육근의 작용으로 지어지는 재앙의 고통과 복의 즐거움이 저절로 와지는 천업天業도 있지만 결국 자신이 지어서 자신이 받게 된다는 자작자수自作自受나 자업자득自業自得은 분명 줄 수 있는 무엇이 있어서 그러한다. 또한 지혜로운 사람이나 천치의 차이는 종이 한 장의 차이라고 말을 하지만 그 획점劃點에 있어서는 깨쳤느냐 아니면 미혹했느냐의 천지 차이보다 더하다 해도 과언은 아니다.

一圓眞理 吾家宗旨 法界宗家 眞體種根

일원의 진리는 우리 원불교의 최고 종지宗旨이다. 절대 불변이
요 절대 불역不易한 것임으로 봉대를 해야 한다. 따라서 모든 종
교나 종파에서 내세우는 주체가 있다면 이 일원의 진리를 벗어
날 수 없다. 그러므로 우리 원불교는 능히 이 우주 법계의 종가宗
家가 되는 것이요 진리의 모체母體가 되는 종근種根이라고 할 수 있
다. 이러한 의미에서 볼 때 마음으로 깨닫고 행동으로 나타내서
암세暗世의 등화가 되어야 한다.

先宇宙而不古 後天地而不缺 歷萬劫而不舊 越時空而常存

진리라는 자체가 우주보다 먼저 생겼다 할지라도 옛 것이 될
수 없다. 또한 천지보다 뒤에 나왔다 할지라도 조금도 이지러진
바가 없다. 그저 여여하게 존속을 할 뿐이다. 따라서 이 진리는 무
한한 세월을 지낸다 할지라도 옛 것이 될 수 없고, 시간과 공간을
넘어서서 항상 존재하는 것이니 눈을 뜨면 보고 귀를 기울이면
들리며 입을 열면 말하고 수족을 움직이면 잡고 밟아가게 된다.

立願祈求 善應常答 畏敬歸屬 安心立命

작은 원은 작게 이뤄지고 중간 원은 중간 이뤄지며 큰 원은 크
게 이뤄지고 원이 없으면 이뤄짐도 없다[小願小成 中願中成 大
願大成 無願無成]. 따라서 정말 큰 원은 진리의 호응이 없고는

이루기 어렵지만 반면에 크고 작은 응답이 없는 것은 절대 아니다. 또한 사람이 세상을 살면서 두려우면 공경을 하게 된다. 즉 자신의 마음이나 힘으로 할 수가 없으면 누군가에 빌어서 안심입명을 얻으려 한다. 안심입명은 두 가지 뜻이 있다. 하나는 천명天命을 깨닫고 생사·이해를 초월하여 마음의 평안을 얻는 것이요, 둘은 생사의 도리를 깨달아 내세의 안심을 꾀하는 것을 말하는데 해결의 방법을 찾는데 있어서 자연 기구祈求가 나오지 않을 수 없다.

初末而相回 空有而隱顯 物物而裏藏 事事而中作

《대학》에 '물에는 본과 말이 있고, 일에는 시작과 끝이 있다.[物有本末 事有終始]'고 하였다. 이 우주안의 사사물물은 시작[처음]과 끝이 서로 밀고 이끌어서 쉼이 없이 돌아간다. 또한 없어졌다 있어지고, 숨었다가 나타나는 반복을 통해서 우주와 천지의 변역變易을 이루어가고 있다.

有相而無相 無相而有相 有常而無常 無常而有常

진리란 별스럽게 바라보지 않으면 대수롭지 않다. 그러나 눈을 떠서 바라보면 있는 것 같은 모양이지만 없고, 없는 것 같지만 모습이 분명히 있다. 또한 우주를 통리統理하는 진리가 정靜하게 되는 것이 유상有常의 불변不變이요 동動하게 되는 것이 무상無常의 변화라고 할 수 있다.

有爲而無爲 無爲而有爲 有行而無行 無行而有行

위爲는 위작僞作·조작造作이라는 뜻이다. 또한 인연으로 말미암아 일어나는 모든 현상을 말하기도 한다. 이런 현상에는 반드시 생·주·이·멸의 형태가 있게 된다. 반면에 무위는 생멸 변화가 없는 모든 법의 진실체를 말하는 것으로 둘이 될 수가 없다. 인연이나 조작 곧 생주이멸의 변천이 없는 진리자리로 열반涅槃·진여眞如·법성法性·실상實相과 같은 의미이다. 또 유행이란 실지로 드러나는 행동을 말한다. 반면에 무행은 마음속에 계획하거나 분별하는 일이 없이 자연에 맡겨하는 행동이라고 할 수 있는데 이도 또한 둘이 아니다.

舌頭不昇 筆端不寫 手握不執 眼開不見

우리가 꿀을 먹은 사람에게 묻는다. '얼마나 단가?' 하고. 그런데 그 사람은 말을 못한다. 우리나라 '꿀 먹은 벙어리'라는 속담처럼 말이다. 속에서는 요만큼 달다고 말하고 싶은데 생각을 끌어내지 못한다. 흔히 우리는 진리를 말할 수도 있고, 그릴 수도 있으며, 잡을 수도 있고, 볼 수도 있다고 쉽게 표현을 한다. 그러면 말해보라. 그려봐라. 잡아봐라. 봐 봐라. 과연 뜻처럼 그렇게 되는가. 아니다. 그래서 옛 사람이 구괘벽상口掛壁上 곧 입을 떼 내서 벽 위에다 걸어두라고 고구정녕苦口丁寧히 일러주었다. 그러나 때로는 선의의 가구假口로 위언僞言이 필요할 때도 있다.

十方三界 吾家所有 六道四生 與我同氣

시방은 동서남북과 간방을 시방이라 한다. 삼계는 부처를 이루지 못한 중생들이 살아가는 욕계, 색계, 무색계를 말한다. 즉 이 우주 안에 있는 모두가 내가 소유하는 물건이요 육도[천상, 인간, 수라, 아귀, 축생, 지옥]와 사생[태생, 난생, 습생, 화생]이 나와 동기同氣한 동생명同生命이라는 의미이다. 한 예를 들어보면 중국 북송의 장횡거張橫渠는《서명》에서 '민오동포 물오여야民吾同胞 物吾與也'라 하였다. 즉 '백성[사람]은 모두 한배에서 난 형제이고 만물은 나와 함께 하니라'고 말하였다. 또한 '일원상법어'에서 '이 원상圓相의 진리를 각覺하면 시방삼계가 오가吾家의 소유인 줄을 안다.'고 하였다.

一卽一切 一切卽一 一念萬念 萬念一念

불교의 화엄사상華嚴思想은 대체로 개개사물의 상호의존성과 조화調和를 강조하여 '일즉다 다즉일一卽多 多卽一'이라 한다. 즉 '하나一 속에 우주만물多이 있고, 우주만물多 안에 하나一가 있다.'라는 의미이다. 또한 승찬대사僧粲大師의《신심명》에 '일즉일체一卽一切요 일체즉일一切卽一이라' 하였다. 즉 '하나가 곧 일체[전체]이요 일체가

곧 하나이다.'는 의미이다. 또한 의상대사義湘大師의 '법성게法性偈'
에도 '일중일체다중일 일즉일체다즉일一中一切多中一 一卽一切多卽一'이
라 하였다. 즉 '하나 가운데 일체가 있고 많은 가운데 하나 있으며
하나가 곧 전체이고 많은 것이 곧 하나이다'는 의미이다. 의상대
사의 '법성게'에서 보듯 '일미진중함시방一微塵中含十方'이다. 즉 '한
작은 티끌 속에 시방세계를 머금었다.' 곧 이 우주 속의 털끝과도
같은 하나의 개물 속에도 우주전체의 모습이 담겨져 있다는 뜻이
다. 또한 의상대사의 '법성게'에 '무량원겁즉일념 일념즉시무량겁
無量遠劫卽一念 一念卽是無量劫'이라 하였다. 즉 '한없는 긴긴 시간이 곧
한 생각이고, 한 생각이 곧 헤아릴 수 없는 기나긴 겁이라'는 의미
이다. 그러므로 찰나의 한 생각 속에 무량대세계無量大世界가 이어
지고 펼쳐지는 것이라고 할 수 있으니 지금이 곧 영겁이다.

上帝常居 天主常處 諸佛常住 衆生常活

  상제는 세상을 창조하고 이를 주재한다고 믿어지는 초자연적
인 절대자이요, 천주는 우주를 창조하고 주재하는 유일신唯一神이
며 제불은 여러 부처이요 중생은 부처의 구제 대상이 되는, 깨달
음을 얻지 못한 사람이나 생명을 지닌 모든 존재를 통틀어 이르
는 말이다. 그러나 이들이 하늘이나 극락 또는 천당 등, 범접할
수 없는 곳에 머무는 것이 아니라 우리와 함께 숨 쉬고 눈 맞추며
노래하고 춤추는 그 곳에 있다는 사실을 알아야 한다.

欲染而不彩 欲壞而不破 欲得而不握 欲見而不窺

소식蘇軾(1037~1101년)은 중국 북송 시대의 시인이자 문장가, 학자, 정치가이다. 자字는 자첨子瞻이고 호는 동파거사東坡居士였다. 흔히 소동파蘇東坡라고 부른다. 다음은 그의 '백지찬白紙贊'이라는 시이다.

素紈不畵意高哉 소환불화의고재
흰 비단 그대로 그리지 않음도 뜻이 높구나
但着丹靑墮二來 단착단청타이래
만일 붉고 푸르게 그리면 두 변에 떨어지리
無一物中無盡藏 무일물중무진장
한 물건도 없는 가운데 다함없이 감았으니
有花有月有樓臺 유화유월유누대
꽃도 있고 달도 있으며 누대도 있어라.

이와 같이 백지白紙에 물감을 떨어뜨리면 이분二分이 되는 우를 범하게 된다. 그러므로 채색도 할 수 없고, 부술 수도 없으며, 잡을 수도 없고, 보려 해도 엿볼 수가 없다. 그러나 그 속은 무궁한 묘리妙理와 무궁한 조화造化와 무궁한 보물과 무궁한 혜복慧福이 다 복 차 있는 것이니 삼세의 수도하는 사람들이 이것을 얻고 깨치려고 여구두연如救頭燃의 진력盡力을 하였다.

性理之體 無極之源 自然之道 一圓之相

성리나 무극이나 자연이나 일원은 동급이요 동등이다. 내용적인 설명이야 대동소이大同小異 하겠지만 근원에 있어서는 귀일처歸一處가 된다고 아니할 수 없다. 그러므로 성리란 우주와 인생의 가장 궁극적인 진리이다. 성性은 인간의 자성원리이요 이理는 우주의 근본이치이다. 수도인이 진리를 깨친다는 것은 곧 성리를 깨치는 의미이다. 또한 무극이란 유교에 있어서 태극의 처음 상태를 말하는 것으로 곧 우주의 근원이란 뜻이다. 송나라 주렴계周濂溪(1017~1073)는 중국 북송(960~1127)의 유교 사상가로 성리학의 기초를 닦았다. '태극이 무극太極而無極'이라고 말하였다. 자연이란 도교에서 우주 만물의 근본 법칙인 도道를 말한다. 또한 일원이란 원불교에서 우주 만유의 궁극적인 진리를 상징적으로 표현하는 말이다.

偏敷滿宇宙 收攝在微塵 有前不敢逐 存後無敢執

진리란 우주에 가득하다. 꼭 집어낼 수는 없지만 대포무외大包無外가 아닐 수 없다. 반면 거두어서 뭉치면 형상도 볼 수 없기 때문에 강연이 티끌에 있다고 말을 하게 된다. 따라서 앞에 있다고 할지라도 좇을 수 없고 뒤에 존재할지라도 감히 잡을 수가 없다. 그래서 어떤 누구도 이름을 붙일 수 없고 연유를 알 수가 없기 때문에 "나는 그 이유를 모르겠노라吾不知所以"라고 하였다.

眞空虛而圓滿 不欠餘而具足 現應用而無私 惟正行而不邪

진리의 당체를 한마디로 말하면 원만구족圓滿具足이요, 그 현상으로 말하자면 지공무사至公無私라고 할 수 있다. 그러므로 참으로 텅 비어야 원만한 것이요 모자람이나 남음도 없어야 구족한 것이라고 할 수 있다. 따라서 응용하는데 있어서는 사사로움이 없어야 하고 오직 바르게 행동을 했을 때 삿됨이 없게 된다.

眞理宇宙滿 眞光乾坤盈 眞法大千通 眞性法界徹

참된 이치, 참된 빛, 참된 법, 참된 성품은 우주나 건곤이나 삼천대천이나 법계에 가득하고 통철하지 않을 수 없다. 이러한 현상은 지식이나 학습을 가지고 견증見證하는 것이 아니라 깨달음을 이루고 지혜를 가졌을 때만 견증이 가능하기 때문에 지난한 수행의 과정을 걸어서 진과眞果를 얻지 않을 수 없다. 그러므로 수행자는 수행修行을 하는데 앞뒤나 좌우에 해찰하지 말고 직로로 정진을 하고 적공을 해야 한다.

通三世而不停 貫三界而不私 顯三千而不痕 宰三才而不有

진리라는 한 물건은 과거 현재 미래를 통해서 멈추지 아니하고 진행을 한다. 또한 욕계 색계 무색계를 관통해서 사사롭지 아니하고 공정하게 처리해 간다. 또한 삼천대천세계에 드러나지만 모두 안고 품어서 길러가지만 어떤 흔적도 보이지 않는다. 또한 하늘 땅 사람을 주재하지만 내 것이라는 집착이나 관념이 없이 소유하지 않는다.

無主之物 無生之物 無爲之物 無相之物

소동파蘇東坡의 '적벽부赤壁賦'에 보면 "대저 천지 사이의 사물에는 제각기 주인이 있어, 진실로 나의 소유가 아니면 비록 한 터럭일지라도 가지지 말 것이나, 강 위의 맑은 바람과 산간의 밝은 달은, 귀로 들으면 소리가 되고 눈에 뜨이면 빛을 이루어서, 가져도 금할 이 없고 써도 다함이 없다[夫天地之間 物各有主 苟非吾之所有 雖一毫而莫取 惟江上之淸風 與山間之明月 而得之而爲聲 目遇之而成色 取之無禁 用之不竭]"라고 하였다. 이와 같이 우주나 진리, 또한 물상들은 본래 내 것이라는 주장[주인]도 없고 생멸의 반복도 없으며 조작의 함도 없고 드러내는 상도 없이 여여할 따름이다.

佛祖與衆生一性 蒼天與厚地一體 眞理與事物一源 六道與四生一根

무릇 성품의 미각迷覺과 명암明暗에 따라 부처도 되고 중생도 되는 것이지만 그 본래의 성품에 있어서는 털끝만큼의 차이가 없다. 또한 높고 푸른 저 하늘과 만물을 기르는 두터운 땅도 위아래가 나뉘어 있는 것이 아니라 본래 한 바탕을 이루고 있다. 또한 우주를 움직이는 이치와 형형색색으로 모습을 보이는 사물도 그 근원에 있어서는 둘이 아닌 하나이다. 또한 육도를 윤회하는 생령이나 태란습화胎卵濕化의 사생도 생명을 간직한 한 뿌리이다.

未兆陰陽之前 未變無有之前 未起性心之前 未別佛生之前

현실적으로 보면 음과 양이 상승相勝을 이루고, 없음과 있음이 변역變易을 이루며, 성품과 마음이 기멸起滅을 이루고, 부처와 중생이 분별을 이룬다. 그러나 그 근원이나 체성에서 본다면 음과 양이 무슨 조짐이 있으며, 유와 무가 어찌 변하고 바뀌며, 성품과 마음이 어찌 일어나고 사라지며, 부처와 중생이 무슨 나눔이 있겠는가? 그러므로 분별은 번뇌이요 이견二見은 망상이다.

本藏無盡之寶貨 本藏無息之恩惠 本藏無窮之妙理 本藏無量之造化

사람이 아무리 사해四海의 부유를 누릴지라도 반드시 다할 날이 있고, 아무리 많은 도움을 남에게 베푼다 할지라도 그칠 때가 있으며, 아무리 훌륭한 묘술[기술]로 한 시대를 풍미風靡한다 할지라도 더 좋은 기술이 나오는 것이고, 아무리 뛰어난 신통묘술을 부려서 세상을 신기루처럼 만든다 할지라도 시간이 지나면 사라지게 된다. 그러나 진리는 샘물처럼 퍼서 써도 마르지 않는 보배를 갈무리하였고, 또한 베푼다는 심상心相이 없는 은혜를 갈무

리하였으며, 다하려 해도 다할 수가 없는 오묘한 이치를 갈무리
하였고, 사람의 지식이나 생각으로 미칠 수 없는 영원한 대자연
의 조화調和의 조화造化를 갈무리하였다. 그러므로 AI[Artificial
Intelligence, 인공지능]의 과학이 아무리 발달을 한다할지라도
인간의 감정이나 진리의 오득悟得까지는 아직 미치지 못할 것 같
다. 이러한 의미에서 대종사님이 일찍이 제창한 '물질이 개벽되
니 정신을 개벽하자'라는 의미를 더욱 새겨보고 음미해야 한다.

物影不二 空有不二 性心不二 理事不二

무릇 실물이 있어야 그림자가 생겨난다. 만일 실물이 없으면
그림자가 나타나지 않는다. 이런 의미에서 그림자와 실물은 둘
이라고 볼 수 없다. 이와 같이 텅 빈 본체와 나타나 채워진 현상
은 둘이 아니다. 또한 본래 청징淸澄한 성품과 오만가지 작용을 부
리는 마음은 둘이 아니다. 또한 원만圓滿을 이룬 진리와 그 진리가
바깥으로 나툰 온갖 사물은 둘이 아니다.

信理第一 信法其次 信恩其次 信人其次

사람이 세상을 살아가면서 재물이나 생명보다 더 귀한 것이
믿음이라고 할 수 있다. 더욱이 도가에서는 믿음의 깊이나 폭이
얼마쯤 되느냐에 따라 깨달음도 이루고 법을 전해 받기도 한다.
《대종경》 신성품 1장에서 "스승이 제자를 만남에 먼저 그의 신

성을 보나니 공부인이 독실한 신심이 있으면 그 법이 건네고 공을 이룰 것이요, 신심이 없으면 그 법이 건네지 못하고 공을 이루지 못 하나니라."고 하였다. 또한 《정전》 솔성요론 1조에도 "사람만 믿지 말고 그 법을 믿으라."고 하였다. 그러므로 믿음에 있어서 진리를 받들어 믿는 것이 첫째이고, 정법을 받들어 믿는 것이 그 다음이며, 없어서는 살 수 없는 사은을 믿는 것이 그 다음이며, 부처요 성자라 할지라도 사람을 믿는 것은 그 다음이 되는 것이라고 할 수 있다.

以空爲本 以圓爲光 以正爲變 三位一體

《대종경》 교의품 7장에서 "일원의 진리를 요약하여 말하자면 곧 공空과 원圓과 정正이라"고 하였다. 그렇다면 공이란 유무초월한 자리를 보는 것, 언어도가 끊어지고 심행처가 멸한 자리를 아는 것, 모든 일에 무념행을 하는 것을 말한다. 또한 원이란 마음의 거래가 없는 것, 지량知量이 광대하여 막힘이 없는 것, 모든 일에 무착행을 하는 것을 말한다. 또한 정이란 아는 것이 적실하여 모든 사물을 바르게 보고 바르게 판단하는 것. 마음이 한 편에 기울어지지 아니하는 것. 모든 일에 중도행을 하는 것을 말한다. 그러므로 이 세 가지가 따로따로인 것 같지만 근원이나 본체에 있어서는 하나의 진리, 하나의 목적을 위해서 통합되어진 것이라고 할 수 있다.

吾師刻意 須願成佛 若有稀微 易流弊端

종교의 생명은 무엇일까? 아마 교조가 창교創教를 하면서 세우고 제시한 각의刻意라고 생각한다. 각의란 의지意志가 방종放縱하지 않음을 말한다. 곧 교단의 공동 서원일 수도 있고 개인의 희망일 수도 있다. 《후한서 당고전》 서문에 "무릇 의지가 새겨지면 행동이 방자하지 않는 것이요, 물질에 끌리면 그 뜻[마음]이 [세속, 폐단 등]으로 흐른다[夫刻意則行不肆 牽物則其志流]"고 하였다. 그러므로 우리가 이 교단에 몸을 담고 살면서 이 서원을 잊어버리고 딴 짓을 하거나 어긋난 길로 나가서 갈수록 희미하게 되어진다면 자신도 불행이지만 교단에도 누를 끼치며 세상의 명등明燈도 될 수 없게 된다.

이 이상 얼마든지 밝힐 수 있을 것이나 이쯤에서 줄인다.

頌曰

三世聖賢斯世生 삼세성현사세생
삼세의 성현들이 이 세상에 나와서
擡提迷衆鑠拯程 대제미중삭증정
중생의 미혹 녹여서 건질 길을 들어 제시했네
一圓主體通群法 일원주체통군법

일원을 주체로 뭇 법이 통합되리니

此理懷胸本性明 차리회흉본성명

이 이치 가슴에 품으면 본래 성품 밝아지리.

일원에 대한 선현들의 공안公案

선현들이 일원一圓이나 일원상一圓相을 위주하여 제시되었던 공안公案[성리·의두·화두 등]을 들어보자면

옛사람이 일렀다. '옛 부처 나오기 이전에 응연히 한 모습 둥글었네. 석가모니도 오히려 몰랐는데 가섭 존자가 어찌 능히 전하리오.'[7]

야보 도천 선사冶父道川禪師는 "○을 그리고 그 아래에 '법이란 홀로 일어나는 게 아닌 데 누가 어찌 이름 붙이는가. 수승殊勝한 큰 법왕이여! 짧음도 없고 또한 깊도 없으며, 본래 검거나 희지 아니하되 곳을 따라 푸르고 노랑을 나타냄이로다. 꽃이 피면 아침에 요염함을 볼 것이요 숲이 시들면 늦서리도 물러가도다. 빠른 우뢰가 어찌 크게 내리치는가, 빠른 번개도 또한 빛이 아니로

---

7   古佛未生前凝然一相圓 釋迦猶未會 迦葉豈能傳

다. 범부와 성현도 원래 헤아리기 어려운데 용과 하늘이 어찌 헤아리겠는가. 예나 지금에 사람들이 알지 못하여 방편을 세워서 금강이라 부름이로다.'[8]

○은 남양 혜충 국사南陽慧忠國師로부터 시작이 되었다 한다.《경덕전등록》5권에 보면 '혜충 국사가 어떤 스님이 오는 것을 보고 손으로 원상을 짓고 원상 가운데 날 일(日)의 글자를 써 넣었는데 스님이 대답하지 못하였다.'[9]

남양 국사의 원상에 얽힌 이야기가 있다. 남양 국사가 원상을 탐원 선사耽源禪師에게 전하고 탐원 선사가 앙산 선사仰山禪師에게 전하였다. 탐원 선사가 하루는 앙산 선사에게 말하였다. '혜충 국사께서 육대 조사가 전한 원상 97개를 노승에게 주시고 열반에 들 때 나에게 이르기를 "내가 죽은 뒤 30년에 한 사미가 남방으로부터 와서 선풍禪風을 크게 떨치리니 차례로 전하여 끊어짐이 없게 하라." 하였는데 내가 이 예언을 보니 그 일이 너에게 있음으로 내가 지금 너에게 부촉하는 것이니 너는 마땅히 받들어 간

---

8 ○ 法不孤起 誰爲安名 摩訶大法王 無短亦無長 本來非皁白隨處現靑黃 花發看朝艶 林凋逐晚霜 疾雷何太擊 迅電亦非光 凡聖元難測 龍天豈度量 古今人不識 權立號金剛
9 師見僧來 以手作圓相 相中書日字 僧無對

직하여야 한다.'¹⁰

항주 경산 도흠 선사는 소주의 곤산 사람이다. … 마조 선사가
사람을 시켜 글을 보냈는데 도착한 글에 일원상이 그려 있었다.
도흠 선사가 봉함을 뜯고 원상 가운데다 한 획을 그어 도로 봉하
여 보냈다.《경덕전등록》4권.¹¹

서경 광택사 혜충 국사는 조주의 제기 사람이다. 성은 염씨로
스스로 심인心印[인가]을 받았다 하여 남양의 백애산 당자곡에
40여 년을 산문을 내려오지 않으니 도행이 대궐에까지 들렸다.
당나라 숙종 상원 2년에 중사인 손조진을 보내어 서울에 불러 스
승의 예로써 대접하였다. … 혜충 국사가 중이 오는 것을 보고 손
으로 원상을 그리고 원상 가운데 날 일(日) 자를 쓰니 중은 대답
이 없었다.《경덕전등록》5권.¹²

---

10 國師-傳六代祖師 圓相九十七介授與老僧 臨示寂時 謂予曰吾-滅後
    三十年 有一沙彌 來自南方 大振玄風 次第傳授 無令斷絕 吾詳此識
    事在汝躬 我今付汝 汝當奉持
11 景德傳燈錄卷四 杭州徑山道欽禪師者 蘇州崑山人也‥‥馬祖-令人送
    書 到書中作一圓相 師發緘於圓相中作一畫 却封廻'
12 景德傳燈錄卷5 西京光宅寺慧忠國師者 趙州諸暨人也 姓冉氏 自受心
    印 居南陽白崖山黨子谷 四十餘祀 不下山門 道行聞於帝里 唐肅宗上
    元二年 勅中使孫朝進齎詔徵赴京 待以師禮‥‥師見僧來 以手作圓相
    相中書日字 僧無對

경조부 장경사 회운 선사는 천주 동안 사람이다. 회운 선사에게 스님이 행각을 하고 돌아오니 선사가 물었다. '그대가 나를 떠난 지 몇 년이나 되었느냐?' 스님이 대답했다. '화상의 좌우를 떠난 지 8년이 지났습니다.' '무엇을 준비[장만]하였더냐?' 스님이 땅에 일원상을 그렸다. '다만 이것인가, 다시 다른 게 있는가.' 중이 이에 원상을 부숴버린 뒤에 예배하였다.[13]

악주 무등 선사는 위씨 사람이다. 처음 출가를 공공산에서 하고 마조 대사에게 참예하여 은밀히 심요를 받고 뒤에 수주 토문으로 가서 수주의 목사牧使인 왕상시를 뵙고 선사가 물러나 막 문을 나오려는데 왕상시가 뒤에서 부른다. '무등 스님' 무등 선사가 돌아보는지라 왕상시가 기둥을 세 번 두드리니 무등 선사가 손으로 원상을 만들고 다시 세 번을 퉁기고는 문득 가버렸다. 《경덕전등록》 7권.[14]

여산 귀종사에 지상 선사가 있었다. … 선사가 동산에 들어가

---

13 景德傳燈錄 卷5 京兆府章敬寺懷惲禪師 泉州同安人也…師有小師
    行脚回 師問曰 '汝離此間多少年耶' 曰 '離和尙左右將及八年' 師曰
    '辦得箇什麽' 小師於地畫一圓相 師曰 '只這箇 更別有' 小師乃畫破圓
    相後禮拜.

14 景德傳燈錄 卷5 鄂州無等禪師者 尉氏人也 初出家於襲公山 參詣馬
    祖大師 密受心要 後往隨州土門 嘗謁州牧王常侍 師退 將出門 王後
    呼之云 '和尙' 師回顧 王敲柱三下師以手作圓相 復三撥之 便行

나물을 채취하던 차 선사가 원상을 그려 한 그루를 에워싸고 대중에게 말하였다. '쉽사리 이것을 움직이지 말라.' 대중들이 감히 움직이지 아니하였다. 조금 있다가 선사가 다시 와서 나물이 그대로 있음을 보고 문득 막대기로 쫓으면서 대중 스님에게 말하였다. '이 한 무리에 한 사람도 지혜 있는 사람이 없구나.'《경덕전등록》7권.[15]

지주 남전 보원 선사는 정주 신정 사람이다. 성은 왕씨로 당나라 지덕2년에 대외산의 대혜 선사에게 수업하였다. 남전 선사가 귀종·마곡 선사와 함께 남양 국사를 예방하러 가는데 남전 선사가 먼저 길 위에 일원상을 그려놓고 말하였다. '계합이 되었다 이르면 가리라.' 귀종 선사는 문득 원상 가운데 앉고, 마곡 선사는 여인의 절을 하였다. 남전 선사가 말을 한다. '이렇다면 가지 않겠다.' 귀종 선사가 말하였다. '이게 무슨 심보[또는 수작]인가.' 남전 선사가 귀종·마곡 선사의 이름을 부르면서 '국사를 예방하러 가지 않으리라.'《경덕전등록》8권.[16]

---

15 景德傳燈錄 卷7 廬山歸宗寺智常禪師···師入園取菜次 師畫圓相 圍却一株 語衆云 '輒不得動著這箇' 衆不敢動 少頃 師復來 見菜猶在 便以棒趁衆僧云 '這一隊漢無一箇有智慧底

16 景德傳燈錄 卷8 池州南泉普願禪師者 鄭州新鄭人也 姓王氏 唐至德二年 依大隗山大慧禪師受業 … 師與歸宗麻谷同去參禮南陽國師 師先於路上畫一圓相云 '道得卽去' 歸宗便於圓相中坐 麻谷作女人拜 師云 '恁麼卽不去也' 歸宗云 '是什麼心行' 師乃相喚回 不去禮國師…

온주 불오 화상은 언제나 사람이 오는 것을 보면 주장자로 땅을 치면서 말을 한다. '앞의 부처님도 이러하였고, 뒤의 부처님도 이러하였다.' 중이 물었다. '바야흐로 이러할 때는 어찌하겠습니까?' 불오 화상이 일원상을 그리니 중은 여인의 절을 한다. 불오 화상이 그를 이에 때렸다.[17]

경조 초당 화상이 스스로 참구한 대적을 파하고 해창에 이르러 노닐었다. 해창 화상이 물었다. '어느 곳에서 왔는가.' 초당 화상이 대답한다. '도장에서 왔습니다.' '거기가 어떤 곳인가.' '도적은 가난한 사람의 집을 털지 않습니다.' '한 법도 있지 않을 때는 이 몸은 어느 곳에 있는가.' 초당 화상이 일원상을 그리고 가운데에다 몸 신身 자를 썼다. 《경덕전등록》8권.[18]

홍주의 수로 화상이 처음에 마조 선사에게 참구하고 무엇이 조사가 서쪽에서 온 적적한 뜻이냐고 물었다. 마조가 말했다. '예의를 갖추어 절을 하여라.' 수로 화상이 예배를 하니 마조가 문득

---

17 景德傳燈錄 卷8 溫州佛嶴和尙 尋常見人來 以拄杖卓地云 '前佛也恁麼 後佛也恁麼' 僧問 '正恁麼時作麼生' 師畫一圓相 僧作女人拜 師乃打之…

18 景德傳燈錄 卷8 京兆草堂和尙 自罷參大寂 遊至海昌 海昌和尙問 '什麼處來' 師云 '道場來' 昌云 '這裏什麼處' 師云 '賊不打貧人家' 問 '未有一法時 此身在什麼處' 師乃作一圓相 於中書身字

한 번에 밟아 넘어뜨리니 수로 화상이 크게 깨쳤다. 중이 있어 일원상을 만들어 손으로 수로 화상의 몸을 향하여 당기니 수로 화상이 이에 세 번 튕기고는 또한 일원상을 만들어 도리어 그 중을 가리키니 중이 문득 예배하거늘 수로 화상이 때리면서 말을 하였다. '머리 빈 놈[허풍선이]아!' 《경덕전등록》 8권.[19]

담주 위산 영우 선사는 복주 장계 사람으로 성은 조씨이다. 나이 15세가 되어 어버이를 떠나 출가하여 본군 건선사 법상 율사에 의지하여 머리를 깎았다. 항주 용흥사에서 계를 받고 대소승과 경률을 연구하며 23년을 강서에 노닐다가 백장 대지 선사를 참배하니 백장이 한번 보고 입실을 허락하여 드디어 참구하는 학도의 수장에 거하였다. 하루는 모시고 섰는데 백장이 물었다. '누구냐.' '영우입니다.' '너는 화로 가운데 불씨가 있는가 없는가 휘저어보아라.' 영우 선사가 휘졌고 대답했다. '불씨가 없습니다.' 백장이 몸소 일어나 깊이 휘저어 작은 불씨를 얻어서 들어 보이면서 말을 했다. '이것은 불씨가 아닌가.' 영우 선사가 깨닫고 감사의 예를 올리며 그 아는 바를 진설하였다 …. 영우 선사가 새로 온 중의 이름이 뭐냐고 물었다. 중이 대답했다. '이름이 월

---

19 景德傳燈錄卷8 洪州水老和尙 初參馬祖 如何是西來的的意 祖云 '禮拜著' 師纔禮拜 祖便與一踏 師大悟…有僧作一圓相 以手撮向師身上 師乃三撥 亦作一圓相 却指其僧 僧便禮拜 師打云 '著虛頭漢'

륜입니다.' 영우 선사가 일원상을 만들었다. 《경덕전등록》 9권.[20]

조주 관음원 종심 선사는 조주 학향 사람이다. 성은 학씨로 어려서 목주 호통원에서 스승을 따라 머리를 깎았다. 중이 물었다. '무엇이 비로자나의 원상입니까?' 종심 선사가 대답했다. '노승은 어려서 출가하여 일찍이 눈에서 꽃이 어지럽게 떨어지는 병이 없었다.' '어찌 사람을 위하지 않습니까?' '네가 늘 비로자나의 원상 보기를 원하노라.' 《경덕전등록》 10권.[21]

원주 앙산 혜적 선사는 소주 회화 사람이다. 성은 섭씨이다. 출가를 하려하나 부모가 허락하지 아니하므로 2년 뒤에 선사가 손가락 둘을 끊어 부모 앞에 꿇어앉아 바른 법을 찾아 낳고 길러준 은혜에 보답하기를 맹세하였다. … 위주가 위산 선사에게 나아가 한 게송을 청하거늘 위산 선사가 말하였다. '얼굴을 보면서 전

---

20 景德傳燈錄 卷9 潭州潙山靈祐禪師者 福州長谿人也 姓趙氏 年十五辭親出家 依本郡建善寺法常律師剃髮 於杭州龍興寺受戒 究大小乘經律 二十三遊江西 參百丈大智禪師 百丈一見 許之入室 遂居參學之首 一日侍立 百丈問 誰 師曰靈祐 百丈云 汝撥鑪中有火否 師撥云 無火 百丈躬起深撥得少火 舉以示之 云此不是火 師發悟禮師 陳其所解 … 師問新到僧名什麽 僧云 '名月輪' 師作一圓相

21 景德傳燈錄 卷10 趙州觀音院從諗禪師 趙州郝鄉人也 姓郝氏 童稚於木州扈通院從師披剃 … 僧問 '如何是毗盧圓相' 師云 '老僧自幼出家 不曾眼花' 僧云 '豈不爲人' 師云 '願汝常見毗盧圓相

해 주어도 오히려 둔한 놈인데 어찌 하물며 종이와 붓으로 나타
냄이겠는가. 이에 위산 선사에게 나아가 청하니 선사가 종이에다
일원상을 그렸다.' 주석을 붙였다. '생각하고 알면 둘째 번에 떨
어지고, 생각하지 않고 알면 셋째 번에 떨어진다.'《경덕전등록》
11권.[22]

　　중이 물었다. '무엇이 조사가 온 뜻입니까?' 앙산 선사가 손으
로 허공에 원상을 만들고 원상 가운데 불佛 자를 그려 넣으니 중
은 말이 없었다.《경덕전등록》 11권.[23]

　　앙산 선사가 눈을 감고 앉았는데 중이 가만히 와서 곁에 섰거
늘 선사가 눈을 뜨고 종이 위에다 일원상을 그리고 일원상 가운
데 물 수水 자를 써넣고 그 중을 돌아보니 중은 말이 없었다.《경
덕전등록》 11권.[24]

─────────

22　景德傳燈錄 卷11 袁州仰山慧寂禪師 蘇州懷化人也 姓葉氏 年十五
　　欲出家 父母不許 後二載 師斷手二指 跪致父母前 誓求正法 以答劬
　　勞…韋宙就溈山請一伽陀 溈山日 '覿面相呈猶是鈍漢 豈況形於紙筆
　　乃就師請 師於紙上畫一圓相' 注云 '思而知之落第二頭 不思而知落第
　　三首

23　景德傳燈錄 卷11 袁州仰山慧寂禪師
　　僧問 '如何是祖師意' 師以手於空作圓相 相中畫佛字 僧無語

24　景德傳燈錄 卷11 袁州仰山慧寂禪師
　　師閉目坐次 有僧潛來身邊立 師開目於紙上作一圓相 相中畫水字 顧
　　視其僧 僧無語

앙산 서탑 광목 선사에게 중이 물었다. '무엇이 돈오입니까?' 광목 선사가 원상을 만들어 보였다. '무엇이 점수입니까?' 광목 선사가 손으로 허공을 세 번 튕기고 내렸다.《경덕전등록》12권.[25]

복분암 주인이 하루는 중이 산 아래에서부터 울며 올라오거늘 선사가 절의 문을 닫아버리니 중이 절 문 아래서 일원상을 그렸다.《경덕전등록》12권.[26]

길주의 복수 화상에게 중이 물었다. '다른 나라에서 부처를 이루면 또한 다른 이름이 있습니까? 없습니까?' 복수 화상은 원상을 그려 보여 주었다.《경덕전등록》13권.[27]

수주 쌍천산 양가암 영 선사가 물었다. '달마 대사가 9년을 면벽한 뜻이 무엇입니까?' 설봉 의존 선사雪峰義存禪師가 대답했다. '졸지 않았다.' 호국 장로가 오거늘 영 선사가 물었다. '드러난 장소에서 남자와 여자가 각각 한 물음을 이야기하는데 물음 물음

<hr />

25 景德傳燈錄 卷12 仰山西塔光穆禪師 僧問 '如何是頓' 師作圓相示之
   曰 '如何是漸' 師以手空中撥三下
26 景德傳燈錄 卷12 覆盆庵主 一日有僧從山下哭上 師閉庵門 僧於門下
   畵一圓相…
27 景德傳燈錄 卷13 吉州福壽和尚 僧問 '餘國作佛還有異名也無' 師作
   圓相示之…

이 각각 다르면 장로는 장차 어떻게 대답하겠습니까?' 호국 장로
가 손으로 공중에다 일원상을 그리니 영 선사가 말하였다. '장로
의 자비에 감사드립니다.'《경덕전등록》19권.[28]

운문 선사가 하루는 거기에 가서 자복 선사를 참방하니 자복
이 그가 오는 것을 보고 문득 일원상을 그렸다. 자복은 이에 위산
선사이니 앙산 문하의 고승으로 보통 친밀하게 경계를 들어 사
람을 접하였다.[29]

강서의 마조 도일 선사에게 중이 참문하니 선사가 일원상을
그리고 이르기를 '들어가도 때리고 들지 않아도 때리리라.' 하였
다. 중이 들어가니 선사가 문득 때렸다. 중이 이르기를 '화상이
때릴지라도 저는 얻은 바[맞은 바]가 없습니다.' 하니 선사가 주
장자를 짚고 쉬러 갔다.[30]

---

28 景德傳燈錄 卷19 隨州雙泉山梁家庵永禪師問 '達磨九年面壁意如何'
    師曰 '睡不著' 護國長老來 師問 '隨陽一境 是男是女 各申一問 問問
    各別 長老將何祗對' 護國以手空中畵一圓相 師曰 '謝長老慈悲'
29 雲門禪師 一天 他去參資福禪師。資福見他來 便畵一圓相。資福乃是
    潙山 仰山門下的高僧 尋常愛以境接人
30 江西馬祖道一禪師僧參次 師畵一圓相云 入也打 不入也打僧纔入 師
    便打 僧云 和尚打某甲不得 師靠拄杖 休去

무상無相이란 우주와 인생의 가장 진실한 진리이다. 예를 들면 만일 사람이 '허공의 형상은 어떠한가.'라고 묻는다면 허공은 긴 것도 아니요 짧은 것도 아니며 모난 것도 아니요 둥근 것도 아닌 참으로 '모양이 없는 것'이다. 그러나 또한 형상 아님도 없는 것이니 허공이 모난 데 있으면 모가 나게 되고 긴 데 있으면 길게 되나니 무상이란 허공의 바탕이 되어 그야말로 세간의 삼라만상이 있어지게 되는 것이다. 혜충 국사의 일원상은 이를 빌려서 실상의 무상을 표시한 것이다.[31]

頌曰

圓相本始絶形相 원상본시절형상
원상은 본래부터 형상이 끊어졌고

文字語言無象彰 문자어언무상창
글이나 말로 모양을 나툴 수가 없네

爰匪元來貽受物 원비원래이수물
이에 원래 주고받는 물건이 아니니

---

31 '無相'是宇宙人生最眞實的眞理 例如若有人問虛空像什麽? 虛空非長非短 非方非圓 實乃無相。而又無所不像, 如虛空在方爲方 在長爲長 無相虛空爲體 才有世間森羅萬象。慧忠國師畫一圓圈 藉此表示實相無相也

於心自覺得眞光 어심자각득진광

마음에서 스스로 깨쳐야 참 빛 얻으리라.

我藏絕像一圓相 아장절상일원상

내게는 형상 끊긴 한 둥근 모양 갈무리하였지만

覓物全開不影揚 멱물전개불영양

물건 찾으려 전부 열어도 그림자 드러나지않네

本始無痕些點滅 본시무흔사점멸

본래 흔적도 없고 작은 점마저 소멸하니

於心悟證法囊香 어심오증법낭향

마음에 깨달아 증명하면 법 주머니 향기로우리.

一圓眞理像前明 일원진리상전명

일원의 진리는 형상 이전에 분명하고

妙法實體象後瑩 묘법실체상후형

묘법의 실체는 모양의 뒤도 밝다네

本是無名無主物 본시무명무주물

본래 이름도 없고 주인도 없는 물이라

悟時始得亦全成 오시시득역전성

깨달을 때 비로소 얻고 또한 전부 이루리.

법신불 法身佛

　법신불이란 무엇인가. 즉 법신불이란 어떠한 의미를 가졌는가? 여러 가지 이야기를 하기보다는 옛 경전에서 말하고 있는 의미를 집약하여 공부하는데 자료로 제공을 하고자 한다.

　• 법신法身이란 바로 '부처님의 참 몸이다.'[32]

　• 법성의 바탕을 법신이라 이름하고 법성에 각지의 덕이 있음으로 불이라 이른다.[33]

　• 비로자나불을 말한다. 범문梵文의 Vairocana를 음역한 것인데 줄여서 노사나盧舍那, 자나遮那라 한다. 근본 의역으로 대일여래大日如來라 하며 의역으로 '광명편조光明遍照, 편일체처遍一切處, 또는 대일大日이라 한다.

　• 《구역 화엄경》[34]에서는 '노사나'라 번역하였다. 《신역 화엄경》[35]에서는 '비로자나'라 번역하였다.

　• 화엄종華嚴宗에서는 이를 근거로 '비로자나'와 '노사나'를 전칭全稱과 약칭略稱으로 분별하여 비로자나를 보신불로 하여 화엄경에서 말하는 연화장세계蓮華藏世界[보신불의 정토]의 교주敎主로

32　佛之眞身也
33　法性之體名法身 法性有覺知之德 故名佛
34　東晉. 佛陀跋陀羅譯 60卷
35　唐. 實叉難陀譯 80卷

삼고 있다.

• 법상종法相宗은 천태종과 별반 다르지 않으나 존칭尊稱은 같지 않나니 노사나와 석가모니 두 부처님을 수용신受用身, 변화신變化身이라 하고 비로자나불을 자성신自性身이라 하였다.

• 밀교密敎에서는 비로자나를 대일여래[36]라고도 한다. 이지理智가 둘이 아닌不二 비로자나불을 법신불의 주존主尊으로 삼은 것이다.

• 법신이란 바로 진리의 몸이요 또한 우리들의 본래 면목本來面目이다. 따라서 역대 조사들이 천양闡揚한 열반涅槃, 진여眞如, 실상實相, 반야般若, 여래장如來藏, 불이법문不二法門 등은 모두 법신을 이른 말이다.

• 삼신불성三身佛性을 말하기도 한다. 즉 정인불성正因佛性, 요인불성了因佛性, 연인불성緣因佛性인데 정인불성은 법신여래法身如來의 인因이요 요인불성은 보신여래報身如來의 인이며 연인불성은 응신여래應身如來의 인이다.[37]

頌曰

法身圓滿本無爲 법신원만본무위

36　摩訶毗盧遮那, 梵文 Mahavairocana
37　佛性有三種 卽正因佛性 了因佛性 緣因佛性。正因佛性是法身如來之因 了因佛性是報身如來之因 緣因佛性是應身如來之因

법신은 원만하여 본래 함이 없지만

宇宙乾坤一轉移 우주건곤일전이

우주와 하늘땅을 하나로 굴리고 옮기네

眞性如來元具足 진성여래원구족

참 성품에는 여래가 원래 구족하니

共遊長劫不些離 공유장겁불사리

함께 노닐어 긴긴 세월 조금도 여의지 않으리.

삼신불三身佛에 대하여

법신불法身佛

법신은[38] 중도의 이체이다. 부처는 법으로써 몸을 삼음으로 법신이라 이르나니 법신은 항상 적광정토에 주처住處를 한다.[39]

진리를 인격화한 불신佛身이다. 초기 불교에서는 부처라고 하면 석가모니 한 사람을 의미하였으나, 석가모니가 입적한 뒤에 부처에 대한 신격화가 이루어졌다. 부처가 된 석가모니는 일시적으로 인간의 모습을 하고 이 세상에 출현한 것이며, 사실은 영원

---

38 法身. 梵語 dharma-kaya
39 是中道之理體也 佛以法爲身 故稱法身 法身處于常寂光淨土

한 과거에 있어서 이미 성불成佛을 완성하고 무수한 시간에 걸쳐 인간들을 교화해온 구원실성久遠實性의 부처가 있었음을 주장하였다. 이 부처를 구원의 법신불이라 부르는데, 이것은 불교가 법法을 신앙하는 것이고, 법을 깨달은 진리와 일체요 영원불멸하는 법신이라고 본 것이다.

한국에서는 법신을 설명함에 《대승기신론》의 설을 인용하는데 신라의 원효元曉는 법신에 대해 큰 지혜이요 광명이며, 세상의 모든 대상계對象界를 두루 남김없이 비추어 모든 것을 다 알게 되는 것이며, 있는 그대로를 참되게 하는 힘을 간직하고 있으며, 맑고 깨끗한 마음을 본성으로 하고 있으며, 영원하고 지복하고 자유자재하고 번뇌가 없으며, 인과因果의 법칙에 의해 변동하는 것이 아니라 스스로 존재하는 것으로서, 중생의 마음을 통해서만 증득證得될 수 있는 것이라 하였다.

한국에서는 법신불이라 하면 비로자나불을 뜻하게 된다. 또한 진여법계의 이치와 일치되는 부처님의 진신眞身을 말하는 것으로 덧없는 생사윤회의 지배를 받는 역사적 석가모니 부처님이 아니라 항상 영원불멸한 보편적 진리를 증득한 '영원한 몸'을 의미하는 것이다.

보신불報身佛

보신은[40] 육도 만행의 공덕을 행하여 부처의 실지實智를 나툼이다. 초지 이상의 보살을 대하여 응현함이 보신이니 보신은 실보장엄토에 주처한다.[41]

보신을 수용신受用身이라고도 한다. 보신은 보살이 바라밀波羅密을 수행하여 서원誓願이 완성됨에 따른 보과報果로써 얻어지는 것이며, 이상적인 부처이다. 한국에서 믿는 보신불은 아미타불과 약사여래 등이다.

원효의 《대승기신론소》에 따르면 보신불은 다음 세 가지 사실에 근거한다.

• 본행本行이다. 보신불의 경지를 실현한 이들은 자비로운 마음을 일으키고, 여러 바라밀행을 실천하여 모든 중생을 받아들인다.

• 중생들을 고통과 죄악 세계에서 건져 자유롭게 하되, 영원무궁토록 그렇게 하기로 서원을 크게 세운다.

• 모든 중생과 자신은 하나이므로 중생을 자기 몸 같이 보며, 번뇌가 많은 중생이라 하여 가볍게 여기지 않는다.

보신을, 수행으로 얻은 불과佛果와 법문을 스스로 수용하고 즐기는 자수용신自受用身과 법문을 다른 사람을 지도하고 교화하는

---

40 報身. 梵語 sambhoga-kaya
41 是行六度萬行功德而顯佛之實智也. 對于初地以上菩薩應現之報身 報身處于實報莊嚴土

타자수용신他自受用身으로 나누기도 한다. 또한 과보와 수행의 결과로 나타난 불신佛身을 말하는 것으로 오랜 수행의 과정을 거쳐 나타난 무궁무진한 공덕을 갖춘 몸을 의미한다.

화신불化身佛

화신은[42] 응화신이라고도 한다. 중생을 교화하고 제도하기 위하여 갖가지로 응현하는 몸이다. 초지보살을 대하여 응현함으로 승응신이라 하는데 승응신은 방편으로 여토가 있는데 주처를 한다. 이 땅에 응현하기 전의 범부 및 이승자를 열응신이라 이르는데 열응신은 범부와 성인이 함께 사는 땅에 주처한다.[43]

화신은 응신應身 또는 응화신應化身이라고도 한다. 이는 교화할 대상에 따라 일시적으로 적절한 모습을 화작化作하는 불신이다. 관세음보살은 33가지 모습으로 몸을 나타내어 중생을 구제하고, 지장보살은 승려의 모습을 취한 화신으로서, 성문聲聞의 모습으로 중생을 제도한다고 한다.

한국에서는 여러 가지 불신설佛身說 가운데 이 삼신설이 가장 많이 채택되었고, 신라 때 원효 이후 깊이 연구되어 교학사상 중

---

42 化身. 梵語 nirmana-kaya
43 又名應化身 爲化度衆生應現種種之身也 對于初地菩薩應現者 名爲勝應身 勝應身處于方便有餘土. 應現于地前凡夫及二乘者 名爲劣應身 劣應身處于凡聖同居土

요한 위치를 차지하였다. 또한, 한국의 사찰에서는 선종에서 말하는 십불명十佛名 중 청정법신淸淨法身 비로자나불, 원만보신圓滿報身 노사나불, 천백억화신千百億化身 석가모니불 등의 삼신불을 많이 봉안하고 있다. 이는 천태종의 설을 선종에서 채택한 것으로 고려 중기 이후, 특히 조선시대에 보편화되었다. 또한, 일체중생을 제도하기 위하여 여러 가지 중생의 모양으로 변신해서 나타나는 부처님을 말한다.

천태종에서는 비로자나불을 법신불로 삼고, 노사나불을 보신불로 삼으며, 석가모니불을 응신불로 삼는다.

부처의 삼신은 법·보·화이다. 법신이란 달의 바탕과 같고 보신은 달의 빛과 같으며 화신은 달의 그림자와 같다. 뭇 물속에 모두 달이 있는데 이 달을 많다할 것인가 하나라 할 것인가. 하나라 말할 수는 없으니 뭇 물속의 달은 항상 차이가 난다. 많다고 말할 수도 없으니 허공의 달은 항상 하나이다.[44]

결국 삼신불은 법신불, 보신불, 화신불의 세 부처님을 말하는 것이다. 따라서 일반적으로 보신은 아미타불, 법신은 비로자나불, 화신은 석가모니불을 꼽는다. 하지만 그 외에도 경전의 내용을 토대로 하여 다양한 쌍을 이룬 3불상이 봉안되기도 한다.

---

44 夫佛之三身法報化也。法身者 如月之體。報身者 如月之光。化身者 如月之影。萬水之內皆有月焉。此月爲多爲一耶。不可言一 萬水之月 常差矣。不可言多 虛空之月常一也

인도에는 예부터 브라마 즉 창조의 신, 비슈누 즉 유지의 신, 시바 즉 파괴와 소멸의 신 등 3신神을 함께 숭배하는 전통이 있었다. 그러한 인도의 신앙적 전통의 영향으로 불교에서도 삼신불을 숭배하는 신앙이 생겨났으며, 그에 따라 자연스럽게 사찰에서도 3신불을 봉안하게 되었다. 또한 불신佛身을 그 성질상 3가지 종류로 나누어 표현한 것이니, 법신·보신·화신의 삼신설이 가장 보편적이며, 자성신·수용신·변화신의 삼신설도 채용된다.

그렇다면 법신法身이란 어떠한 의미를 내포하고 있는가.

• 법신은 이지理智의 나타남으로 유위有爲_智와 무위無爲_理의 일체공덕법의 체성이 의지하는 바임으로 법신이라 이른다.[45]

• 장엄을 성취하는 일체의 공덕 법이므로 법신이라 말한다.[46]

• 《유식론》 10에 '곧 이 자성을 또한 법신이라 이른다. 큰 공덕의 법이 의지하기 때문이다.'[47]

• 《불지론》 7에 '역무외 등 모든 공덕법이 의지함으로 또한 법신이라 이른다.'[48]

• 《술기》 10 말末에 '소지장을 여의고 가없는 덕을 갖추었음으로

---

45 法身爲理智顯現 有爲(智)無爲(理) 一切功德法體性之所依 故名法身
46 成就莊嚴一切功德法 故言法身
47 卽此自性亦名法身 大功德法所依止故
48 力無畏等 諸功德法所依止 故亦名法身

법신이라 한다. – 중략 – 공덕법이 의지함으로 법신이라 이른다.'[49]

•《유식론추요》상上 본本에 '얽힘에서 탈출한 지위의 공덕법
근본을 일러서 법신이라 한다.'[50]

•《승만경보굴》하下 말末에 '법신이란 곧 이 실상진여의 법이
다.'[51]

•《법화가상소》4에 '정법으로써 몸을 삼는 것이니 그러므로
법신이라 한다.'[52]

•《유마경혜원소》에 '부처님은 일체 공덕법을 이루었으니 그
러므로 법신이라 한다.'[53]

•《법화현의》7에 '본래 있는 네 가지 덕을 숨김을 여래장이라
이르고 사덕을 닦아 이루어 나타냄을 법신이라 한다.'[54]

• 한 스님이 임제 선사에게 "무엇이 법신이며 화신이며 보신입
니까?"하고 물으니 선사가 대답을 하였다. "한 생각 청정한 마음
의 광명이 바로 법신불이요, 한 생각 분별이 없는 마음이 바로 보
신불이며, 한 생각 차별이 없는 마음이 바로 화신불이니라. 법신·

---

49 離所知障 具無邊德名爲法身 (中略) 功德法依名法身
50 出纏位功德法本 名曰法身. ※ 出纏位 : 일체 모든 부처님이 障礙를
    탈출하여 두렷하고 밝음을 얻은 위(一切諸佛在出障圓明位)
51 法身者 卽是實相眞如法也
52 以正法爲身 故曰法身
53 佛以一切功德法成 故名法身
54 本有四德隱 名如來藏修成四德顯 名爲法身

보신·화신의 삼신은 본래 성품에 온전히 갖추어서 밖을 향해 구할 필요 없는 것이다."[55] 이렇게 볼 때 법신·보신·화신은 바로 마음의 광명[심광心光]으로써 한 생각에 맑고 분별이 없고 차별이 없음이 바로 삼신불이라 할 수 있는 것이다.

• 법신이란 또한 법성신이라고 하며 자성신이라고도 하는데 부처가 깨친 법성을 가리키는 것이니 부처는 법성으로 체를 삼음으로 법신이라고 하는 것이다. 경에 '일분 무명이 끊어지면 일분 법신을 증득하게 된다.' 하였으니 이는 불타의 자증한 경계를 가리키는 것으로 이것이 열반삼덕의 하나인데 아라한과 보살도 그러하여 능히 법신을 증득하였으나 다만 원만함이 많지 않을 뿐이다. 저 《화엄경》에 '여래의 법신과 보살의 법신이 그 바탕은 비록 다름이 없지만 공덕력은 다르다.'[56]고 하였다.

• 《화엄경》에 "법성은 본래 비고 고요하여 취할 수도 없고 또한 볼 수도 없다. 성품의 텅 빔이 곧 부처의 경계이니 사량으로 얻기란 불가한 것이다."라고 하였다. 법신이란 언어나 문자나 사량을 여읜 경계이며, 법신은 함도 없고 지음도 없으며, 나타남도

---

55 一僧問 "何爲法身, 報身, 化身？" 臨濟祖師說 "一念淸淨心光卽法身佛, 一念無分別心光卽報身佛, 一念無差別心光卽化身佛. 法報化三身, 本性全具, 不用向外別求"

56 法身 又作法性身, 自性身. 指佛陀證悟的法性. 佛以法性爲體, 故名法身. 經云 '斷一分無明, 證一分法身' 指的是佛陀自證的境界, 是涅槃三德之一, 阿羅漢和菩薩雖然也能證得法身, 但是不夠圓滿, 如《華嚴經》云 '如來法身與菩薩法身, 其體雖無別, 於功德威力則異也'

없고 모양도 없으며, 감도 없고 옴도 없으며, 시작도 없고 마침도 없는 것이다. 법신은 허공과 같아서 시방에 두루 하고 법계에 채워진 것이다.'[57]고 하였다.

• 법신法身에 대해 선사의 한 토막 이야기는 '법신을 알지 못한다.[不識法身]'는 말이다. 태원의 부상좌가 일차 양주 광효사에서 《열반경》을 강의할 때에 한 선자가 있어 삼덕법신 강의를 듣는데 널리 법신 묘리를 말할 때 선사가 홀연히 실소하였다. 부상좌가 강의를 파하고 문득 선자에게 차를 마시자고 청하면서 묻기를 "내가 불교학에 대하여 연구를 하여 문자에 의지하여 뜻을 해석은 하지만 내가 깊이 부처님의 본지에 계합됨이 많지는 않다고 알았는데 실소를 당하고 보니 그대는 자비를 아끼지 말고 나에게 가르쳐주기를 희망한다."라고 하였다.

선사, "좌주가 방금 강의한 삼덕 법신을 내가 들어보니 좌주는 아직 법신을 인식하지 못하였다."

좌주, "내가 방금 강의함에 어느 면이 타당하지 않습니까?"

선사, "나에게 다시 한번 강의를 하여 보라."

좌주, "법신의 이치는 텅 빈 허공과 같아서 세우면 삼제에 다하고 비끼면 시방에 펴지며 팔극八極에 가득하고 이의二意[음양]를

---

57 《華嚴經》云 '法性本空寂, 無取亦無見, 性空卽佛境, 不可得思量' 法身是離語言, 文字, 思量的境界 法身無爲無作, 無形無相, 無去無來, 無始無終. 法身如同虛空, 橫遍十方, 充塞法界

포괄하며 인연 따라 다다르고 감응하여 두루 하지 아니함이 없습니다."

선사, "나는 좌주가 강의한 것이 일치함을 말하는 것이 아니라 다만 좌주가 법신의 체상과 묘용에 대하여 능히 인식하지 못함을 말하는 것이다."

좌주, "이미 이와 같다면 청하오니 자비로 나를 위해 열어 보여 주십시오."

선사, "그대가 여유 있게 나를 믿겠는가."

좌주, "내가 어찌 능히 믿지 못하겠습니까?"

선사, "어떻게든 그대가 현재로부터 일어나 경전 강의를 10여 일간만 정지하고 방안에서 단정히 정려하여 마음을 거두고 생각을 추어 잡으며 선과 악의 모든 인연을 한 번에 내려놓으라."

좌주가 듣고 선사의 말한 바를 좇아 매일 마음을 고요하게 하고 생각을 쉬며 첫 밤에서 오경에 이르렀는데 하루는 북소리를 듣고 홀연히 깨달음에 계합하여 문득 가서 선사의 문을 두드렸다.

선사, "그대에게 큰 법을 전지하라 가르쳤는데 밤에 무슨 술에 취하였는가?"

좌주, "오늘에야 비로소 과거 강경이 몸을 낳아준 부모의 콧구멍을 누르는 것이 매우 요긴한 것인 줄만 알다가 능히 임의대로 성품을 소요하지 못함에 이르렀는데 지금부터 이후로 문자나 언어에서 옮기고 희롱하지 않을 것입니다."

좌주는 문득 경강을 파하고 여러 지방을 두루 돌아다니니 마침내 능히 이름이 천하에 들리었다. 법신이란 곧 진리의 몸으로 역시 우리의 본래면목이고 역대 조사가 천양한 법신의 이치며 모든 여래가 말한 열반, 진여, 자성, 실상, 반야, 여래장, 불이법문이 다 이 법신인 것이다[58]고 하였다.

법신法身을 여러 경에서 발췌하여 말하자면

• 《보살영락경》에서 설한 과극법신과 응화법신이다. 과극법신이란 이에 법성법신이요 응화법신이란 이에 방편법신이다.[59]

• 《영락경》에서 설한 자성법신과 응화법신이다. 자성법신이란

---

58 太原孚上座在揚州光孝寺講《涅槃經》時, 有一禪者因聽講至三德法身, 廣談法身妙理時, 禪師忽然失笑, 孚上座講罷, 便請禪者喝茶, 問道 "我對佛學的研究, 依文解義, 我知道不夠深契佛旨, 適蒙見笑, 希望你能不吝慈悲, 給予指教." 禪師 "座主剛才所講的三德法身, 在我聽來, 座主並不認識法身." 座主 "我剛才所講的, 是那地方不妥當呢?" 禪師 "你再講一遍." 座主 "法身之理, 猶若太虛, 豎窮三際, 橫亙十方, 彌綸八極, 包括二儀, 隨緣赴感, 靡不周遍." 禪師 "我不說座主講的不對, 只說座主對法身體相妙用未能認識." 座主 "旣然如此, 請慈悲爲我開示." 禪師 "你信得過我嗎?" 座主 "我怎能不信呢?" 禪師 "那你從現在起, 停止講經旬日, 於室內端然靜慮, 收心攝念, 善惡諸緣, 一起放下!" 座主就聽從禪師所言, 每日靜心息慮, 從初夜至五更. 一天聞鼓角聲, 忽然契悟, 便去扣禪師的門. 禪師 "教你傳持大法, 夜來爲何酒醉?" 座主 "今日始知過去講經, 將生身父母鼻孔極捏太緊, 致使不能任性逍遙, 從今以後不敢在語言文字上搬弄!" 座主便罷講經, 遍歷諸方, 終能名聞宇內. 法身, 卽眞理之身, 也就是吾人的本來面目, 這法身平等自性是要體證的, 所謂菩薩斷一分生相無明, 證一分法身也.

59 菩薩瓔珞經所說. 二應化法身, 卽方便法身也. 瓔珞經下曰:"有二法身:一果極法身, 二應化法身. 其應化法身如影隨形, 以果身常故應身亦常.

이에 진신이요 응화법신이란 이에 응신이다.[60]

• 담난에서 세운 법성법신과 방편법신이다. 법성법신이란 법성의 이체를 증득한 부처의 진신으로 굳게 있는 삼신 가운데 법신과 보신이요 방편법신이란 곧 법성법신으로 말미암아 나타나는 갖가지 방편으로 중생에게 이익이 되는 응화신이다.[61]

• 원조가 세운 이법신과 사법신이다. 이법신이란 여래가 증득한바 진리요 사법신이란 계·정·혜 등 오분의 공덕법신이다. 이는 대소 이승의 상대가 되는 두 법신이다.[62]

• 《자지기》 상上 1의 3에 법신이 또한 둘인데 하나는 이 법신으로 곧 증득한바 진리의 나타남이요 둘은 사법신으로 오분의 공덕이 원만한 것이다.[63]

• 《대승의장》 18에 '말하자면 법신이란 두 가지로 해석할 수 있으니 하나는 본래 법성을 나타내어 그 몸을 이루었음으로 법신이라 하고, 둘은 일체 모든 공덕법으로써 몸을 이루었음으로

---

60 瓔珞經所說。一自性法身, 卽前之眞身也。二應化法身, 卽前之應身也, 以應化而名法身者, 全攬法身爲應化也。是依理事不二之大乘實相。

61 曇鸞所立。一法性法身, 證得法性理體之佛之眞身也, 攝于三身中之法身報身中。二方便法身, 由法性法身, 示現衆生化益方便之佛之應化身也。此二法身卽眞應之二身, 法性生身之二身也。

62 元照所立。一理法身, 如來所證之眞理也。二事法身, 戒定慧等五分之功德法也, 是大小二乘相對之二法身也

63 資持記上一之三曰:"法身亦二:一理法身, 卽所證理顯。二事法身, 卽五分德圓

법신이라 한다.'[64]

　•《유마경》방편품에 '불신이 바로 법신이다.'[65]

　•《유마경》방편품 주註에 '조법사가 말하기를 "경에 이르기를 법신이란 허공신이다. 남이 없지만 나지 않음이 없고 나타남이 없지만 나타나지 않음이 없다."'[66]

　•《왕생론》주註에 '실상이란 상이 없다. 그러므로 참 지혜는 앎이 없다. 함이 없는 법신이란 법성신이다. 법성은 적멸하다. 그러므로 법신은 상이 없다. 상이 없음으로 능히 상 아님이 없다. 상을 좋게 장엄함이 곧 법신이다.'[67]

　•《금광명경》에서는 두 가지 법신을 말하고 있다. '하나는 이법신이니 본각의 이성은 모든 부처나 중생이 갖춘 바로 동일의 여여한 이치이다. 다만 중생에 있어서는 무명에 은몰이 되었고, 모든 부처에 있어서는 시각의 지혜가 나타남을 일러서 이법신이라 한다. 둘은 지법신이니 시각의 구경은 여여한 지혜이다. 시각의 지혜는 구경에 원만하여 본각의 이치로 더불어 계합됨을 이

64　言法身者 解有兩義一顯本法性 以成其身 名曰法身 二一切諸功德法
　　而成身 故名爲法身

65　佛身卽法身

66　肇曰 經云 法身者虛空身也 無生而無不生 無形而無不形

67　實相無相 故眞智無知也 無爲法身者 法性身也 法性寂滅 故法身無相
　　也 無相故能無不相 是故相好莊嚴卽法身也

름하여 지법신이라 한다.'[68]

• 《대승법원의림장》 7 본本에 '법신이란 텅 빈 이치요 보신이란 텅 빈 지혜이다.'[69]

• 《금광명경》에 '오직 여여하고 여여한 지혜가 있으니 이를 법신이라 이른다.'[70]

• 《영락경》 상上에 '초지로 좇아 뒤 일지에 이르기까지 과보 신변의 두 가지 법신이 있으니, 하나는 법성신이요 둘은 응화법신이다.'[71]

• 담란曇鸞의 《왕생론주》에 '모든 부처와 보살에 두 가지 법신이 있으니 하나는 법성법신이요 둘은 방편법신이다. 법성법신으로 말미암아 방편법신이 나오고 방편법신으로 말미암아 법성법신이 나오나니, 이 두 법신은 다르지만 가히 나눌 수 없고 하나지만 가히 같지 않다.'[72]

• 구마라집 삼장三藏이 세운 바 법신은 '첫째 법화생신으로 법성으로 말미암아 화현한 화신불이요, 둘째 오분법신으로 계·정

---

68 一理法身 本覺之理性 諸佛衆生所具 同一如如之理也 但在衆生 爲無明隱沒 在諸佛爲始覺之之顯現者 名之爲理法身 二智法身 始覺究竟如如之智也 始覺之智究滿 與本覺之理契合者 名之曰智法身

69 法身空理 報身空智

70 唯有如如如如智 是名法身. ※ 如如란 平等하다는 뜻이다.

71 從初地至後一地 有果報神變二種法身 一法性身 二應化法身

72 諸佛菩薩有二種法身 一者法性法身 二者方便法身 由法性法身生方便法身 由方便法身出法性法身 此二法身 異而不可分 一而不可同

등의 오분 공덕이요, 셋째 실상법신이니 공성의 모든 법 실상이
다.'[73]

• 천태天台에서 세운 법신法身이 셋이 있다. '하나는 단공법신으
로 소승의 법신이요, 둘은 즉가법신으로 대승 별교의 법신이며,
셋은 즉중법신으로 대승 원교의 법신이다.'[74]

•《보살영락본업경》에서는 오법신五法身을 세웠다. '첫째, 여여
지법신이니 여여한 진리를 증득한 실지이다. 둘째, 공덕법신이니
십력, 사무외 등 일체의 공덕이다. 셋째, 자법신이니 지상에 보살
로 응현한 응신이다. 천태에서 이른 승응신이요 법상에서 이른
보신 가운데 타수용신이다. 넷째, 변화법신이니 천태가에서 이르
는 열응신이요 법상가에서 이르는 변화신이다. 다섯째, 허공법신
이니 허공처럼 모든 상을 여읜 여여한 이치이다.'[75]

---

73 一法化生身 由法性化現之化身佛也 二五分法身 戒定等之五分功德
也 三實相法身 空性之諸法實相也

74 一但空法身 小乘之法身也 二卽假法身 大乘別敎之法身也 三卽中法
身 大乘圓敎之法身也

75 一如如智法身 證如之理之實智也 二功德法身 十力四無畏等一切
之功德也 三自法身 地上菩薩應現之應身也 天台謂之爲勝應身 法相
謂爲報身中之他受用身 四變化法身 台家所謂劣應身 法相家所謂變
化身也 五虛空法身 如虛空諸相之如如理也

頌曰

三身本始一同身 삼신본시일동신

법신·보신·화신이 본래부터 같은 몸으로

無盡智行皆備陳 무진지행개비진

다함이 없는 지혜와 행화行化를 다 갖추어 베푸네

完具眞心非少欠 완구진심비소흠

완전히 갖춘 참 마음 조금도 모자라지 않으니

永生共轉佛遊人 영생공전불유인

영생토록 함께 굴러 부처로 노는 사람이리.

本始法身理智藏 본시법신이지장

본래부터 법신은 진리와 지혜를 갊아서

莊嚴功德實無量 장엄공덕실무량

장엄의 공덕이 실로 한량이 없다네

原來道體如如寂 원래도체여여적

원래 도의 바탕 여여하여 고요하지만

造化調和自在張 조화조화자재장

조화와 조화를 자재로 베푸누나.

道談必有大禁條 도담필유대금조

도를 말함에 반드시 크게 금하는 조항 있으니

不識口開難骨邀 불식구개난골요

알지 못하고 입을 열면 뼈도 구하기 어려우리

鐵壁不穿前路隔 철벽불천전로격

철벽처럼 뚫리지 않고 앞길도 막혀야

如來面目自斯昭 여래면목자사소

여래의 면목이 여기로부터 밝아지리라.

法身絶像像無倫 법신절상상무륜

법신은 형상이 끊겨서 형상의 짝이 없고

一體二名名匪眞 일체이명명비진

한 체성 두 이름, 이름은 참이 아니네

事理同源相不別 사리동원상불별

일과 이치 같은 근원 서로 나뉘지 아니하여

非量功德宇寰振 비량공덕우환진

헤아리지 못할 공덕을 천지사방에 떨치누나.

理智法身同體藏 이지법신동체장

진리와 지혜의 법신이 같은 체성에 갈무려

眞空造化顯常光 진공조화현상광

참 빔과 조화로 떳떳한 빛을 나투네

我心我性無量備 아심아성무량비

내 마음, 내 성품에 한량없이 갖췄으니

六道輪回匪動王 육도윤회비동왕

육도를 윤회할지라도 임금은 동하지 않아라.

一圓眞理法身源 일원진리법신원

일원의 진리는 법신의 근원이요

展物乾坤實體元 전물건곤실체원

펼쳐진 만물은 하늘 땅 실체의 근본이며

諸佛衆生心印性 제불중생심인성

모든 부처와 중생 마음 도장 찍은 본성으로

過來現在復無尊 과래현재부무존

과거와 미래, 현재에 다시없을 높은 이일세.

분통작분
忿 通 作 憤

분은 분발이다

"분이라 함은 용장한 전진심을 이름이니, 만사를 이루려 할 때에 권면하고 촉진하는 원동력이니라."

《정전》팔조의 진행사조2 분忿

먼저 글자를 풀이해보자.

'마음'의 바탕이 되는 것으로 생각했던 '심장心臟'의 모양을 본뜬 글자. 변邊으로 쓰일 때는 忄, 小의 자형字形이 되고, 사람의 감정이나 의지 등 마음의 작용에 관한 뜻을 나타냄. 의미 요소要素로 쓰인다.

분忿이라는 글자의 본의는

• 성내다. 화내다.

• 분하다.

• 원망怨望하다. 원한怨恨을 품다.

• 차다. 차서 넘치다.

• 분憤·忿. 화.

• 분憤·忿한 마음.

한자로는

• '성내다恨也'라고 하였다. ① 《설문해자》에 '분은 성내다.'[76] 단주段注에 '분은 성급한 것으로써 뜻을 삼는다.'[77] ② 《서경》 군진君陳에 '그대는 미련함에 대해 화내고 미워하지 말라.'[78] 《서전》에 '분은 화내고 미워함이 없는 것이라.'[79] ③ 《대학》에 '자신에 노여워하는 바가 있다.'[80] 《경전석문》에 '분치는 노여워하는 모양이다.'[81]

---

76 忿 恨也
77 忿 以狷急爲義
78 爾無忿疾于頑
79 無忿怒疾之也
80 身有所忿懥
81 忿懥 怒貌也

• '원망하다^{怨也}'라고 하였다. ① 《전국책》 진책^{陳策}에 '왕자는 싸움에 이겨도 교만하지 않고, 패자는 맹주가 되어도 화내지 않는다.'[82] 그 주석에 '분은 화내다.'[83] ② 초사^{楚辭} 9장 회사^{懷沙}에 '어그러진 것을 징벌하고 원한의[마음을] 고칠 새 마음을 억누르니 스스로 굳세도다.'[84] 그 주에 '분은 원한의 [마음]이라.'[85] ③ 《장자》 달생^{達生}에 '분이란 기운이 막히다.'[86] 그 주석에 '분이란 가득함이니 가득히 맺혀 풀리지 않는 기가 흩어져서 돌아오지 않으면 [체내의 기가] 부족하게 되니라.'[87]

• '혹작분 통작분^{或作憤 通作憤}'이라 하였다. 노하다, 성내다, 분발하다는 의미이다. 그렇다면 분^忿과 분^憤이 의미상 같다면 분^憤의 의미는 ① '마음'의 바탕이 되는 것으로 생각했던 '심장'의 모양을 본뜬 글자. 변으로 쓰일 때는 忄, 小의 자형으로 되고, 사람의 감정이나 의지 등 마음의 작용에 관한 뜻을 나타냄. 의미 요소로 쓰인다. ② 분^憤이라는 글자의 본의는·분하다, 원통^{冤痛}하다.·성내다, 분노^{憤怒}하다.·번민^{煩悶}하다, 괴로워하다.·어지러워지다, 어지럽히다.·힘쓰다, 분발^{奮發}하다.·원한^{怨恨}.

---

82 王兵勝而不驕 伯主約而不忿

83 忿 怒也

84 懲違改忿兮 抑心而自彊

85 忿 恨也

86 忿 滀之氣

87 忿 滿也. 忿滀之氣 散而不反 則爲不足

분憤

진행사조의 하나. 모든 일을 이루고자 할 때에 권면하고 촉진하는 원동력이 되는 용맹 있는 전진심, 곧 백전불굴의 투지와 칠전팔기의 용기를 말한다. 삼학수행으로 반드시 삼대력을 얻겠다는 분발심을 말한다.

《원불교대사전》에는 분憤에 대하여 이렇게 설명을 하고 있다.

첫째, 분심. 분하여 성내는 마음. 불교의 《선요》에 참선하는 방법의 세 가지 요긴한 요목으로 대신근大信根·대분지大憤志·대의정大疑情을 삼요三要라 한 것 중의 하나이다. 원불교에서는 분발심의 줄인 말로 사용하며 공부의 요도 중 진행사조의 하나로 "분이란 용장한 전진심을 이름이니 만사를 이루려 할 때에 권면하고 촉진하는 원동력"이라고 정의했다. 강렬한 의욕을 가진 마음 상태로서 적극적이고 능동적인 실천의지를 가지고 자기만족에 떨어지지 아니하며 나날이 새로워지는 마음으로 스스로를 채찍질하여 정진하는 마음을 놓지 않는 자세를 말한다. 분憤과 분憤은 같은 의미를 가진 글자인데 우리말 사용에 있어서 분憤은 분발하여 기운을 낸다는 의미로 쓰이고 분憤은 분발하는 마음 상태를 묘사하는 의미로 쓰인다. 이 두 글자는 모두 화를 낸다는 분노의 의미로 많이 쓰이기 때문에 종교 수행에 관련된 개념으로는 적절하지 않다고 할 수 있지만 용례상 여러 가지 의미로 사용되기 때문에 원불교에서 사용하는 바와 같이 나태와 반대되는 분발심으로 해석한다.

둘째, 《원불교대사전》에는 '삼학 수행을 뒷받침하는 팔조八條의 하나. 모든 일을 이루고자 할 때에 권면하고 촉진하는 원동력이 되는 용맹한 정진심精進心 곧 백절불굴의 투지, 칠전팔기의 용기를 말한다. 삼학 수행으로 반드시 삼대력을 얻어 성불하겠다는 분발심을 말하는 것이다. 제불·조사·범부·중생의 성품이 다 같은 하나이기 때문에 나도 수행 정진하면 반드시 성불할 수 있다는 확고한 신념과 굳센 용기를 가져야 한다. 이런 분발심을 갖게 되면 삼학 수행에 결코 게으름을 부리지 않는다. 어떠한 역경·난경에 부딪쳐도 결코 퇴굴심을 내지 않는다. 큰 서원심을 가져 삼학 수행보다 더 크고 중요한 일이 없는 줄로 알아서 부지런히 정진하게 된다. 정당한 일, 서원과 신심을 바탕으로 한 분심忿心을 정분正忿이라 하고, 감정적이거나 부당한 일에 덤벼드는 일시적인 혈기나 만용을 객분客忿이라 한다. 정분은 키워야 하고 객분은 제거해야 한다.'

셋째, 사람이 분노해야 할 일에 분노를 못하면 울분에 쌓여 위험한 '폭탄'이 되거나, 아니면 우울증에 걸린 환자가 된다고 한다. 이는 곧, '끌려가는 여자 노예[奴 : 종 노]처럼 억압된 마음[怒

: 성낼 노]은 어쨌든 풀어버려야 한다는 말이기도 하다. '憤(결낼 분)' 자는 마음속의 화를 뿜어낸다는 뜻이다. '화산이 분출하다.' 라고 할 때의 '噴[뿜어낼 분]'자에 있는 '입 구(口)' 대신 사람의 마음心을 뜻하는 '심방 변(忄)'을 넣으면 '분憤' 자가 된다. 결국 내뱉고 싶은 어떤 마음을 뿜어낸다는 뜻이 된다. 따라서 '분노'라는 말에서 '노怒' 자가 '마음속에 쌓인 화火'를 뜻한다면, '분憤' 자는 바로 그 '마음속에 쌓인 화怒를 뿜어낸다.'라는 동사가 된다.

《맹자》에 '문왕일분노이안천하지민文王一憤怒而安天下之民'이라는 말이 있다. 즉 '주나라의 문왕이 한번[一] 내뿜었다[憤], 쌓인 화[怒]를! 그래서[而] 편해졌다[安], 천하의 백성들이[天下之民!]'라는 뜻으로 분명 동사로 썼다. '분노'의 '憤[결낼 분]' 자는 '忿[성낼 분]' 자를 대신 써도 된다. 잠시 우리 말 '결내다'의 '결'을 살펴보면, '결[성격?]이 바르다' '결[성질, 혹은 성미?]이 삭았다[죽었다]' 등에서 짐작 되듯이 '물결'이나 바람결, '나뭇결'에서 처럼 사람의 성질 또한 하나의 '결'로 본 듯하다. 어떤 '성질[결]을 내 뿜는다'라는 말이나 '성 낸다[忿]'라는 말은 결국 같이 쓰이는 셈이다. 그래서도 '忿[성낼 분]' 자는 더 중요하다. '분忿' 자에는 '재물[貝 : 조개, 돈패]을 나눠 먹을 빈貧' 자처럼 '나눌 분(分)' 자가 들어 있어서, 결국은 '마음[心]속에 쌓인 화를 같이 나누어[分] 낸다.'라는 뜻도 함께 들어 있는 것이라고 할 수 있다.

頌曰

凡欲功夫者 범욕공부자

무릇 공부를 하고자 하는 사람은

必持忿發心 필지분발심

반드시 분발의 마음을 간직할지니

若無如此念 약무여차념

만일 이와 같은 생각이 없다면

實目的難臨 실목적난임

실로 목적에 다다르기가 어려우리.

功夫人忿發 공부인분발

공부하는 사람이 분발을 하여

忘食亦忘身 망식역망신

먹음도 잊으며 또한 자신마저 잊고

精進無休怠 정진무휴태

정진하여 쉬거나 게으름이 없으면

明光自聳神 명광자용신

밝은 빛이 저절로 정신에서 솟으리.

忿發心成佛 분발심성불

분발하는 마음은 부처를 이루지만

若無此意生 약무차의생

만일에 이런 의지가 없으면 중생이리

眼前煩影現 안전번영현

눈앞에 번뇌의 그림자 나타나거든

조擊頓遙砰 비격돈요팽

크게 쳐서 단번에 멀리 굴려버릴지라.

무주생심
無 住 生 心

머묾이 없이 마음을 내라

… 경에 이르시되 "응하여도 주한 바 없이 그 마음을 내라."

《정전》무시선법

이는 '무시선법無時禪法'에서 인용한 법구이다. 이를 한문으로 옮기면 '응무소주이생기심應無所住而生其心'이 된다.

먼저 글자를 풀이해보자.

• 應 : 응할 응. 마땅할 응. 꼭 그렇게 되어야 한다. 응당 하여야 한다.

- 無 : 없을 무. 허무의 도.
- 所 : 바 소. 일정한 곳이나 지역. 지위. 자리.
- 住 : 살 주. 머무를 주. 집착하다. 주착하다.
- 而 : 말 이를 이. 말을 이음.
- 生 : 날 생. 낼 생. 나올 생. 저절로 나오고 생긴다.
- 其 : 그 기. 지시대명사.
- 心 : 마음 심. 중심 심. 본래 심. 원래 또는 본래의 마음. 곧 '활
  용심活用心' '응용심應用心' '적용심適用心'의 의미로도 볼 수
  있다.

이 글귀의 원문은 《금강경》 10장에 나온다. 우리 교단에서는
'무시선법'에 이 글귀를 인용하여 "응하여도 주한 바 없이 그 마
음을 내라."라고 하였다. 이어서 "이는 곧 천만 경계 중에서 동하
지 않는 행을 닦는 대법이라."라고 정의하였다. 《정전》 '무시선
법'에서 의미 지어 줌에 유의할 필요가 있다. 우리의 무시선이 과
거와 같이 정정위주定靜爲主나 해오위선解悟爲先의 선이 아니라 동
정動靜을 아우르고 시처時處를 병행竝行하며 유무有無를 동시同視하
고 정혜定慧를 쌍수雙修하는 '무주무애의 선無住無礙之禪'이기 때문에
한 가지나 한편을 내세우고 주장을 할 수가 없다.

이 글귀에 관련된 중요한 이야기가 있다. 우리가 잘 아는 육

조 혜능 대사는 글을 몰랐다고 한다. 아버지를 일찍 여의고 어머니를 모시고 땔나무를 팔아서 생계를 이어가는 빈궁한 처지에서 살았다. 하루는 나무를 팔고 그 집 대문을 나오다가 금강경의 '응무소주이생기심應無所住而生其心'이라는 구절을 듣고 바로 깨우침을 얻었다. 전세의 수도한 습관이 《금강경》 어구 한 마디를 듣고 마음의 본처本處를 알았다. 다시 말하면 훗날 크게 깨우침을 촉발하는 기연이 되었다[發悟機緣]고 할 수 있다.

그러면 '응무소주이생기심'의 의미는 무엇일까?

첫째, 육근이 청정한 마음.
우리의 마음을 육경六境 곧 육진六塵인 색성향미촉법色聲香味觸法에 주착住着됨이 없이 쓰라는 의미이다. 다시 말하면 육근이 육경을 대하여 주착된 바가 없이 마음을 써야 한다.[88]는 뜻으로 곧 청정명심淸淨明心, 무애착심無礙著心으로 마음 작용을 해야 한다.

둘째, 삼독 오욕이 없는 마음.
삼독인 탐·진·치貪瞋癡나 오욕五慾인 재·색·식·명·수財色食名睡에 안주함이 없이 마음을 쓰라는 의미이다. 우리의 마음은 거의 외

---

88 六根對於六塵 無所住着而用心

향적이다. 즉 밖으로 내달아 현실만을 보려 하고 취하려 하기 때문에 산실散失이 되어 내면이 부실하다. 때문에 무욕청정의 진심眞心을 잃지 않고 참된 마음을 써야 한다.

셋째, 편착이 없는 마음.

우리는 대개 자기가 좋아하고 능한 방면에 치우치거나 집착하여 그 외에는 보거나 알려고 하지 않는다. 다시 말하면 자기가 가지고 있는 지식이나 습성이나 정보가 제일이요 그밖에는 별 볼일이 없다고 치부하여 도외시하는 경향이 있는데 그러지 말고 두루두루 살피고 넓게 보며 크게 받아들여서 원만한 마음을 써야 한다.

넷째, 상 없는 마음.

상相에 가림이 없는 마음. 곧 사상四相인 아상我相, 인상人相, 중생상衆生相, 수자상壽者相은 물론이려니와 나아가 법상法相, 비법상非法相까지 버리고 놓아서 매이거나 잡힘이 없이 자유로운 마음을 운용하라는 의미이다. 예를 들자면 새가 허공을 날지만 허공이 얽어매지 않고, 고기가 물에 헤엄치지만 역시 물이 잡아매지 않듯이 마음을 쓰는데 자재自在를 해야 한다.

다섯째, 공무지심空無之心.

공심空心, 곧 무심無心으로 마음을 쓰라는 의미이다. 우리가 밥을 입에 넣을 경우 밥이 가면 입은 저절로 벌어진다. 즉 밥이 오니까 입을 벌려야겠다는 유심有心을 가지고 입이 벌어지는 것이 아니다. 또한 우리가 사람을 만나 인사할 때 저절로 합장이 되는 것이지 생각을 해서 합장하는 것은 아니다. 이와 같이 사사물물을 대하여 텅 비고 없음에 근원한 마음을 써야 한다.

여섯째, 마음이란 마음도 없는 마음.
마음이 없음을 요달了達하자는 의미이다. 마음이 없으면 머물 바[所住]가 생기지 않는다. 마음이 있으니까 경계가 생기고 경계가 생기니까 분별 사량이 생겨서 시비是非나 호오好惡나 선악善惡을 가려 주착하게 되는 것이니 본래 마음도 없는 진공眞空·공적空寂의 원처源處에 귀합歸合한 마음이다. 곧 마음 마음 하지만 마음이 없고 쓴다 쓴다 하지만 씀이 없어야 한다.

頌曰

水源湧滴不洿淸 수원용적불오청
물의 근원에 솟은 물방울 맑아 흐리지 않고
飛鳥游魚弗執縈 비조유어불집영
나는 새 헤엄치는 고기 걸려서 잡히지 않네

無住生心無礙用 무주생심무애용

주착없이 마음 내면 쓰는데도 걸림 없으니

六根六境豈偏傾 육근육경기편경

육근이나 육경에 어찌 치우쳐 기우러지리오.

작악기선
作 惡 起 善

악을 짓고 선을 일으키다

"전심작악 여운부일 후심기선 여거소암前心作惡 如雲覆日 後心起善 如炬消暗이라."

《정전》참회문

이 문구는 불교의 게송이다. 우리 회상에서는 참회문에 선입選入하여 사용하고 있다.

부처님이 설한 《불설미증유경》이 있고, 또한 《불설미증유인연경》이 있다. 두 경은 같은 듯하지만 다르다. 그러면 어떻게 다른가.

《불설미증유경》은 1권이다. 번역자는 미상이지만 후한시대

(25~220)에 번역되었다. 그 내용은 작은 불탑이나 불상을 조성하더라도 그 공덕은 매우 큼을 설한 경전으로, 《불설무상의경》의 제1 교량공덕품校量功德品을 요약한 것이다. 즉 6바라밀의 이름이 단檀·시라尸羅·찬제屬提·비리야毘利耶·선禪·반야般若로 번역되어 있는 점 등을 제외하면, 다른 이역본인 《심희유경》의 내용과 거의 동일하다고 할 수 있다. 이 경전에 '전심작악 여운부일 후심기선 여거소암前心作惡 如雲覆日 後心起善 如炬消暗'의 문구가 실려 있다.

다음으로 《불설미증유인연경》은 2권이다. 남제南齊 시대에 담경曇景이 479년에서 502년 사이에 양도楊都에서 번역하였다. 상권에서는 부처님이 사위국의 기수급고독원에 계실 때, 나후라를 출가시키기 위하여 목건련을 가비라성으로 보낸 일을 기술하고 있다. 야수다라가 나후라의 출가를 반대하자, 부처님께서는 화인化人을 보내어 과거 전생에 야수다라가 부처님께 했던 서원의 인연을 일깨우셨고, 결국 야수다라는 나후라를 보내게 된다. 이 소식을 들은 정반왕은 족성族姓에게 아들 한 명씩을 보내라고 명하였고, 나후라는 50명의 족성의 아들들과 함께 부처님의 처소로 갔다. 부처님께서는 아난을 시켜 그들의 머리를 깎게 하시고, 사리불과 목건련을 스승으로 삼아 그들에게 10계를 주어 사미가 되게 하였다는 내용이다. 이 경전에 '전심작악 여운부월 후심기선 여거소암前心作惡 如雲覆月 後心起善 如炬消暗'의 문구가 실려 있다. 따라서 우리 회상에서는 《불설미증유경》의 문구를 채택하였다고 볼 수 있다.

　흔히 고시古詩나 고경古經에서 보면 운일雲日이라는 글귀는 잘 찾아보기가 어렵고 운월雲月이라는 글귀는 흔히 보인다. 당唐 장구령張九齡의 시 '화소시랑소원석제기제제和蘇侍郞小園夕霽寄諸弟'에 '운월애추경 임당개야비雲月愛秋景 林堂開夜扉'란 글귀가 있다. 즉 '구름 달 가을 경치 사랑하여 임당의 사립문을 밤에도 여누나.'이다. 또한 두보의 시 '숙청초호宿靑草湖'에 '한빙쟁의박 운월체미명寒氷爭倚薄 雲月遞微明'이란 글귀가 있다. 즉 '차가운 얼음은 엷음에 의지하여 끌어지고, 구름 달은 희미함과 밝음으로 갈마드누나.' 등등에서 보면 '운일雲日'보다는 '운월雲月'이 많이 쓰이고 있다. 그러므로 이 문구를 중심으로 해설을 하려 한다.

　우선 숙어나 글자를 알아보자.

• 前 : 앞 전. 앞. 앞서다. 나아가다.
• 心 : 마음 심. 마음. 가슴. 심장.
• 前心 : ① 앞 마음. 먼저 마음. 즉 제일 처음 일어난 마음. ② 선과 악이 나누어 있지 않은 마음. ③ 그러나 여기서는 '악惡을 짓는 마음'에 중점을 두고 있다.
• 惡 : ① 추하고 불길한 것. ② 종교적 계율에 위배되는 행위. ③ 양심을 따르지 않고 도덕률에 어긋나는 행동. ④ 훗날 고통

즉 죄악을 불러오는 작용.

  • 覆 : 덮을 부(복). 뒤집힐 부(복).

  • 日 : 날 일. 해 일. 해. 햇빛.

  • 覆日 : 해를 덮는 것. 밝음을 덮어버리는 것. 어둠으로 되돌아가는 것.

  • 後 : 뒤 후. 뒤. 늦다.

  • 心 : 마음 심. 마음. 가슴. 심장.

  • 後心 : ① 뒤 마음. 뒤에 일어나는 마음. ② 뒤에 일으키는 마음. ③ 그러나 여기서는 '선善을 일으키는 마음'에 중점을 두고 있다.

  • 善 : ① 도덕적인 기준에 맞는 것. 또는 도덕적 생활의 최고 이상. ② 종교적 계율에 어긋남이 없는 행동. ③ 양심을 좇아 행동함. ④ 훗날 즐거움 곧 길복吉福을 불러오는 요소가 되는 행위.

  • 炬 : ① 횃불. ② 밝음. ③ 어둠을 물리칠 수 있는 주체.

  • 消 : 사라질 소. 사라지다.

  • 暗 : 어두울 암. 어둡다. 사리가 어둡다.

  • 消暗 : ① 어둠이 사라지는 것. ② 악이 물러가는 것. 또는 업장業障이 녹아지는 것. ③ 원래의 밝고 맑음으로 되돌아가는 것.

이 글귀를 풀어본다면

• 먼저 마음에 악을 지음은 구름이 해를 덮은 것과 같고 뒤에 마음이 선을 일으키면 횃불이 어둠을 사라지게 함과 같다.

• 첫 마음이 악을 짓는다면 검은 구름이 밝은 해를 가림이요 뒤 마음이 선을 일으킨다면 횃불이 어두움을 몰아냄이다.

• 악을 지으면 어둡고 선을 일으키면 밝다.

같은 해석이 되는 것이지만 세 가지 방향에서 풀어 볼 수 있다.

이 글은 전반과 후반으로 나눌 수 있다. 전반은 악惡의 입장이요 업業의 입장이며 죄罪의 입장이요 고苦의 입장이며 어둠의 입장이요 덮여짐의 입장이다.

전심작악 여운부일 前心作惡 如雲覆日

전반의 입장에서 몇 가지를 들어 본다면

첫째, 불식악해不識惡害이다. 이는 악이라는 해를 알지 못하여 악을 짓게 됨을 말한다. 다시 말하면 사람이 세상을 살아가는데 다 선할 수는 없다고 할지라도 악의 해됨이 얼마나 크고 무섭다는 사실을 알아야 하는데 이를 알지 못함으로 양심을 속이고 도덕률을 어기며 특히 성자들의 가르침인 계율을 범하여 죄악의 터널로 걸어 들어간다.

둘째, 부정지심不淨之心이다. 이는 곧 자기 수양이 부족함으로 인하여 악을 짓게 됨을 말한다. 다시 말하면 처음부터 순심純心이나 진심眞心을 잃음은 아니지만 다생을 거래하는 가운데 정화淨化되지 않은 어둔 마음으로 덮어가는 생활을 하다보니까 밝음을 잃고 맑음을 잃어 어둡고 흐트러지는 방향으로 자신도 모르게 흘러가서 죄악을 만들어 낸다.

셋째, 전세업습前世業習이다. 이는 전생에 익힌 업으로 인하여 악을 짓게 됨을 말한다. 다시 말하면 전생부터 악의 업장을 청산하거나 세척하지 못하고 누적시켰고, 금생에도 단번에 떨쳐버리지 못하여 천방지축으로 날뛰다 보니까 자신의 주권은 어디로 가버리고 업장 곧 업력이라는 세력이 주체가 되어 죄악을 또 쌓게 된다.

넷째, 의지지박意志之薄이다. 이는 향의向意의 엷음으로 인하여 악을 짓게 됨을 말한다. 다시 말하면 죄악과 고통에서 기어이 해탈하겠다는 의지가 박약하여 인고의 과정을 생략하고 되는대로 행동을 하므로 자신의 의지와는 상관없는 악의 구렁, 죄의 늪으로 자기도 모르게 조금씩 조금씩 빨려들어 도저히 나올 수 없는 지경에 이르고 만다.

다섯째, 불각인과不覺因果이다. 이는 짓고 받는 이치를 깨닫지

못함으로 인하여 악을 짓게 됨을 말한다. 다시 말하면 인과란 전
가시키거나 대속되어지는 것이 아니라 작거나 크거나, 많거나 적
음을 막론하고 '지은만큼 받는 원리'라는 사실을 철저하게 깨닫
지 못하였기 때문에 벗어나지 못하고 털어버리지 못하여 걸리고
매여서 죄악 속으로 왕래를 하게 된다.

頌曰

聳日雖明蔽霧昏 용일수명폐무혼
솟은 해 비록 밝으나 안개 가리면 어둡고
眞人作惡裂神惛 진인작악열신혼
참사람 악을 지으면 정신이 찢겨 흐리네
故知因果竝心淨 고지인과병심정
그러므로 인과 알고 아울러 마음 정화하면
不遠將來闢晅門 불원장래벽훤문
머지않아 오는 세월에 환한 문 열리리라.

후심기선 여거소암 後心起善 如炬消暗

전반과 후반으로 나눌 수 있는데 이 글은 후반에 속한다. 후반

은 선善의 입장이요 청淸의 입장이며 복福의 입장이요 낙樂의 입장이며 밝음의 입장이요 해소解消되는 입장이라고 할 수 있다.

후반의 입장에서 몇 가지를 들어본다면

첫째, 선시의로善是義路이다.

선은 옳은 길이다. 선은 정의요 악은 불의다. 따라서 정의는 불의에 대하여 항상 승리한다. 일시적으로 불의인 악이 승리의 깃발을 펄럭이는 것 같지만 시간[세월]을 쌓아 놓은 역사에 있어서는 언제나 정의 곧 선이 승리를 거둔다. 그러하기 때문에 길을 잘 잡고 나아가야 한다. 진흙탕 속이나 가시밭을 걸어가게 되면 잘 걸을 수도 없을 뿐만 아니라 몸이 늪에 빠질 수 있고 몸이 찢겨 만신창이가 될 수 있을 것이니 선의 길, 정의의 길을 걸어가야 인생의 가치를 누릴 수 있다.

둘째, 선위복원善爲福源이다.

선은 복의 근원이 된다. 세상에 그저 주어지는 복은 없다. 지어야 받아진다. 짓지 않고 받아지는 복락은 없다. 그러나 지선至善은 그렇지 않다. 지선 그 자체 그대로가 복락이다. 즉 '선위만복지원善爲萬福之源'이다. 선이 뭇 복락의 근원이 된다. 우리가 육근을 매개로 한 행위로 얻어지는 복락이 아니라 늘 쉼 없이 솟아오르는 물과 같은 복락을 말한다. 샘이란 물이 솟아날 때 절대로 마르지 않는다. 그러므로 우리들은 지어서 받을 수 있는 복락도 부지런하여야 하지만 원래 근원이 되는 지선의 복락을 계발하는데 공력을 들여야 한다.

셋째, 예방추옥豫防墜獄이다.

지옥에 떨어짐을 미리 막아준다. 밀려오는 물은 둑을 쌓아야 막아지고 지옥의 길을 막는 데는 선업善業이어야 한다. 선업이란 원군을 만드는 것과 같다. 내가 무슨 일을 할 때 혼자서 하기란 대단히 어렵다. 반드시 주위의 도움이 있어야 한다. 이와 같이 우리가 살아서 세상을 살든 죽어서 황천의 길을 가든 함께하는 후원자가 필요하다. 이 후원자가 바로 악업이 아니라 선업이다. 악업은 지옥으로 떨어뜨리고 끌어드리려 안달을 하지만, 선업은 그 반대로 지옥의 길을 미리 막아주고 차단시켜 주어서 우리로 하여금 안락한 생활을 하도록 한다.

넷째, 내정광개來程廣開이다.

오는 길이 넓게 열린다. 즉 앞으로 오는 길이 열린다는 것이다. 미래가 밝고 희망이 있다는 말이다. 다시 말하면 길이 열린다는 것은 새로운 길이 개척된다는 의미도 있겠지만 그것보다는 앞을 가로 막는 장벽, 방해가 되는 여건, 괴롭히는 경계 등등, 이러한 건수들이 사라진다는 의미이다. 다시 말하면 선심善心, 선행善行으로 인하여 미래의 길이 크고 넓은 고속도로처럼 열려서 애물礙物이 없이 일로一路로 달려갈 수 있다.

다섯째, 경상수궁慶常隨躬이다.

경사가 항상 몸에 따른다. '적선지가 필유여경積善之家 必有餘慶'이라 하였다. 즉 선업을 많이 쌓은 집안에 좋은 일이 반드시 있어진다는 의미이다. 즉 적선積善에 의한 결과로 길경吉慶이 다가온다는 뜻이다. 이와 마찬가지로 '적선지궁 상수희경積善之躬 常隨喜慶'이다. 곧 몸소 선업을 많이 쌓으면 항상 기쁨과 경사가 따른다. 억지로 달라고 하고 또 주겠다는 확답에 의하여 받아지는 기쁨과 경사가 아니라 무형한 진리가 알아서 주시고 사은이 알아서 주시는 참으로 큰 경사요 참으로 큰 기쁨이다.

頌曰

日浮覆暗不喪明 일부부암불상명
해 떠오르면 어둠 덮여도 밝음 잃어지지 않고
義路初難必顯名 의로초난필현명
옳은 길 처음 어렵지만 반드시 이름 드러나리
故識於躬多善積 고식어궁다선적
그러므로 알라 자신에 많은 선업을 쌓으면
開前隨慶德音鳴 개전수경덕음명
앞이 열리고 경사 따르며 덕스런 소리 울리리라.

상량지문
上 樑 之 文

상량의 글귀

    길룡리 옥녀봉 아래에 이 회상 최초의 교당을 건축할 때, 대종사 그 상량에 쓰시기를 '사원기일월梭圓機日月 직춘추법려織春秋法呂'라 하시고 또 그 아래에 쓰시기를 '송수만목여춘립松收萬木餘春立 계합천봉세우명溪合千峰細雨鳴'이라 하시니라.

《대종경》서품 12장

사원기일월 직춘추법려梭圓機日月 織春秋法呂

    대종사님께서 구원겁래에 중생 구제라는 서원을 세우고 이 세상에 탄강하여 20여 년의 고행 끝에 대도를 각증^{覺證}하시고 몇십 명의 인연 중에서 9인 제자를 골라 공부를 시키는 한편 장차 회상의 사업 토대로 언^堰을 막으면서 구간도실을 지었는데 그 구간도실의 상량에 쓴 상량문^{上樑文}의 첫 구절이 이 글귀이다.

우선 이 문구를 직역하여 본다면 '둥그러운 자연에 해와 달이 북질하여 춘추의 법을 짰다.'라는 의미로 해석을 할 수가 있으니, 이 열 자의 문구에 구세의 주세불로 오신 대종사의 일대 경륜이 다 들어있다고 볼 수 있다.

더 자세하게 글자와 아울러 그 의미를 풀이하면
• 梭 : 북 사. '북' 말하는 것이니 베를 짜는 기구로 씨줄에다 날줄을 넣는 역할을 하는 기구이다.
• 圓 : 둥글 원. '둥글다'라는 의미로 천지 곧 우주를 상징한다.
• 機 : 기틀 기. 베틀 기. '자연'이란 의미로 '천기^{天機}', '천진^{天眞}', '천문^{天文}'을 말하며 어떠한 '계기' 또는 '기틀'을 말한다.
• 日 : 날 일. 해. 태양. 햇빛. 해의 움직임.
• 月 : 달 월. 달. 음광^{陰光}
• 日月 : '해'와 '달'로 눈에 보이는 현상의 밝음이요 변화이며 음과 양의 상징이다.
• 織 : 짤 직. '베를 짠다'라는 의미로 어떤 조직을 새로 만듦을

말하기도 한다.

- 春 : 봄 춘. 봄. 젊은 때.
- 秋 : 가을 추. 가을. 결실. 성숙할 때.
- 春秋 : ① '세시歲時', '연치年齒', '사시四時'를 말하는 것으로 끊임이 없이 변화를 이루는 자연현상을 말한다. ② '춘추필법春秋筆法'이란 의미로 볼 때 절대 불변의 원칙을 말하기도 한다.
- 法 : 법 법. 법. 예의. 도리.
- 呂 : 법칙 려. 음률 려.
- 法呂 : 곧 법으로 '상경常經', '모범模範', '예법禮法', '정칙定則', '법상法象'의 의미이다. 또는 '사람이 지켜나가야 할 준칙'[89]을 말하기도 한다. 특히 만 생령을 건지는 '불도佛道', '불법佛法'을 의미한다.

이렇게 대략적인 글자를 풀이함으로써 대강의 의미를 파악할 수 있지만 대종사께서 구간도실의 상량에 쓰신 이유를 좀 더듬어보려고 한다.

첫째, 둥근 자연의 기틀을 천명하였다.
다시 말하면 우주 자연을 둥글게 그려서 진리의 상징. 신앙의

대상. 수행의 표본으로 삼아 주었다. 즉 교리도나 일원상의 진리장에 "일원은 법신불이니 우주만유의 본원이며 제불제성의 심인이며 일체 중생의 본성이다." 하여 우리 회상은 둥근 진리를 주체로 하고 둥근 진리를 종지宗旨로 삼았으며 둥근 진리를 심불心佛로 표방하여 한 두렷한 기틀로 불생불멸不生不滅 곧 생멸이 없는 도의 원리를 천명하여 주었다.

둘째, 해와 달이 베 짜는 역할을 하고 있다.

해와 달은 음과 양으로 인과의 원리가 되는 근거를 삼은 것이다. 다시 말하면 우주라는 씨줄에 해와 달이 날줄이 되어 우주가 변화를 이루는 것처럼 음과 양이 서로 밀고 바탕이 되면서[相推相資] 무한한 변화를 일으켜 봄에는 낳게 하고 여름에는 자라게 하며 가을에는 거두게 하고 겨울에는 갈무리하는 역할을 일분일각도 쉼이 없이 해내고 또한 육도와 사생도 각자의 심신을 통해 호리도 틀림이 없이 지은 대로 받게 되는 인과의 이치를 드러내었다.

셋째, 바른 법 곧 정법을 제정하였다.

성자의 출현은 우주와 함께함으로 우주가 운행되는 이법理法을 보아서 인간과 만물이 어울려 살아갈 수 있는 우주의 도판圖板을 실현하는 것이다. 다시 말하면 우리 회상은 우주의 도판이 그대로 실현되는 지상낙원을 건설하기 위하여서는 길과 방법이 필요한데 그 길 그 방법의 대안으로 춘추일통春秋一統의 전무후무한 대도정법을 제정하여 우리의 공동목표 즉 영겁의 서원으로 삼도록 하였다.

이와 같이 원기3년 방언공사 도중에 지은 구간도실에 우리 회상의 근원이 되는 영원불멸한 일원의 진리와 변화의 주재가 되는 인과의 원리와 일체 생령을 건지고 낙원을 이루는 길인 정법을 짜서 우리에게 유산으로 전해 주었다.

頌曰

吾師斯世出 오사사세출

우리 스승 이 세상에 나오사

建會衆生輝 건회중생휘

회상 세우니 중생에 빛이 되었어라

高露眞圓理 고로진원리

참으로 둥근 이치를 높이 드러내어

春秋啓法扉 춘추계법비

춘추 정법의 사립문을 활짝 열었네.

송수만목여춘립 松收萬木餘春立

글자를 풀어보면

• 松 : 소나무 송. 즉 상록교목常綠喬木으로 만고상청萬古常靑이다. 《예기》의 예기禮器에 '송백은 중심[마음]이 있으니 사시를 관통하여 가지가 변경되거나 잎이 바꿔지지 않는다.'[90]라고 하였다. 또 솔은 '장생長生하며 절조節操가 있으며 항상 푸르다.'라고 하였다. 또 《사기》 구책전龜策傳 '천년이나 된 소나무는 위에는 토사가 있고 아래에는 복령이 있다.'[91]라고 하였다.

• 收 : 거둘 수. 잡을 수. 거뜬히 할 수. 거두다. 정제整齊하다. 거두어 들여 정리하다.

• 萬木 : 많은 나무. 뭇 나무. 여러 나무. 모아짐.

• 餘 : 남을 여. 남다. 넉넉하다[饒也]. 여우가 있다. 쇠잔하다[殘也]. 모두[皆也]. 많다[多也].

• 春 : 봄 춘. 봄. 젊음. 시작. 열다. 광운廣韻에 '봄이란 사시의 시작이다.'[92]라고 하였고, 또 공양公羊 은공隱公 원년에 '봄이란 무

---

90 松柏之有心也 貫四時而不改柯易葉
91 千歲之松 上有免絲 下有茯苓
92 春四時之首

엇인가 해의 시작이다.'[93]라고 하였으며, 또 이아爾雅 석천釋天에 '봄이란 청양이요 봄이란 발생이다.'[94]라고 하였고, 또 석명釋名 석천釋天에 '봄이란 움직임이다. 만물이 움직임으로 나온다.'[95]라고 하였다.

• 立 : 설 립. 서다. 확고히 서다. 존재하다. 정해지다. 이루어지다. 나타나다. 전해지다.

• 餘春立 : 봄까지 남겨질 수 있도록 푸름을 간직한 채 변함이 없이 서 있다.

직역을 해 보자면

• 솔은 많은 나무의 남은 봄을 거두어 섰다.
• 솔은 뭇 나무를 거두어 여유롭게 봄까지 섰다.
• 솔은 여러 나무가 쇠잔해지는 가을을 지나 봄에 이르기 직전까지 섰음을 거두었다는 등 여러 가지로 의미를 지어 볼 수 있다.

그러므로 원기3년에 방언을 하면서 지은 구간도실의 상량에

---

93 春者何 歲之始也
94 春爲靑陽 春爲發生
95 春 蠢也 萬物蠢然而生也

쓴 상량 문구에서 새 회상의 의미를 찾아보아야 한다.

첫째, 불변지조不變志操를 의미한다.

우리는 영겁을 통해서 스승님과 약속이 된 인연이 이 회상에 모였다. 자의가 되었든 타의가 되었든 이 회상을 찾음은 누겁累劫을 두고 이미 서원이 세워지고 의지가 굳어져서 찾아든 결과이지 오다가다 만나진 인연은 아니다. 즉 송죽松竹이 비바람을 지나고 한설寒雪을 겪는다고 할지라도 상청常靑을 잃지 않듯이 지조와 절개를 지키는 우리의 모습 곧 제생의세의 서원을 변치 않아야 한다.

頌曰

松樹常靑不葉交 송수상청불엽교

솔은 항상 푸르러 잎을 바꾸지 않듯

堅持節操少無淆 견지절조소무효

굳은 절개와 지조 조금도 흐리지 않으리

崇情大願長時續 숭정대원장시속

높은 뜻 큰 원력 긴긴 시간 이으리니

世開濟衆樂園郊 세개제중낙원교

세상 열리고 중생 건져져 낙원의 들이리.

둘째, 하나로 모아져야 함을 의미한다.

우리가 막대기를 땅 위에 세워보면 하나를 세워서는 서지 않는다. 둘을 세워도 서지 않는다. 최소한 셋은 모아야 세워진다. 이는 우리가 교단에 살면서 견해가 서로 다를 수도 있고, 습관이 서로 다를 수도 있으며, 깨달음이 서로 다를 수도 있고, 관점이 서로 다를 수도 있는 등. 여러 가지 갈래가 나눠지고 주장이 일치가 안 될 경우 뭇 나무가 모여 세워지고 숲을 이루듯이 대의大義나 대경大經이나 대업大業에는 낱 없이 합해주고 협력하여 그 일을 이루어가자는 뜻이 들어있다.

頌曰

一柯難豎二柯如 일가난수이가여
한 가지론 세우기 어렵고 두 가지도 같으며
依立三條列立舒 의립삼조열립서
세 가지 의지해 세워야 세워져 벌려짐 펼치리
大義大經弘業遂 대의대경홍업수
큰 뜻과 큰 경륜과 큰 사업을 이룬다면
佛恩展地衆生廬 불은전지중생려
부처 은혜 펼쳐진 땅이 뭇 생령의 집이리라.

셋째, 일근만조一根萬條의 의미이다.

만목萬木이란 곧 각 종교의 다양한 진리, 또는 각 종교에서 제정한 법, 모든 사상, 또 철학이나 주의 등등. 이 모두가 그 근원은 하나이요 그 뿌리 또한 하나임을 나타내어 서로 넘나들고 융통을 해야 한다. 그리하여 내 것, 우리 것만이 제일이요 남의 것은 도외시하는 잘못을 범하지 말라는 경계를 읽을 수 있다.

頌曰

一根數榦百條延 일근수간백조연
한 뿌리에서 여러 줄기 많은 가지 뻗혔고
壹理多宗諸派傳 일리다종제파전
한 이치에서 많은 종교 여러 파로 전해졌네.
終極法身圓屋滙 종극법신원옥회
결국은 법신인 일원의 집으로 모이리니
衆寮同濟道橋編 중요동제도교편
대중이 함께 건너는 도의 다리를 엮으리라.

넷째, 대도정법大道正法을 세움이다.

법이란 제정함도 중요하지만 그 법을 세움이 더욱 중요하다. 대종사님께서 봉래정사에서 법을 제정하여 가까운 제자들에게 시용施用을 하셨고 총부를 건설하사 더욱 보완하여 만고의 정법을 완정完定하여 세상에 공표함이 결국 법을 확고하게 세움이다. 즉 봄이라는 계절에 만물이 열리어 자기 몫대로 허공을 향해 팔을 벌려 꿋꿋하게 서는 모습처럼 전만고 후만고의 정법을 이 세상에 전파하여 중생의 마음을 열어가야 한다.

頌日

主世吾師此地生 주세오사차지생
주세불 우리 스승 이 땅에 나오사
善揚正法暗睛明 선양정법암정명
바른 법 잘 드날리어 어둔 눈망울 밝혔네
四恩三學一圓理 사은삼학일원리
사은과 삼학과 일원의 진리로
驅衆尋鄕做美輧 구중심향주미팽
대중 몰아 고향 찾는 아름다운 수레 되리라.
※ 尋鄕 : 마음의 고향. 진리의 고향을 찾아가자.

그러므로 우리는 청송의 지조 곧 서원을 다지고, 대업에 낱 없이 합하며, 모든 종교가 한 뿌리임을 알고, 대도정법을 세워서 중생을 건지고 낙원을 건설하여 부처의 은혜가 충만한 살기 좋은 세상을 가꾸어 가야 한다.

頌曰

松樹長生法亦如 송수장생법역여

소나무 오래 사니 법도 또한 그러하고

一根萬榦道還舒 일근만간도환서

한 뿌리에 만 줄기 도가 또한 펴지네

與師約束持弘願 여사약속지홍원

스승님과 약속한 큰 원력을 가져서

乃建樂園恩惠餘 내건낙원은혜여

이에 낙원을 세우면 은혜가 넉넉하리.

계합천봉세우명溪合千峰細雨鳴

직역을 해 본다면

- 시내는 일천 봉우리의 가는 비를 합하여 운다[울린다].
- 시냇물은 수많은 봉우리에서 흘러내리는 빗물을 모아 소리 내어 흐른다.

• 시내로 흘러가는 물은 많은 봉우리의 골짜기에서 흐르는 물을 모아서 노래를 부르며 한없이 흘러간다. 등 여러 가지로 의미를 지어 볼 수 있다.

또한, 한문의 글자를 풀어본다면

• 溪 : 시내 계. 시내. 시냇물. 산골짜기. 텅 비다.
• 合 : 합할 합. 합하다. 화합하다. 여럿이 모여 하나가 된다. 만나다. 맞다.
• 千 : 일천 천. 천 번. 많다.
• 峯 : 봉우리 봉. 봉우리. 뫼. 산. 봉우리 모양을 한 것.
• 細 : 가늘 세. 가늘다. 미미하다. 작다.
• 雨 : 비 우. 비. 많은 모양의 비유. 흩어지는 모양의 비유.
• 細雨 : 가는 비, 곧 미우微雨를 말한다.
• 鳴 : 울 명. 울다. 새 짐승이 소리 내어 울다. 명성이 드날리다. ※ 주역의 겸괘謙卦에 '명겸鳴謙'이라 하였다. 그 주에 '명이란 성명이 (멀리까지) 들림[所聞]을 이른다.'[96]라고 하였다.

• 원기3년에 세운 구간도실의 상량문에서 먼 훗날 교단의 역

---

96 鳴者 聲名聞之謂也

할을 예시하였으니 그 의미를 붙이고 찾아서 미래를 향한 지표로 삼아야 한다.

첫째, 합해준다는 의미가 있다.

서쪽 골에서 흐르는 물이나 동쪽 골에서 흐르는 물이 다를 수가 없다. 비가 온 뒤에 낮은 곳으로 흐르는 물은 동서를 나눔이 없이 서로 섞이어 아름다운 노래를 부르며 저 푸른 바다를 향하여 앞서거니 뒤서거니 하면서 사이좋게 흘러간다. 그래서 물은 화합 또는 합일의 상징이다. 즉 푸른 물감을 만나면 낯 없이 푸르고 붉은 물감을 만나면 낯 없이 붉으며 노랑 물감을 만나면 낯 없이 노랗게 되어서 자기를 내세우거나 자랑하거나 상相이 없이 합해준다.

둘째, 살림의 의미가 있다.

시냇물 즉 물이란 생령의 근원이다. 이 세상에 물이 없으면 만물이 살아남기 어렵다. 그러면서도 항상 아래에 처하고 낮은 곳에 머물러 드러나지 않는다. 그러므로 우리도 세상의 모든 생령들에 대하여 현실의 삶도 돌보아야 하겠지만 그보다는 정신적인 삶 곧 마음을 살려내는데 법수法水의 역할을 하고 메마른 심전心田을 적셔주는 관개灌漑의 역할을 해야 한다.

셋째, 작음이 큼이다.

세우細雨란 작은 비이다. 즉 가는 비이다. 가는 비도 오래 맞으면 옷이 젖는다. 이처럼 작고 가는 비가 모여서 시내를 이루고 시냇물이 모여서 강물을 이루며 강물이 모여서 바다를 이루듯이 작은 것부터 모으고 쌓고 합하고 북돋우면 결국 크게 되는 이치를 알아서 작은 것에 소홀함이 없어야 한다. 다시 말하면 사업이든 공부든 간에 이소성대以小成大의 원칙으로 해나가야 한다.

넷째, 성자의 법을 울리자.

쇠를 두드리면 쇠 소리가 난다. 목탁을 두드리면 목탁 소리가 난다. 우리는 주세성자의 법하法下에 들어와 그 법을 받들고 공부하고 수행하여 성자의 행신行身을 이루었으니 그대로 교화하면 바로 대종사의 교법이 드러나 울리게 된다. 더 말하자면 사방의 빗물이 모이어 돌에 부딪치며 흐르는 그 소리가 바로 장광설長廣舌이요 묘리설妙理說이니 우리도 각자의 입을 통하여 묘법妙法이 솟구쳐 나와서 세상을 깨우치는 목탁이 되고 경종이 되어 법음이 널리널리 울려야 한다.

頌曰

一源涌溢萬溪涇 일원용일만계경

한 근원에서 솟아 넘쳐 뭇 시내로 통하고

理體明澄四向熒 이체명징사향형

진리바탕 밝고 맑으니 동서남북 밝아라

大小成和天地法 대소성화천지법

크고 작음 화합을 이루어 하늘땅 법이니

警鐘木鐸世鳴醒 경종목탁세명성

경종되고 목탁 되어 세상 울리고 깨우리.

적적성성
寂寂惺惺

고요함과 깨임

　　대종사 말씀 하시기를 "선종禪宗의 많은 조사祖師가 선禪에 대한 천만 방편方便과 천만 문로門路를 열어 놓았으나, 한 말로 통합하여 말하자면 망념妄念을 쉬고 진성眞性을 길러서 오직 공적영지空寂靈知가 앞에 나타나게 하자는 것이 선이니, 그러므로 '적적寂寂한 가운데 성성惺惺함은 옳고 적적한 가운데 무기無記는 그르며, 또는 성성한 가운데 적적함은 옳고 성성한 가운데 망상妄想은 그르다.' 하는 말씀이 선의 강령綱領이 되느니라."

《대종경》수행품 12

　　이는 대종사의 선관禪觀이다. 따라서 우리의 선에 대한 방향이요 원불교 선의 표본이다. 물론 과거 선가에서 선에 대한 많은 방향을 이야기 하였고 또 익혀가는 길도 얼마나 많은지 모른다. 즉 한 가지로 단언하고 하나로 단정하기는 대단히 어렵다. 그러나 대종사님은 과거의 선에 대하여 '망념妄念을 쉬고 진성眞性을 길러서 오직 공적영지空寂靈知 앞에 나타나게 하자'는 것으로 선의 강령을 삼았다. 다시 말하면 망념된 생각이 쉬어지면 참 성품이 자연 길러지고 참 성품이 길러지면 공적영지는 저절로 나타나게 된다는 의미이다.

그런데 중국 당나라 때 선승으로 육조 대사를 만나 하룻밤에 깨달음을 얻어 일숙각一宿覺이라는 별명을 가진 영가 현각 선사가 있었다. 성은 대戴 씨이고 자는 명도明道이며 시호는 무상 대사無相大師이다. 8세에 중이 되어 경론經論을 연구한 유명한 스님이다. 그의 저서에 《영가집》, 《관심십문》, 《증도가》 등이 있다. 그 가운데서 《영가집》 사마타송奢摩他頌 제4에 '성성적적시 무기적적비 적적성성시 난상성성비惺惺寂寂是 無記寂寂非 寂寂惺惺是 亂想惺惺非'라는 글귀가 있다.

이 글을 해석하면 "성성하고 적적함은 옳고, 무기하고 적적함은 그르며, 적적하고 성성함은 옳고, 난상하고 성성함은 그르다."라고 할 수 있다. 더 자세하게 말하자면 "성성한 (가운데) 적적함은 옳은 것이요, 무기한 (가운데) 적적함은 그른 것이며, 적적한

(가운데) 성성함은 옳은 것이요, 난상한 (가운데) 성성함은 그른 것이라."고 할 수 있다.

그런데《대종경》수행품 12장에 인거된 말씀에서 보면 '망상妄想'이라 하였다. 즉《영가집》에서는 '난상亂想이라'고 하였는데《대종경》에서는 '망상妄想'으로 되어 있다. 물론 크게 보면 '난상'이든 '망상'이든 그 의미는 거의 같다고 볼 수 있다. 즉 대동소이하다. 그러나 남의 글을 인거하였다는 점에서 정확함이 요구되지 않을까?

글자나 단어를 풀어본다면

• 惺 : 영리할 성. 영리하다. 슬기롭다.
• 惺惺 : ① 선禪의 진경을 나타내는 말로 맑고 밝아 초롱초롱한 경지. ② 산란散亂에 흐르지 않은 마음 상태. ③ 진리의 용用·묘유妙有·영지靈知의 자리. ④ 항상 깨어 있는 상태. 도거掉擧에 떨어지지 않은 마음 상태. ⑤ 기경機警의 뜻이다. 《상채어록》에 보면 '경이란 늘 성성하게 하는 방법이다.'[97]라고 하였고, 유기劉基의 성재명醒齋銘에 보면 '밝음은 깨임에서 나오고 심란은 어둠에서 나

---

97   敬是常惺惺法

온다.'⁹⁸라고 하였다.

• 寂 : 고요할 적. 고요함. 평온함.

• 寂寂 : ① 선禪의 진경을 나타내는 말로 고요하고 고요하여 일체의 사량 분별·번뇌 망상이 텅 비어 버린 경지. ② 혼침昏沈이나 침몽寢夢에 떨어지지 않은 마음 상태. ③ 진리의 체體·진공眞空·공적空寂한 자리. ④ 사위四圍가 고요하고 일체의 경계가 쉬어 버린 것. ⑤ 좌사左思의 영사시詠史詩에 '고요하고 고요한 양자의 집, 문 앞에는 벼슬아치의 수레 없구나.'⁹⁹ 또 장호張祜의 호위주시胡渭州詩에 '어여쁜 달은 떠가는 배를 비추고 고요한 강물은 끝임없이 흐른다.'¹⁰⁰라고 하였다.

• 是 : 옳을 시. ① 예. 응의 긍정적인 대답. ② 옳은, 옳다. ③ 틀림이 없다. 적합하다. ④ 한번 작정하면 변하지 않는다.

• 無 : 없을 무. 없다. 허무의 도.

• 記 : 기록할 기. 기록하다. 외다. 적다.

• 無記 : ① 삼성三性의 하나. 온갖 법의 도덕적 성질을 세 가지로 나눈 가운데서도 선도 악도 아닌 성질로서, 선악 중의 어떤 결과도 끌어 오지 않는 중간성中間性을 말한다. 이 무기에는 다 같이 선악의 결과를 끌어 올 능력이 없으면서도 수행을 방해하는 유

---

98 昭昭生于惺惺 憒憒生于冥冥
99 寂寂楊子宅 門無卿相輿
100 亭亭孤月照行舟 寂寂長江萬里流

부무기有覆無記와 무부무기無覆無記가 있다. ② 정신이 멍한 상태. 혼침昏沈. 공망空忘. 회심灰心. 정신이 혼몽한 상태. ③《구사론》 2에 '무기란 선이나 불선의 성질을 기억할 수 없으므로 무기라 한다. 말하자면 이숙과를 기억하지 못하므로 무기라 한다.'[101]라고 하였다. ④《유식론》 5에 '선이나 불선, 손해나 이익 가운데 기억하고 분별하지 못하므로 무기라 한다.'[102]라고 하였다.

• 非 : 아닐 비. ① '아니다'라는 부정적인 대답. ② 그른, 그르다. ③ 잘못. 잘잘못. ④ 부정사不定詞.

• 妄 : 망령될 망. 허망할 망. 허망하다. 거짓.

• 想 : 생각 상. 생각하다.

• 妄想 : ① 이치에 맞지 않는 망령된 생각. 객관적으로는 잘못되었으나 자기 입장에서는 진실이라고 확신하고 고집하고 집착하는 것. ② 병적으로 생긴 잘못이나 판단이나 확신. ③ 번뇌 망상의 준말. 망상에서 헤어나지 못하면 결코 진리를 깨칠 수 없다. ④ '실지에 부당함을 망이라 한다.'[103] 또한 '망령되게 분별하여 갖가지의 상을 취함을 망상이라 한다.'[104] ⑤《유마힐경》 주해에

101　無記者 不可記爲善不善性 故名無記. 有說 不能記異熟果 故名無記
102　於善不善損益義中 不可記別 故名無記
103　不當於實曰妄
104　妄爲分別而取種種之相曰妄想

보면 '생겨나는 것을 망상이라 하는데 망령된 분별의 상이다.'[105] ⑥《대승의장》권 5말에 '범부의 진실에 미혹한 마음으로 온갖 법상을 일으키며 상에 집착하여 이름을 세우며 이름에 의하여 상을 취하는데 취함이 진실하지 않으므로 망상이라 한다.'[106]

• 《대승의장》권 5말에 '어지럽고 집착하여 참되지 못함을 망이라 하고, 망령된 마음으로 상을 취함을 상이라 한다.'[107]라고 하였다.

• 《영가집》의 난상亂想 : ① 어지러운 생각. 또는 생각이 어지러운 것을 말한다. ② 마음속에 망상과 번뇌가 난마亂麻처럼 복잡하게 얽히고설키어 생각이 어지러운 상태. ③ 마음이 안정을 얻지 못하고 사심 잡념이 어지럽게 일어나는 것. ④ 산란散亂하고 방일放逸한 심상心想으로 일체 번뇌煩惱를 말한다. ⑤《증일아함경》1에 '뭇 난상을 버려야 사문과에 도달한다.'라고 하였다.[108]

頌曰

寂寂空煩惱 적적공번뇌

105　生日妄想 妄分別之相也
106　凡夫迷實之心 起諸法相 執相施名 依名取相 所取不實 故日妄想
107　謬執不眞 名之爲妄 妄心取相 目之爲想
108　去衆亂想 逮沙門果

고요하니 번뇌가 텅 비었고

惺惺顯慧明 성성현혜명

깨어져서 지혜광명 드러나네

本來無亂想 본래무난상

본래 어지러운 생각 없으니

何故望修成 하고망수성

어찌 닦아 이룸을 바라리오.

《대종경》 수행품 12장의 의미를 대강 말하자면

인적치란 통성수명 因寂治亂 通惺守明

이 말은 '고요함으로 인하여 어지러움을 다스리고, 깨임을 통하여 밝음을 지키자.'라는 뜻이다. 사람이 수행하면서 고요하게 하되 혼몽昏懜에 빠지지 않아야 적적寂寂이 되고 또한 늘 깨어 있으되 산란散亂에 떨어지지 않아야 성성惺惺을 잘 유지하는 것이다. 대개 사람이 일이 있거나 아니면 없거나 또는 정靜하거나 아니면 동動하는 두 때이다. 이러한 두 때에 마음이 적요寂寥하여 일여一如가 되면 상관이 없지만, 자칫 고요에 들다 보면 혼침에 빠지기 쉽고 일어나는 마음을 누르다 보면 산란에 떨어지기 쉬우므로 둘을 잘 조절하는 것이 필요하다.

성적등지惺寂等持[정혜등지定慧等持]

이 말은 '성성과 적적을 균등하게 유지하자.'라는 뜻이다. 다시 말하면 성성惺惺의 극치는 혜慧요 반면에 적적寂寂의 극치는 정定이니 이 성성과 적적, 곧 정과 혜를 평등하게 가지되 정 일변도一邊倒에 흐르지 않아야 하고, 혜와 정을 동등하게 유지하되 혜 일방도一方倒로 달리는 것을 경계하여 수레의 두 바퀴처럼 일륜一輪으로 굴려 전후를 잘 맞춰 나가자는 것이다.

망상[난상]멸진 즉여여불妄想[亂想]滅盡 卽如如佛

이 말은 '망상妄想 곧 난상亂想이 소멸되어 다하여야 바로 여여한 부처라.'는 의미이다. 불가에 미세유주微細流注가 남아 있으면 성불을 할 수 없다고 하였다. 물론 일초직입여래지一超直入如來地의 근기가 없는 것은 아니지만 수행이라는 방법을 취하여 닦는 입장이라면 수많은 난관, 수없는 관문을 통과하지 않고는 어렵기 때문에 외적인 번뇌가 되었든 내적인 번뇌가 되었든 간에 소진消盡시키는데 힘을 쏟아 난상이 제거된 청징淸澄한 마음 바탕을 가져야 한다.

직관보살直觀菩提

이 말은 '바로 보리[道]를 보자.'라는 의미이다. 우리가 눈이 밝으면 무엇이든지 단번에 보고 안다. 그러나 눈이 흐리거나 혹 티끌이라도 들어가 있으면 물체가 두 개 세 개로 보일 수 있다. 이는 물체 자체에 문제가 있는 것이 아니라 내 눈에 문제가 있는 것이다. 이와 같이 수행하는 사람은 진리가 되었든 도가 되었든 성품이 되었든 간에 직관直觀이 되어야지 무엇을 매체로 하여 깨우침을 얻는 것은 성숙된 공부라고 할 수 없기 때문에 눈을 궁굴리지 않고 바로 보고 마음을 움직이지 않고 바로 알아야 한다.

진공위체 묘유위용眞空爲體 妙有爲用

이 말은 무시선법에 밝혀있는 바와 같이 '진공眞空으로 체體를 삼고 묘유妙有로 용用을 삼는다.'라는 의미이다. 즉 진공은 적적이요 묘유는 성성이라고 나누어 볼 수 있다. 그러나 이는 강연이 나눈 입장에서 구별하는 것이지 사실 둘이 아닌 하나이다. 다시 말하면 진공즉묘유眞空卽妙有이요 묘유즉진공妙有卽眞空으로 둘이 될 수가 없으며, 체즉용體卽用이요 용즉체用卽體로 역시 둘이라고 단정을 지을 수가 없기 때문에 하나를 둘로 보거나 하나를 다르게 보아서도 또한 안 된다.[109]

---

109 一物二觀而非 一物異觀亦非

頌曰

寂寂惺惺本不殊 적적성성본불수

적적과 성성은 본래 다르지 않고

菩提煩惱亦非區 보리번뇌역비구

보리와 번뇌도 또한 다르지 않네

若分二物一邊墮 약분이물일변타

만일 두 물로 나누면 한편에 떨어지리니

圓體虛空頹壁無 원체허공퇴벽무

둥근 바탕 허공은 벽이 무너진 무라네.

태극무극
太 極 無 極

태극과 무극

"…유가에서는 이를 일러 태극太極 혹은 무극無極이라…"

《대종경》교의품 3

글자나 단어를 풀어보면

• 太 : 클 태. 크다. 통하다.
• 極 : 다할 극. 다하다. 용마루.
• 太極 : 동양철학에서 우주만물의 근원인 궁극적 실체를 표현. 사전적 의미로 태太는 크다는 뜻으로 크고 지극함, 극極은 매우 높고 요원함을 의미한다. 곧 태극은 만물의 근원, 근본 등을

나타내는 것으로 천지 생성 이전의 궁극적 본원을 말하며 우주 만물이 생성 변화하는 원리라는 의미를 내포하고 있다. 태극의 개념은 송대 주돈이周敦頤에 의해 우주의 궁극적 존재 근원으로 언명되면서부터 우주론의 중요한 철학 범주로 자리 잡게 되었다. 그러나 태극이라는 단어가 처음 보이는 곳은 주역이다. 《주역》 계사전에서는 음양이 나뉘기 이전부터 존재하는 실재, 곧 통체統 體를 가리키는 것으로 사용했으며, 그로부터 동양사상에서 본체 론의 중심 개념으로 등장했다. 《주역》에서는 "역에는 태극이 있고 태극이 양의를 낳으며, 양의가 사상을 낳고 사상이 팔괘를 낳는다."[110]라고 하여 태극·양의·사상·팔괘라는 생성론적인 도식을 기술하고, 태극을 본원으로 제시하고 있다.

• 無 : 없을 무. 없다. 허무의 도.

• 無極 : 무극이라는 말은 《춘추좌씨전》 희공僖公 24년 조의 '여자의 덕은 한이 없다.'[111]와 《노자도덕경》 28장의 '무극으로 돌아간다.'[112], 《장자》 재유在宥편의 '무궁의 문에 들어가 무극의 들에서 노닌다.'[113] 등에서부터 보인다. 《노자도덕경》에서는 극極이 한계, 즉 끝이 있는 유한有限을 의미하므로, '무극'은 한계 의식의

---

110 易有太極 是生兩儀 兩儀生四象 四象生八卦
111 女德無極
112 復歸于無極
113 入無窮之門 以遊無極之野

파괴와 무한 개방을 의미함으로써, 인간의 구분 의식을 거부하고 무한으로의 환원을 염원하는 도가적 이상을 나타내는 용어로 쓰였다. 그리고 《장자》에서는 구체적으로 무한 공간의 개념을 포함하기도 하면서 결국 존재 이전을 가리키는 궁극자의 의미로 쓰였다.

이것이 유교에서 철학적 의미로 크게 쓰이기 시작한 것은 송대의 주돈이부터이다. 주돈이는 우주의 생성과 발전 및 그 속에서의 인간의 위치와 역할 등을 서술한 《태극도설》 첫머리에서 '무극이면서 태극이다.'[114]라고 하여, 궁극자로서의 태극의 성격을 무극이라고 규정하였다. 그런데 이 부분이 《송사宋史》 염계전濂溪傳에는 '무극으로부터 태극이 된다.'[115]라고 하여 태극이 무극에서 발생한 것으로 이해되었음을 보여준다.

이 '무극'은 주희朱熹와 육구연陸九淵의 논변에서 큰 문제로 등장한다. 육구연은 주돈이의 다른 저서인 《통서》에는 태극은 있으나 '무극'은 없으며, 역대 성인들의 말씀에도 '무극'이 없으므로 태극만으로도 우주 변화의 근본을 설명할 수 있다고 보았다. 그러나 주희는 '무극'이 도가 사상의 영향이 아닌 주돈이의 창작이며, 태극만을 말하면 사람들이 구체적인 실물의 존재로 이해할까

---

114 無極而太極
115 自無極而爲太極

염려하여 '무극'을 말한 것으로, '무극'은 곧 태극의 무형상성無形象性을 표현한 것이며 무극과 태극이 한 궁극자의 양면성을 나타낸 것이라 하였다.

이 문제는 조선시대 이언적李彦迪과 조한보曹漢輔의 논변을 통해 재조명되었다. 조한보는 무극의 초월성을 강조하여 노장이나 불교에 가까운 이해를 주장하였고, 이언적은 철저히 주희의 논지를 계승하여 무성無聲·무취無臭한 무한의 무형상의 의미임을 강조하였다. 전체적으로 보면 '무극'은 노장의 궁극자를 표현하는 용어였으나, 성리학에서 본원자의 초월성을 표현하는 의미로 쓰이면서 유교의 철학화 과정에서 중요한 지위를 차지한다고 할 수 있다.

태극太極과 무극無極이란 무엇일까? 1

이는 영원히 풀 수 없는 명제이다. 영원히 풀 수가 없는 명제이기 때문에 이를 풀기 위해서 수많은 사람들이 궁구를 하고 사색을 하며 적묵寂黙에 잠기고 강론講論을 하는 등 지금까지 쉼이 없었고 미래에까지도 이러한 상황이 이어질 것이다. 이런 이치를 조금이라도 안 사람이 주체主體가 될 수밖에 없고 이러한 상황에서 오리자悟理者가 나오고 선지자先知者가 배출되는 것이라고 할 수 있다.

사실 우리가 저 광막한 우주를 바라보고 어떤 원점原點을 찾아 의미를 부여한다는 것은 대단히 어려운 일이지만 성자의 반열에 든 각자覺者들은 이를 규명해냈고 그 가르침을 따르는 후인들은 그 이치를 체득하려고 온갖 노력을 아끼지 않은 나머지 어떤 주의나 사상이 태동하고 이체理體가 자연 드러나게 된다.

태극은 중국 사상에 있어서 대단히 중요한 위치를 점하고 있다. 이 말은 《역경》의 계사전繫辭傳에서 시작이 되어 송대宋代 이학理學에 진일보한 천석闡釋이 되었는데 일반적으로 우주의 최초 원시原始의 기인基因이요 혼돈混沌의 상태이며 만물의 근원으로 수양이나 법술法術의 이론적인 근거가 되었다고 할 수 있다.

'태극도太極圖'는 원래 진단陳搏으로부터 전하여졌는데 처음에는 '무극도無極圖'라고 불렀다.

진단은 오대五代 말에서 송宋 초에 이르는 도가 아주 높았던 전설적인 인물로 내단內丹과 역학易學에 조예가 매우 깊었다. 사서史書에 기록되어 있는 것을 보면 그는 일찍이 '선천도先天圖'와 '태극도太極圖' 및 '하도河圖'와 '낙서洛書'를 그려서 그의 제자인 종방種放에게 전하였고, 종방은 나누어서 목수穆修와 이개李漑 등에게 전하였으며, 뒤에 목수가 '태극도'를 주돈이周敦頤에게 전하였는데 주돈이가 《태극도설》을 지어서 현재 우리가 접하고 있는 것이라 한다.

《역경》의 계사전繫辭傳에 '역유태극하니 사생양의하고 양의생
사상하며 사상생팔괘라.'[116]라는 말이 있다. 이 말은 '역에는 태극
이 있는데 이것이 양의를 내고 양의는 사상을 내었으며 사상은
팔괘를 내었다.'는 뜻이다. 여기서 말하는 양의는 곧 음과 양을 가
리키는 것이요 사상은 태음太陰과 태양太陽과 소음少陰과 소양少陽을
말하고 팔괘는 건(乾 : ☰)·태(兌 : ☱)·이(離 : ☲)·진(震 : ☳)·손
(巽 : ☴)·감(坎 : ☵)·간(艮 : ☶)·곤(坤 : ☷)을 말한다. 괘卦는 걸
어 놓는다는 괘掛와 통하여, 천지만물의 형상을 걸어 놓아 사람에
게 보인다는 뜻으로, 그 구성은 음효陰爻(――)와 양효陽爻(―)를 1대
2, 또는 2대 1 등의 비율로 셋이 되게 짝을 지어서 이루어 놓은
것이다.

《사기》 삼황기三皇紀에 보면, 팔괘는 중국 최고最古의 제왕이라
는 복희伏羲가 천문지리를 관찰해서 만들었다는데 이를 선천팔괘
先天八卦라고 하고, 뒤에 문왕文王이 팔괘의 위치를 다시 배치하였
는데 이를 후천팔괘後天八卦라고 한다. 또한, 이 팔괘 가운데 양陽
에 속하는 괘는 건乾, 진震, 감坎, 간艮이요 음陰에 속하는 괘는 곤坤,
이離, 태兌, 손巽을 말하여 이 괘 두 개씩을 겹쳐 중괘重卦로 육십사
괘六十四卦를 만들어 이로써 사람의 길흉이나 화복禍福 등을 점치게
되었던 것이다.

---

116 易有太極 是生兩儀 兩儀生四象 四象生八卦

이를 좀 더 구체적으로 말하자면

태극太極이란 바로 무극無極이요 무극은 바로 태극이다. 즉 태극이 무극의 여의고 따로 있지 아니하고 무극도 태극을 떠나서 다르게 존재하는 것이 아니라 궁극에 있어서는 하나이요 둘이 아니며 서로 다르지 않는 일체一體인 것이다.

이러한 의미로 볼 때 무극이나 태극에 대한 사전적인 의미를 살펴본다면 무극은 '도의 바탕인 본원을 무극이라 한다.'[117] 하였고, 또 '우주의 본체로 맛도 없고 냄새도 없으며 소리도 없고 색깔도 없으며 시작도 없고 마침도 없으며 내 마음이 고요하여 생각이 없으며 뭇 선이 발현하지 않음을 무극이라 한다 ….' 하였다.

따라서 주돈이周敦頤는 《태극도설》에서 '무극이 태극이다.'[118] 라고 하였는데 주자朱子는 그 주석에서 '상천의 일은 소리도 없고 냄새도 없으나 사실 조화의 주안이 되고 만유의 근원이 되는 것이라. 그러므로 '무극이 태극으로 태극 외에 다시 무극이 있는 것이 아니다.'[119]라고 하였다.

---

117 道體之本源曰無極
118 無極而太極
119 上天之載 無聲無臭 而實造化之樞紐 品彙之根柢也 故曰 "無極而太極 非太極之外復有無極也"

頌曰

無斟眞理少無聲 무짐진리소무성

짐작할 수 없는 진리 조금의 소리 없고

太極兩儀八卦生 태극양의팔괘생

태극에서 음과 양, 팔괘가 나왔어라

宇宙元來斯道體 우주원래사도체

우주는 원래 이 도의 바탕이요

本源造化物根成 본원조화물근성

본원의 조화는 만물의 뿌리 이루네.

태극太極과 무극無極이란 무엇일까? 2

태극은 '하늘과 땅이 처음으로 나타나는 때이다.'[120]라고 하였다. 《주역》계사상繫辭上에 '이러므로 역에는 태극이 있으니 이것이 양의를 내었다.'[121]라고 하였는데 그 주석에 '태극이란 하늘과 땅이 나뉘지 아니한 원기가 혼돈하여 하나가 된 것을 이름이니

---

120 天地始形之時也
121 是故易有太極 是生兩儀

곧 이것이 태초요 태일이라. 그러므로 노자는 이르기를 '도는 하나를 냈다.' 하였는데 곧 이 태극이 이것이다.'[122]라고 하였다.

태극에 대하여 좀 더 구체적으로 이야기를 하는데 있어서 먼저 자의字意를 풀어 볼 필요가 있을 것이다. 즉 태극의 철학적 의미를 논하기 전에 먼저 글자의 뜻을 분석하여 보자. 이는 육상산[123]과의 논쟁에서 중요한 쟁점 중의 하나였다. 여기에서 태극의 태 자太字가 대 자大字의 의미를 갖는다는 점에 대해서는 대개 별다른 이의가 없고 다만 문제가 되는 것은 극 자極字의 의미이다.

허신許慎의 《설문해자》에 '극 동야極棟也'라 하였고 《이아爾雅》에 '극 지야極至也'라 하였으며, 《이아》에 '극 중야極中也'라고 하였다. 이러한 여러 가지 사전적 의미 중에서 어떤 의미를 취할 것인가는 결국 자신의 철학 체계나, 그 철학적 입장에 따를 수밖에 없다. 특히 주자朱子와 '극極'의 의미에 대하여 논란을 벌인 육상산은 황극皇極이 홍범구주洪範九疇의 중간에 있기 때문에 그런 이름을 얻은 것처럼, 태극도 중中의 의미를 갖는다고 한다. 즉 태극도 황극처럼 대중大中의 뜻이며, 이는 지극하다는 뜻을 겸한다고 한다. 한편 상산과 그 철학 체계가 다른 주자는 극을 중中으로 해석하는

---

122 太極 謂天地未分之前 元氣混而爲一卽是太初太一也 老子云 "道生
    一" 卽此太極是也
123 陸象山. 1139~1193 : 이름은 구연(九淵), 자는 자정(子靜)

것을 극구 반대하고 지극至極의 의미로 해석한다.

주자는 다음과 같이 말한다.

'중中은 극極으로 해석할 수 없다. 극에는 중의 뜻이 없다. 그러나 중에 있는 것은 곧 지극이 있는 곳이다. 사방이 표준으로 삼는 것이므로 이로 인해 중정中正이 되었다. 예를 들어 옥극屋極은 역시 중에 있을 뿐이지만 사방이 표준으로 삼는 것이라 하였다.

그러므로 극 자極字는 지극至極하다는 뜻이지 불편부당不偏不黨한 중정中正의 뜻은 아니다. 지극하기 때문에 중中이지, 중이기 때문에 지극한 것은 아니다. 지극한 것이 중앙에 있게 되면 사방에서 거기에 질정叱正하여 바른 방향으로 나아가게 된다. 또한 지극한 것은 편벽되고 치우친 것이 없고 모든 조화造化의 기준이 되므로 표준의 뜻을 겸한다. 그러나 중中과 표준을 혼동해서는 안된다.'

頌曰

天地形之始 천지형지시
하늘과 땅이 나타난 시작이
在於太極初 재어태극초
태극의 처음에 있는 것이라

兩儀分判顯 양의분판현

음과 양이 나뉘고 짜개져 나타나니

萬物自然舒 만물자연서

만물은 자연스럽게 펼쳐진다네.

역유태극과 무극이태극易有太極 無極而太極

무릇 통체각구統體各具와 이일분수理一分殊가 이理와 이의 관계를 말한 것인 반면에 역유태극과 무극이태극은 체질體質과 골자骨子, 즉 이와 기氣의 관계를 말하는 것이라고 할 수 있다.

역유태극은 《역경》 계사상전繫辭上傳 11장의 '역유태극 시생양의 양의생사상 사상생팔괘易有太極 是生兩儀 兩儀生四象 四象生八卦' 중에서 현미론적顯微論的 입장에서 말한 부분이다. 물론 주자는 이 구절에 입각하여 자신의 태극설을 정립하였다고 할 수 있다. 다시 말하면 위에서 말한 것처럼 편의상 주자의 태극설을 먼저 분석하였다.

따라서 다음으로 역유태극의 의미를 고찰한다면 주자는 다음과 같이 말하고 있다.

태극의 의미는 바로 이理의 극치를 말하는 것이다. 이 이가 있으면 곧 이 물건이 있으니, 선후나 차례를 말할 수 없다. 그러므로 '역에 태극이 있다'고 하면, 이 태극은 바로 음양 가운데 있는 것이지 음양의 밖에 있는 것이 아니다. 지금 '대중大中'으로 해석하거나, 건괘乾卦와 곤괘坤卦가 판별되지 않고 대연수大衍數가 아직 나뉘기 이전으로 논한다면 미안한 점이 없지 않다.

형이상자를 도道라 하고, 형이하자를 기器라고 하면서, 이제 태극을 논하여 그 물건이 신묘神妙하다고 하거나, 또 천지가 아직 나뉘지 않고 원기元氣가 합하여 일자一者가 된 것으로 말하면 역시 미안하다는 말이다. 이 이가 있으면 즉 이 기가 있는데, 기는 둘이 아닌 것이 없다.

그러므로 역易에 말하기를 '태극太極이 양의兩儀를 생生한다.'고 한다. 태극은 형이상의 지극한 이로서 음과 양을 포괄하는 일리一理이다. 만일 태극을 상산象山처럼 대중으로 해석하거나, 건괘미판 대연미분乾坤未判 大衍未分의 일기一氣로 보면 안 된다. 즉 태극을 음양미분陰陽未分의 일기로 보고 역易을 음과 양 이기二氣로 보면서, 일기로서의 태극이 먼저 있고, 그것이 다시 음기陰氣와 양기陽氣로 나뉜 것으로 보면 안 된다. 여기서 역은 음과 양의 변역을 말하는 것으로서 동·정 이발·미발動·靜, 已發·未發을 겸해서 말하는 것이므로 이미 일자가 아니라 양자兩者이다. 이 양자 속에 이를 총괄하는 일리가 있다는 것이 역유태극易有太極의 의미이다. 이렇게 볼 때 역유태극은 만물상 현미론顯微論의 입장에서 말하는 것이라고 할 수 있다.

시생양의是生兩儀의 시是 자는 물론 태극을 가리킨다. 그런데 곧바로 태극이라고 하지 않고 특히 시자를 놓은 이유는 역유태극의 태극이 계속해서 양의·사상·팔괘兩儀·四象·八卦를 낳는다는 것을 나타내기 위함이다. 이는 역시 현미론에서 최상위 골자가 바로 체용론에서 최상위의 체가 되어 유행·발현流行·發現한다는 것을 말하려는 것이다.

생각컨대 역유태극은 천지만물의 변화 속에 이 모두를 총괄하는 하나의 태극이 있다는 것이고, 시생양의 이하는 이 태극이 가일배법加一倍法으로 분화해 간다는 것이다. 현미론의 관점에서 역유태극을 언급하여 먼저 태극의 존재를 밝히고, 다음으로 체용론의 관점에서 시생양의 이하를 언급하여 이 태극이 배수로 분화해 간다는 것을 밝혔다.

'무극이태극無極而太極'은 주렴계周濂溪가 태극도太極圖를 그리고, 거기에 도설圖說을 붙인 첫머리에 '무극이태극 태극동이생양 동극이정 정이생음 정극부동 일동일정 호위기근 분음분양 양의입언無極而太極 太極動而生陽 動極而靜 靜而生陰 靜極復動 一動一靜 互爲其根 分陰分陽 兩儀立焉'이라고 말한 것 중 현미론적 관점에서 말한 부분이다. 여기서 말한 '무극無極'은 후에 학자들 간에 많은 논란이 있었다.

주자는 다음과 같이 말한다.

태극은 상象과 수數는 아직 드러나지 않았으나 그 이는 이미 갖추어졌다는 것을 일컬음이요, 형기形器는 이미 갖추어졌으나 그 이는 조짐이 없다는 것을 지목하는 것이다. 하도河圖와 낙서洛書에서 모두 가운데를 비운 상象이다. 주렴계가 말하는 무극이태극과 소강절邵康節이 말하는 도위태극, 심위태극道爲太極, 心爲太極은 이것[易有太極]을 말하는 것이다.

이것은 《역학계몽》에서 '역유태극易有太極'을 주석한 내용이다. 위에서 보면 주자는 '무극이태극'은 '역유태극'과 마찬가지로 현미론의 관점에서 말한 것이라고 보는 것이다.

주자는 다음과 같이 말한다.

'무극이태극'은 '어떤 물건이 뚜렷이 거기 있다고 말하는 것이 아니라 다만 여기에 애당초 하나의 물건도 없고 단지 이 이가 있다고 말하는 것일 뿐이다.'

頌曰

太極兼無極 태극겸무극

태극과 아울러 무극은

同源不二論 동원불이론

같은 근원으로 둘이라 논하지 못하리

衆溪歸匯海 중계귀회해

뭇 시냇물이 돌아가 바다에 모이듯이

一理萬分存 일리만분존

한 이치가 여럿으로 나뉘어 존재하네.

신통말사
神 通 末 事

신통은 말변의 일이다

　대종사 말씀하시기를 "정법 회상에서 신통을 귀하게 알지 않는 것은 신통이 세상을 제도하는 데에 실다운 이익이 없을 뿐 아니라, 도리어 폐해가 되는 까닭이니, 어찌하여 그런가 하면 신통을 원하는 사람은 대개 세속을 피하여 산중에 들며 인도를 떠나 허무에 집착하여 주문이나 진언眞言 등으로 일생을 보내는 것이 예사이니, 만일 온 세상이 다 이것을 숭상한다면 사·농·공·상이 무너질 것이요, 인륜 강기人倫綱紀가 묶어질 것이며, 또는 그들이 도덕의 근원을 알지 못하고 차서 없는 생각과 옳지 못한 욕심으로 남 다른 재주를 바라고 있으니, 한때 허령虛靈으로 혹 무슨 이적異蹟이 나타난다면 그것을 악용하여 세상을 속이고 사람을 해롭게 할 것이라,

그러므로 성인이 말씀하시기를 '신통은 말변末邊의 일이라' 하였고, '도덕의 근거가 없이 나타나는 신통은 다못 일종의 마술魔術이라'고 하였느니라. 그러나 사람이 정도正道를 잘 수행하여 욕심이 담박하고 행실이 깨끗하면 자성의 광명을 따라 혹 불가사의不可思議한 자취가 나타나는 수도 있으나 이것은 구하지 아니하되 자연히 얻어지는 것이라, 어찌 삿된 생각을 가진 중생의 견지로 이를 추측할 수 있으리오."

《대종경》 수행품 42장

신통말변사神通末邊事

우선 글자부터 알아보면

- 神 : 귀신 신. 귀신. 불가사의한 것. 정신. 혼.
- 通 : 통할 통. 통하다. 꿰뚫다.
- 神通 : 모든 일에 헤아릴 수 없이 신기하게 통달하는 것. 신神은 헤아릴 수 없다는 뜻, 통通은 막히고 걸림이 없다는 뜻. 원불교에서는 보통 신통묘술은 대도정법이 아니라고 보고 있다.
- 末 : 끝 말. 끝. 나무 끝.
- 邊 : 가 변. 가. 가장자리. 근처. 부근.

• 事 : 일 사. 일. 일삼다. 전념하다.

• 末邊事 : 끝과 주변의 일이라는 의미. 말법시대 가장 끝머리에서 일어나는 일이라는 의미. 불교와 원불교에서는 신통한 능력을 보이는 것에 대해 매우 금기시 했다. 신통이란 한낱 말변사일 뿐이라는 것이 선가의 정통설이다. 보조 지눌普照知訥은 《수심결》에서 '신통은 말변사'라고 이야기하고 있다. 《법집별행록절요병입사기》에서도 '깨달음은 단박에 이루지만 신통은 점차 이루어진다.'라고 말하고 있다.

신통이란 어떤 내용인가?

첫째, 신통은 모든 일에 헤아릴 수 없이 신기하게 통달하는 것을 말한다. 신神은 헤아릴 수 없다는 뜻이요, 통通은 막히고 걸림이 없다는 뜻이다. 따라서 신통묘술神通妙術이 보통 사람으로 할 수 있는 것은 아니지만 이것이 대도정법大道正法은 결코 아니라는 사실을 알아야 한다. 즉 신통묘술은 신통과 묘술을 말한다. 예를 들면 축지법縮地法·시해법尸解法·호풍환우呼風喚雨·이산도수利山渡水 등이 신통묘술이다. 부처님의 무량 방편이야말로 신통묘술이다. 일체중생을 다 제도하기 때문이다. 그러나 공부가 깊어지고 수행이 무르익으면 삶의 모든 면에서 그 수행의 결과로 자연스럽게 나오는 신통은 인정한다.

둘째, 보통 옛날 선사들은 대개 '신통성말변사神通聖末邊事'라고 하였지만 여기에서는 '신통은 말변의 일이라'라고 하였는데 이를 한문으로 옮기면 '신통말변사神通末邊事'가 된다. 즉 '성聖' 자가 빠졌다. 예문을 보면 앙산 선사仰山禪師가 말하기를 "신통은 이에 성인 말변의 일이라. 다만 근본을 얻고 말을 근심한다."[124]고 하였다. 따라서 그 해석에 '이는 지혜가 명료한 것으로 신통의 근본을 요달한 것이니, 신통의 변화를 자재하여 걸림이 없는 것이라.'[125]라고 하였다. 그러므로 '다만 근본을 투득했으면 말변을 근심치 말지니, 근본은 지가 근본이요 갖가지 신통은 모두 성인의 말변의 일이라.'[126]라고 하였다. 그렇다면 왜 신통을 말변의 일이라고 하였을까? 이는 간단하다. 신통 자체가 큰 진리의 도가 아니요 근본적인 지혜가 아니기 때문이다. 따라서 공부의 깊이가 없는 신통은 자칫 사술邪術로 떨어져서 수도에 크게 방해가 되고 나아가서는 대도를 증득하는데 역시 장애가 되기 때문이라고 할 수 있다. 그래서 선사들이 신통을 말렸고 귀하게 여기지도 않았다.

셋째, 신통에 대해서 꾸지람을 한 진묵 대사震黙大師[127]와 동자승 간에 얽힌 이야기를 해보련다. 어느 날 진묵 대사가 혼자 길을 걷

---

124 神通乃聖末邊事 但得本愁末也

125 是則智慧明了 達神通之本而變化神通 自在無礙

126 但得本 莫愁末 根本智者 本也. 種種神通 皆聖末邊事

127 진묵대사 : 1562~1633. 조선시대의 유명한 스님. 이름 일옥一玉. 술을 곡다穀茶라고 하여 잘 마시고 무애행을 보였으며 석가모니 부처님의 소화신小化身으로 추앙을 받음.

다가 한 사미를 만나 동행하게 되었다. 마침 요천수樂川水라는 시내에 이르자 그 사미가 "소승이 먼저 건너가 물의 깊이를 알아보겠습니다." 하고는 아주 가볍게 얕은 물을 건너듯이 건너갔다. 진묵 대사도 이에 그 냇물이 얕은 줄 알고 따라서 건너다가 결국 깊은 물에 풍덩 빠지고 말았다. 이때 사미가 급히 달려와서 대사를 붙드니 그제야 나한의 장난인 줄 알고 꾸짖었다. 그러면서 지은 시가 우리들에게 회자되고 있다.

> 너희 영산의 열여섯 나한들에게 붙이노니
> 마을마다 잿밥 즐겨 먹음을 어느 때 쉬려느냐?
> 신통과 묘용은 비록 (내가) 미치기 어려울지라도
> 큰 도는 응당 늙은 비구에게 물어야 하리라.[128]

작은 신통력을 가졌다 하여 잔재주를 부리고 술수를 나투는 것은 불보살의 입장에서 본다면 어린 아이의 장난에 지나지 않는다. 따라서 불보살들은 뭇 생령을 자안慈眼으로 바라보고 자심慈心으로 불쌍히 여기며 자애慈愛로 대하기 때문에 속는 줄 알면서도 속아주고 알면서도 모른 체한다. 또 나가면 끌어들이고 넘어지면 일으켜 세우며 빠지면 건지고 날뛰면 누르는 등 갖가지 방

---

128 寄與靈山十六愚 落村齋飯幾時休 神通妙用雖難及 大道應問老比丘

편을 베풀어 구제를 하게 된다. 그런데 중생은 제 자신이 잘나서 무엇이든지 잘 하는 줄만 알고 자신을 돌아볼 줄 모른다면 불보살로부터 꾸지람을 들을 수밖에 없다.

신통이라는 문제를 기묘奇妙한 술법術法으로 보지 말고 현실에서 나타난 하나하나가 신통의 진면眞面으로 보아야 한다.

지금 우리가 각자 육신의 눈을 가지고 볼 수 있는 세계 가시可視의 범위는 얼마나 될까? 아마 넓지 않으리라. 그러나 망원경이나 컴퓨터의 가상공간을 통하여 볼 수 있고, 또 TV나 스마트폰, 또는 AI를 통하여 볼 수 있는 세계는 정말 어마어마하다.

여기에 앉아서 지구 반대편에서 일어나는 일들을 얼마나 알 수 있을까? 즉 가짐可斟, 가지可知가 얼마나 될까? 이도 역시 그리 많지 않으리라. 그러나 통신이라는 매개를 이용하여 얼마든지 알고 짐작할 수가 있다. 옛날에는 저 달에 토끼가 있어서 방아를 찧는다고 말하였다. 그러나 고도의 과학을 통하여 달에 실지 가보니 토끼는 없고 달 표면의 굴곡에 의하여 그렇게 보임이 확인되었다.

우리가 이 육신의 귀로 세상의 소리를 얼마나 들을까? 즉 가청의 거리가 얼마나 될까? 아마 몇 미터 주변의 소리도 듣기 어려우리라. 그러나 무선 송수신을 통하여 저 쪽의 소리가 바로 안방의 소리처럼 들려온다.

지금은 가고 오는 것을 비행기나 우주선을 이용하여 하늘 공간을 날아다니지만 아마 더 나아가면 우주의 어떤 곳이라도 가만히 앉아 뜻한 대로 헤집고 다닐 수 있으리라.

우리의 생각, 우리의 뜻, 우리의 마음까지도 필요 없는 세상이 올 수도 있다. 다시 말하면 모두가 열려지고, 모두가 통해지고, 모두가 깨어나고, 모두가 유체이탈遺體離脫이 되는 등, 일화一化를 이루어 자유자재한다면 따로 무슨 조화가 필요하리오.

이러한 시대에 과연 신통이 필요할까? 따라서 신통을 부리는 사람이 이렇게 다 보고 다 알고 다 듣고 다 할 수 있을까? 물론 알고, 보고, 듣고, 하기도 하였으리라. 그러나 전부는 절대로 아니다. 인류 문명의 역사가 시작된 이래로 극소수에 불과하였지 누구나 다 할 수 있는 사항은 아니다.

그러나 지금의 시대는 알 수 없는 것보다는 알 수 있는 것이 훨씬 많고, 볼 수 없는 것보다는 볼 수 있는 것이 훨씬 많으며, 들을 수 없는 것보다는 들을 수 있는 것이 훨씬 많고, 할 수 없는 것보다는 할 수 있는 것이 훨씬 많은 세상이 되었다. 이렇게 본다면 신통이 별게 아니요 우리의 육근을 움직이는 일상생활 그대로가 신통이며, 우리가 이루어 놓은 갖가지 그대로가 변화이며, 앞으로 인간의 손발과 두뇌로 이루어낼 미래가 바로 조화이다.

그러므로 지금의 시대는 신통이 필요한 게 아니라 세상 사람 모두가 이성을 회복하고 양심을 배양하여 사회나 국가 곧 전 지구에서 일어나고 있는 빈곤, 무지, 질병, 전쟁, 재해, 환경파괴, 인권 유린, 인륜 경시, 패악 등등, 이루 다 말할 수 없는 문제들을 풀어 사람의 삶에 무게를 두고 힘을 모아야 한다.

頌曰

幼稚無慮得幻嬉 유치무려득환희

어린아이 생각 없기에 허깨비 얻어 희롱하고

聖人有意做愚離 성인유의주우리

성인은 뜻이 있기에 어리석은 짓이라 여의네

神通妙術妖奇事 신통묘술요기사

신통이나 묘술이란 요망하고 기이한 일이니

正法門庭少不禧 정법문정소불희

정법의 문정에는 조금도 기뻐하지 아니하누나.

신통을 어찌하여 성현의 말변사라고 하였을까?

첫째, 부담인도不擔人道[인도를 저버리기 때문이다].

고래로 인간과 인간의 삶에 주체를 이룬 사상이 있다. 이를 유가儒家의 전통이라고 할지 몰라도 사실 사람으로서 실천해야 할 공통의 덕목이니 바로 '삼강三綱'과 '오륜五倫'이다. 삼강이란 '군위

신강君爲臣綱·부위자강父爲子綱·부위부강夫爲婦綱'이다. 옛날같이 엄격하게 주장을 할 수는 없지만 그래도 그 정신만은 살려야 한다. 다음으로 오륜이란 '부자유친父子有親·군신유의君臣有義·부부유별夫婦有別·장유유서長幼有序·붕우유신朋友有信'이다. 여기서도 이대로 꼭 실현하자는 것이 아니라 형식을 버리고 정신을 취하자는 것이다. 그런데 이러한 인도를 실현하면서 공부를 한다는 것은 어렵기 때문에 신통의 공부를 하려면 자연 인도를 등져 멀리할 수밖에 없다.

둘째, 피세지사避世之事[세상을 피하기 때문이다].

세상이란 일과 일이 부딪침으로 인하여 돌아간다. 시비가 되었든 이해가 되었든 선악이 되었든 서로 어울리고 물려서 돌아가는 것이 세상이다. 그러나 무엇인가를 이루어 보려는 사람은 세상과 함께 구르고 세상과 더불어 일을 하다보면 신통 이루는 공부를 도저히 할 수 없으므로 자연 세상을 피하여 산중에 들며 집단을 떠나 한적한 곳에 들게 되므로 피세避世가 되고 초세超世가 된다.

셋째, 여중비해與衆非偕[대중적이 될 수 없기 때문이다].

독불장군獨不將軍이라는 말이 있다. '혼자서는 장군이 될 수 없다.'는 의미이다. 즉 사람의 삶은 인간과 인간이 접촉하면서 어울려 살도록 되어 있는데 이러한 틀, 곧 범주를 벗어버리고 홀로 살고자 한다면 참된 삶을 엮어가기가 어렵다. 이와 같이 혼자 살 수 없는 길을 취하여 가는 사람이 바로 신통을 꿈꾸는 사람의 한 단면이라 할 수 있다. 다시 말하면 대중이 함께 신통을 이룬다면 혹 가可하거니와 그럴 수 없는 일이므로 대중과 떨어질 수밖에 없다.

넷째, 무보편타당無普遍妥當[보편타당성이 없기 때문이다].

보편타당하다는 말은 어떤 것이 때와 장소에 관계없이 필연적으로 통용이 되는 가치를 말한다. 즉 누구나 할 수 있고 누구나 알 수 있으며 누구나 즐길 수 있고 누구나 차별이 없으며 누구나 평등을 누리는 등 일률적으로 적용이 되어야지 특정 계층, 특정 부류만을 위하게 되는 사항은 정당하다고 할 수 없다. 다시 말하면 신통이 정당하게 쓰이면 좋지만 이용이 되어서는 안 된다. 즉 자기가 얻은 능력을 통하여 남에게 과시하고 또 남을 업신여기거나 속이거나 상相을 낸다면 결코 옳다고 단정할 수 없다.

다섯째, 해급정법害及正法[정법에 방해가 되기 때문이다].

• 바른 법을 바르게 닦으면 신통이 나타나지 않지만 삿된 법을 삿되게 닦는지라 그러므로 괴이한 신통이 나타난다.[129]

• 정법 회상에는 신통을 귀하게 여기지 않으며 수행하는 가운

---

129 正法正修 不現神通 邪法邪修 故現怪神

데 자연스럽게 나타나는 신통까지도 배제하지만 말법^{末法} 회상에서는 신통만을 숭상하여 구하려 하며, 오히려 신통이 없으면 수도를 잘 못한 것으로 단정할 뿐만 아니라 따라서 비방까지 한다.

• 신통을 위주로 하여 수행하면 바른 지혜가 나오지 않고 바른 지혜가 막히면 악도를 면하기 어렵다.[130]

• 사법邪法이란 일시적인 현상으로 왕성하였다가 퇴화되기 마련이다. 한 때는 우후죽순 같은 효과가 있을지 몰라도 이후 그 사람이 가고 없으면 분란이 야기되어 지리멸렬되기 때문에 정법에서는 신통을 중요하게 여기지 않으며 따라서 일시적인 인기몰이의 수단으로 삼지도 않는다.

• 정법 회상에서는 신통을 부려 사람을 속여서 재물을 모은다거나[欺人聚財], 세상을 미혹하게 하고 대중을 속이지[惑世誣民] 않으며 설사 재물이 생긴다고 하더라도 대중을 위하여 널리 쓰는 것이다.

• 대개 신통을 부리는 사람은 처음에는 신통을 정당하게 쓰다가 나중에는 신통 그 자체를 억제할 수 없게 되어 오히려 많은 과오를 범하게 되는 수가 있으므로 정법에서는 그것을 요긴하게 여기지 않는다.

• 도덕에 근거를 두지 않은 신통은 정법을 어지럽히고 더럽히

---

130 若爲神通 爲主修行 不生正智 若塞正智 難免惡道

는 도구가 되기 쉬우며 따라서 사회를 혼란스럽게 하고 인도정의를 무시하며 삼라만상에게 가해加害하여 오히려 사람들의 배척을 받게 된다.

그러므로 진리를 깨치신 성자들은 신통의 능력을 부려 회상도 키우고 사람도 모으며 재물도 축적할 수 있지만 모두가 이치에 맞지 않고 도리에 어긋나므로 정당한 법으로 정당하게 교화하여 사람 사람으로 하여금 정법의 믿음을 굳게 하고 또 정법을 통하여 개인의 향상과 사회 국가의 안녕을 도모함으로 정법은 세상을 비롯한 우주의 중심이 된다고 할 수 있다.

頌曰

諸佛出生人道明 제불출생인도명

모든 부처 나옴은 인도를 밝히자는 것이요

聖賢來世本心淸 성현내세본심청

성현 세상에 옴도 본래 마음 맑히는 것이라

神通自在還妨法 신통자재환방법

신통 자재해도 도리어 법에 방해가 되나니

眞理家門少不驚 진리가문소불경

진리 가문은 조금도 놀라워하지 않는다네.

사경공부

使 境 功 夫

경계를 부려 쓰는 공부

대종사 말씀하시기를 "수도인이 경계를 피하여 조용한 곳에서만 마음을 길들이려 하는 것은 마치 물고기를 잡으려는 사람이 물을 피함과 같으니 무슨 효과를 얻으리오. 그러므로 참다운 도를 닦고자 할진대 오직 천만 경계 가운데에 마음을 길들여야 할 것이니 그래야만 천만 경계에 마음이 흔들리지 않는 큰 힘을 얻으리라. 만일 경계 없는 곳에서만 마음을 단련한 사람은 경계 중에 나오면 그 마음이 바로 흔들리나니 이는 마치 그늘에서 자란 버섯이 태양을 만나면 바로 시드는 것과 같으니라. 그러므로 《유마경》에 이르시기를 '보살은 시끄러운 데 있으나 마음은 온전하고, 외도外道는 조용한 곳에 있으나 마음은 번잡하다.' 하였나니, 이는 오직 공부

가 마음 대중에 달린 것이요, 바깥 경계에 있지 아니함을 이르심이
니라."

《대종경》수행품 50장

이는 대종사께서 '보살菩薩은 시끄러운 데 있으나 마음은 온전
하고, 외도外道는 조용한 곳에 있으나 마음은 번잡煩雜하다.'라는
인도 유마 거사의 말씀을 인용하여 사상事上에서 사경공부使境功夫
즉 대경공부對境功夫하는 방법을 알기 쉽게 제시하였다.

우리가 산을 오르다 보면 정상에 다다르지만 그 정상에 서서
다시 주위를 살펴보면 현재의 정상보다 더 높은 산이 얼마든지
있다. 이처럼 세상의 삶이라는 것, 다시 말하면 세상이 돌아가고
얽혀있는 경계境界라는 것도 이와 같아서 멀리 혹은 가까이에서
늘 전개되고 있다. 따라서 사람이 잘 살아간다는 것은 앞에 도래
하고 있는 경계를 얼마만큼 현명하게 처리하느냐 못하느냐에 달
려있다고 보는 것도 과언은 아니다.
마찬가지로 공부를 하는데 있어서 내적인 번뇌와 외적인 경계
가 쉼 없이 일어나고 몰려올 때 얼마만큼 잘 대치對治하느냐 못하
느냐가 공부 승패의 관건이 아닌가 한다. 이에 대종사께서 쉬운
방법을 제시하여 대치의 공력功力, 사경使境의 방법을 일러 주셨으
니 이 길로 나아가자.

먼저 아쉬움이 있다. 유마 거사의 말씀이라면 《유마경》 즉 《유마힐소설경》에서 원문原文을 찾아야 하는데 아무리 찾아도 한문의 원문을 찾을 수가 없음이 조금 아쉽다.

우선 중요한 단어부터 알아보자.

• 유마 거사 : 유마 거사維摩居士는 부처님의 속세 제자이다. 인도 비야리국 장자長者로서 속가에 있으면서 보살행을 닦은 분으로 그 수행이 수승殊勝하여 부처님의 직통 제자들도 미칠 수가 없었다. 유마힐維摩詰 또는 비마라힐毘摩羅詰 등으로 음역하며, 정명淨名, 무구칭無垢稱이라 음역한다. 속설로 인도는 유마 거사를 일러 일가일불一家一佛이 나왔다 하고, 중국은 방 거사龐居士 가족을 일러 일가삼불一家三佛이 나왔다 하며, 우리나라는 부설 거사浮雪居士 가족을 일러 일가사불一家四佛이 나왔다 한다.

• 《유마경》 : 《유마경》은 3권으로 405년[후진 홍치 8년]에 구마라습이 번역하였다. 《불가사의해탈경》 또는 《유마경》 또는 《정명경》이라고도 한다. 유마 거사의 병중病中에 문수 보살이 여러 성문聲聞과 보살들을 데리고 문병하러 갔다. 그때 유마는 여러 가지 신통을 보여 불가사의한 해탈상을 나타내고, 서로 문답

하여 무주無住의 근본으로부터 일체 법이 성립되는 것과, 삼라만상을 들어 모두 불이不二의 일법一法 중에 돌려보내는 법문을 보였다. 최후에 유마는 잠자코 있어 말없는 것으로써 불가언不可言, 불가설不可說의 뜻을 표현하였다. 그 내용은 불국佛國·방편方便·제자弟子·보살菩薩·문질文質·불사의不思議·관중생觀衆生·불도佛道·입불이문入不二門·향적보살행香積菩薩行·견아축불見阿閦佛·법공양法供養·촉루囑累의 14품으로 되어 있다. 오나라 지겸支謙이 번역한 2권과 현장玄奘이 번역한 6권이 지금까지 전해지고 있다.

• 보살菩薩 : 보데살타菩諸薩埵의 준말로 부살扶薩 또는 살타薩埵라고도 하고, 각유정覺有情, 개사開士, 대사大士, 시사始士, 고사高士라고 번역한다. 성불하기 위하여 수행에 힘쓰는 모든 사람을 총칭한다. 넓은 의미로는 일반으로 대승교大乘敎에 귀의한 모든 수행자를 말한다. 보살이란 큰마음을 내어 불도에 들어오고 사홍서원四弘誓願을 내어 육바라밀六波羅密을 수행하며, 상구보리上求菩提 하화중생下化衆生 즉 위로는 보리 곧 깨달음이나 도를 구하기에 힘쓰고 아래로는 일체 중생을 남김없이 교화하기에 노력하는 분을 말한다.

• 외도外道 : 외교外敎, 외학外學, 외법外法이라고도 한다. 인도에서 불교 이외의 모든 교학을 말하는 것으로 96종이 있고, 부처님 당시만 해도 6종이 있었다. 외도 즉 Tirthaka는 사실 '신성神聖하고

존경할만한 은둔자隱遁者'라는 뜻이나 불교에서 보면 모두 다른 교학이므로 외도라 한다. 다시 말하면 불교 이외의 모든 종교를 말하고, 또한 외도의 법을 받들고 믿는 사람도 모두 외도라고 한다. 곧 이단사설異端邪說은 모두 외도이다.

頌曰

隱居避境謂陰蕈 은거피경위음심

숨어 살며 경계를 피함은 그늘의 버섯이요

接事功夫實果深 접사공부실과심

일을 접해서 하는 공부가 실지로 결과가 깊네

外道難成菩薩道 외도난성보살도

외도는 보살의 도를 이루기 어려운 것이니

普傳正法衆生衾 보전정법중생금

널리 바른 법을 전하여 뭇 생령을 덮어 주리라

우리는 경계를 부리거나
부려 쓰는 공부를 어떻게 할 것인가?

소위 공부하는 사람은 두 가지 면을 생각하지 않을 수 없다. 하나는 세상의 일[是非利害等] 곧 경계境界를 여의고 하는 정시靜時의 공부이요, 또 하나는 세상의 일 곧 경계와 함께하는 동시動時 공부이다. 이 두 공부를 어느 것이 먼저라고 단정 지을 수는 없으나 세상을 여의고 버리고 피하는 독선기신獨善其身, 독수기심獨修其心은 결코 올바른 공부의 방향은 아니라고 할 수 있다. 그러므로 우리의 공부는 사상事上이나 접경接境에서 직접 단련하는 방법과 사상을 여의고 침잠沈潛하는 두 방면을 함께 제시하여 동정상선動靜常禪, 동정병행動靜竝行을 하도록 하였다.

첫째, 공물피어경功勿避於境 : 공부는 경계를 피하지 말라.《맹자》양혜왕장구상梁惠王章句上에 보면 연목구어緣木求魚라는 말이 있다. 이 말은 고기를 잡으려는 사람이 강으로 가지 않고 나무가 우거진 산으로 가서 고기를 구한다는 의미의 비유로 절대 불가능不可能이요 절대 불가득不可得임을 이른 것이다. 이처럼 공부라는 것도 경계를 피하려고만 해서는 안된다. 물을 떠난 고기는 살기위하여 파닥거려도 생명만 재촉할 뿐 아무런 소용이 없듯이 공부하는 사람도 경계를 여의고는 생명력 있는 공부를 성취하기가 어렵다.

둘째, 공재연어경功在練於境 : 공부는 경계에서 단련하여야 한다. 이 말은 연습이 절대적으로 필요하다는 이야기이다.《논어》첫머리에 '학이시습지 불역열호學而時習之 不亦說乎'라는 문구가 있다.

즉 "(학문을) 배우고 때때로 그것을 익히면 또한 즐겁지 아니한 가."이다. 따라서 그 주석에 "습 조삭비야 학지불이 여조삭비야習鳥數飛也 學之不已 如鳥數飛也"라 하였다. 즉 '습은 새가 자주 나는 것이니 배우기를 그치지 않음은 새 새끼가 자주 나는 것과 같은 것이라.'고 하였다. 이것이 조습鳥習이다. 어린 새가 알에서 깨어나면서 날개에 털도 제대로 나지 않았는데 얼마나 많은 날개짓을 했는지 모른다. 만일 새끼 때부터 날개짓을 않다가 성조成鳥가 되어 갑자기 날려고 하면 절대 날 수가 없는 것처럼 경계에 부딪치는 공부라야 참 공부이다.

셋째, 보살온어경菩薩穩於境 : 보살은 경계에 온전하다. 옛 글에 '서자서 아자아書者書 我者我'라는 말이 있다. 즉 '책은 책 나는 나'라는 의미이다. 파도가 요동치는 겉면과는 달리 중수中水 곧 중심의 물은 조금도 움직이지 않는다. 이와 같이 수양이 깊은 보살들은 어떠한 경계가 오고 닥친다 하여도 '경자경 심자심境者境 心者心' 곧 '경계는 경계 마음은 마음'이 되어 경계로 인하여 마음이 흐트러지거나 접히거나 구김살이 지지 않고 항상 온전한 심경을 가지고 일관一貫되게 나아간다. 다시 말하면 내가 경계를 부릴지언정 경계에 부림이 되어 끌려가지 않는다.

넷째, 외도번어경外道繁於境 : 외도는 경계에 번잡하다. 튼실한 나무는 강풍이 불어온다 할지라도 줄기가 찢기고 가지가 부러질지언정 뽑히지는 않는다. 이는 다름이 아니라 뿌리가 튼튼하게 박혀있기 때문이다. 이와 같이 공부하는 사람도 심근心根이 튼튼하면 어떠한 경계가 다가온다 할지라도 흔들림이 없이 입주立柱가 되련만 외도는 심근이 천약淺弱하고 심력心力이 부실하여 실질이 아닌 공리적空理的이요 체득이 아닌 이론적이므로 대하는 경계마다 휘감겨 넘어가서 제자리를 잃어 온전한 수련의 힘이 쌓이지 않는 것이 마치 바람 앞의 등불처럼 되기가 쉽다.

다섯째, 활불용우경活佛用于境 : 산부처는 경계를 활용한다. 용광로에 들어간 쇠는 어느 것을 막론하고 녹아서 하나가 된다. 성분이야 금의 성분, 은의 성분, 구리의 성분 등 서로 다르겠지만 녹인 뒤에는 마음대로 물건을 만들어 낸다. 이와 같이 부처의 경지에 오른 분은 선악이나 시비나 이해 등 어떠한 경계가 다가온다 할지라도 하나로 안아서 버리거나 미루거나 내침이 없이 노복삼아 부려 쓴다. 다시 말하면 어떠한 경계라도 부처님에게는 미결의 문제가 되지 않고 오히려 활용의 도구가 되어 자유자재로 응용이 되어진다.

사람이 세상을 살아가면서 경계를 져버릴 수는 없다. 즉 인도人道가 시비나 이해로 이루어지고 운전이 되어 가는데 이러한 여건을 다 놓아 버리고 살아갈 수는 절대로 없다. 혹 토석土石이라면 몰라도 인간으로서 인간 속에서 인간과 어울려 사는 데는 경계를 대할 수밖에 없으므로 그 경계를 얼마나 활용하느냐에 따라서 공부의 심천深淺을 가늠할 수 있다. 즉 보통 사람은 경계가 주가 되어 마음이 따라가고[凡人 主境從心] 외도는 번뇌의 마음으로 경계를 좇으며[外道 惱心逐境] 보살은 온전한 마음으로 경계에 응하고[菩薩 穩心應境] 부처는 경계를 마구 부려 쓴다.[佛陀 無不使境]

頌曰

江魚離水不營生 강어이수불영생

강에 고기 물을 여의면 삶을 영위하지 못하듯

外道繁心對境傾 외도번심대경경

외도는 번잡한 맘으로 경계 대하니 기울고

佛祖穩全當事用 불조온전당사용

불보살은 온전하므로 일을 당해 부려쓰니

功夫眞果世間成 공부진과세간성

공부의 참다운 열매는 세간에서 이뤄지네.

의불모리
義 不 謀 利

의는 이익을 도모하지 않는다

　　대종사 "그 의義만 바루고 그 이利를 도모하지 아니하며, 그 도
만 밝히고 그 공을 계교하지 아니한다.(正其義而不謀其利 明
其道而不計其功)" 한 동중서董仲舒의 글을 보시고 칭찬하신 후,
그 끝에 한 구씩 더 붙이시기를 "그 의만 바루고 그 이를 도모하
지 아니하면 큰 이가 돌아오고 그 도만 밝히고 그 공을 계교하지
아니하면 큰 공이 돌아오느니라(正其義而不謀其利大利生焉
明其道而不計其功大功生焉)" 하시니라.

《대종경》인도품 7장

　　이는 동중서董仲舒의 글이다. 동중서는 중국 전한前漢 때의 유학

자로 하북성 광천현廣川縣의 출신이다. 일찍부터 《춘추공양전》을 익혔으며 경제景帝 때는 박사가 되었다. 장막을 치고 제자들을 가르쳤기 때문에 그의 얼굴을 모르는 제자도 있었다. 3년 동안이나 정원에 나가지 않을 정도로 학문에 정진하였다. 무제가 즉위하여 인재를 구하므로 현량대책賢良對策을 올려 인증을 받았고 전한의 문교정책에 참여하여 오경박사五經博士를 두게 하였으니, 국가의 문교 중심이 유가儒家로 통일된 것은 그의 헌책獻策에 힘입은 바 크다. 그러나 뒤에 자신의 학설로 말미암아 투옥되는 등 파란 많은 생애를 살기도 하였다. 《동자문집》, 《춘추번로》 등의 저서가 있다.

정기의이불모기리 正其義而不謀其利

이 글에서 중요한 글자를 풀이하면

- 正 : 바를 정. 바르다. 바로잡다.
- 義 : 옳을 의. 의 의 : 옳은 길. 사람이 지켜야할 준칙. 오상五常의 하나. 오륜五倫의 하나. 옳다. 바르다.
- 謀 : 도모할 모. 꾀할 모. 꾀하다. 정사政事를 의논하다. 헤아리다. 계략.

• 利 : 이로울 리 : 유익함. 유리함. 이익. 탐할 리 : 이를 탐냄. 《예기》에 '재물을 먼저하고 예의범절을 뒤에 하면 백성들이 이익만을 좇는다.'[131]

번역을 하여 보자.

• 그 옳음만 바루고 그 이익은 헤아리지 아니한다.
• 사람이 지켜야 할 준칙만 바로잡고 돌아올 이익은 꾀하지 않는다.

의義란 무엇이며 이利란 무엇일까. 또 이 둘의 관계는 어떠한가. 공자께서 《논어》에 "이를 보면 의를 생각하라."[132]라고 하였다. 또 자장子張(공자 10대 제자 중의 한 사람)은 "얻음을 보면 의를 생각하라."[133]라고 하였다. 사람이 사는데 이利를 배제할 수는 없다. 다시 말하면 정당한 일에 대한 정당한 대가는 누구도 부정할 수 없는 이익이기 때문에 뭐라고 탓할 수 없다. 그렇지만 욕심을 부리고 폭리暴利를 취하며 탐리貪利를 취하고 독점을 하는 것은 옳지 않다. 의를 먼저 생각하고 또 앞세운다면 의가 있는 이[有義

---

131 先財而後禮則民利
132 見利思義
133 見得思義

之利가 되어 남의 질시를 받지 않을 것이지만 의를 배제하고 이익만 추구한다면 뭇 사람의 지탄의 대상이 됨을 면할 수 없다.

《춘추번로》란 동중서가 지은 책으로 한대漢代의 정치나 도덕 등에 관한 논문이다. 이 책은 17권 82편으로《수서경적지》에 처음 기록이 된 것으로 보아 위작僞作으로 보는 학자도 많다. 이 책 가운데《춘추공양전》의 설을 한대에 적합하게 해설한 제편諸編은 공양학公羊學의 전통상 주목할 만한 것이며 재이설災異說이나 음양오행설陰陽五行說은 한대 사상연구에 없어서는 안 될 중요한 문헌이다. 그리고 법가사상法家思想의 혼입混入에도 중요한 사료가 되는 책이다.

이《춘추번로》의 원전에 밝혀진 대로 '의'와 '이'를 나열해 본다면

- 민중들은 오히려 의를 잊고 이를 다툰다.[134]
- 불의 가운데 의가 있고 의 가운데 불의가 있다.[135]
- 부자는 너무 이를 탐하다가 의를 곧잘 하지 않고, 가난한 자는 날마다 금함을 범하여 그치지를 않으니 이것이 세상을 다스리기 어려운 이유이다.[136]

---

134 民猶忘義而爭利
135 不義之中有義 義之中有不義
136 富者愈貪利而不肯爲義 貧者日犯禁而不可得止 是世之所以難治也

• 하늘이 사람을 내면서 사람에게 의와 이로 살도록 하였으니 이로 그 몸을 기르고 의로 그 마음[思想]을 수양하여야 한다. 마음이 의를 얻지 못하면 능히 즐겁지 않고 몸이 이를 얻지 않으면 능히 편안하지 않다. 의란 마음을 기르는 것이요 이란 몸을 기르는 것이니 몸엔 마음보다 귀중한 게 없다. 그러므로 기르는데 의보다 소중한 게 없으니 의를 기름이 사람의 삶에 이利보다 훨씬 큰 것이다.[137]

• 의를 잊으면 이에 죽고 다스림을 버리면 삿된 대로 달려서 그 몸을 해롭게 하고 그 집을 재앙되게 한다.[138]

• 임금이든 백성이든 효제를 귀하게 여기고 예의를 좋아하며 인염을 중하게 여기고 재리를 가볍게 여겨야 한다.[139]

• 춘추시대에 다스려지는 바는 사람과 나이다. 사람과 더불어 나를 다스린다는 것은 인과 의이다. 인하면 사람이 편안케 되고 의로는 나를 바르게 하는 것이니 그러므로 인으로 말하자면 사람이요 의로 말하자면 나이다.[140]

---

137 天之生人也 使人生義與利 利以養其體 義以養其心 心不得義不能樂 體不得利不能安 義者心之養也 利者體之養也 體莫貴於心 故養莫重 於義 義之養生人大於利

138 忘義而殉利 去理而走邪 以賊其身 而禍其家

139 君民者 貴孝弟而好禮義 重仁廉而輕財利

140 春秋之所治 人與我也 所以治人與我者 仁與義也 以仁安人 以義正我 故仁之爲言人也 義之爲言我也

• 인이란 남이요 의란 나이다. 인이란 반드시 남에게 미치고 의란 반드시 중심으로 말미암아 결단하고 제재制裁함을 말한다.[141]

• '춘추시대에 인의의 원칙에서 인의 원칙은 남을 사랑함에 있고 나를 사랑함에 있지 않으며 의의 원칙은 나를 바름에 있고 남을 바름에 있지 않았다. 내가 스스로 바르지 않으면 비록 남을 바른다고 할지라도 의가 주어지지 않는다. 남이 그 사랑을 받아들이지 않으면 비록 자기가 사랑을 두텁게 할지라도 인이 주어지지 않는다.[142]

• '인이란 남을 사랑하고 나를 사랑함에 있지 않는 이것이 그 원칙이요(중략) 의란 나를 바름에 있고 남을 바름에 있지 않는 이것이 그 원칙이다.[143]

• '인과 의가 다르나니 인은 가는 것을 이르고 의는 오는 것을 말한다. 인이란 크고 먼 것이요 의란 크고 가까운 것이다. 사랑이란 남에게 있으므로 인이라 이르고 의란 나에게 있으므로 의라 이른다. 그러므로 "인이란 남이요 의란 나이다" 하였으니 이를 이름이다.[144]

---

141 仁者人也 義者我也 謂仁必及人義必由中斷制也
142 春秋爲仁義法, 仁之法在愛人, 不在愛我 ; 義之法在正我, 不在正人 ; 我不自正, 雖能正人, 弗予爲義 ; 人不被其愛, 雖厚自愛, 不予爲仁
143 仁者愛人 不在愛我 此其法也(中略)義在正我 不在正人 此其法也
144 義與仁殊 仁謂往 義謂來 仁大遠 義大近 愛在人 謂之仁 義在我 謂之義 仁主人 義主我也 故曰 "仁者人也 義者我也"此之謂也

• '사람의 성정이란 의를 좋아하지 않음이 없다. 그러나 능히 의롭지 못하는 것은 이에 파괴됨이다. 그러므로 군자는 종일토록 말이 이에 미치지 않는다.[145]

• 이란 도둑질을 할 수 있는 근본이 된다.[146]

이 이상의 좋은 글이 얼마든지 있다.

동중서는 사람이 세상을 삶에 있어서 의와 이가 밀접한 관계가 있다고 보았다. 즉 철로의 두 길처럼 뻗어 있다. 의를 근본으로 하여 이를 선용善用하면 자타가 이익을 보지만 반대로 의를 뒤로하고 이만을 앞세우면 자칫 도둑이 될 수 있고, 세상을 시끄럽게 할 수 있으며, 자신도 편안하게 살 수 없는 등등. 아무튼 의를 본위로 하여 이가 따르도록 하여야 한다.

頌曰

義兹營世做宜程 의자영세주의정
의는 세상을 경영하는 데 마땅한 길이 되고

---

145 凡人之性 莫不善義 然而不能義者 利敗之也 故君子終日言不及利
146 利者 盜之本也

利也生人遂好撑 이야생인수호탱

이도 사람의 삶에 좋은 버팀을 이룬다네

兩個重要無一已 양개중요무일이

둘 다 중요하기에 하나도 그만 둘 수 없지만

捨根從末竟成爭 사근종말경성쟁

근본을 놓고 끝을 따르면 마침내 다툼 이루리.

※ 의義가 근본이 되고 이利는 끝이 된다.[147]

명기도이불계기공 明其道而不計其功

글자 먼저 풀이하여 보자.

- 明 : 밝을 명. 밝다. 밝히다. 환하게.
- 其 : 그 기. 그(지시 대명사).
- 道 : 길 도. 길. 도리. 이치. 근원. 사상. 인의仁義. 덕행. 기능.
- 而 : 말 이을 이. 말 이음.
- 不 : 아니 불. 아니다.

---

147 義本利末

- 計 : 꾀 계. 꾀. 계략. 의논하다.
- 功 : 공 공. 공. 공로. 공적. 공을 자랑하다.

직역을 하여 보자.

- 그 도리만 밝히고 그 공은 꾀하지 않는다.
- 근원적인 덕행을 밝힐 뿐 공로는 자랑하지 않는다.
- 도만 실행할 뿐이지 공은 구하지 않는다.

위에 직역한 도道와 공功의 문제에 있어서 도만을 밝히고 실행할 뿐 그 공에 대해서는 조금도 생각하거나 바라거나 구하지 않음을 전제로 하고 있다. 즉 도에 의해서 드러나는 자연적인 공은 수용할지라도 억지로 찾고 억지로 구해서 얻거나 받게 되는 공덕은 결코 아름답다고 볼 수 없기 때문에 역외지물域外之物로 취급하여야 한다.

동중서의 중요 사상 가운데 '천天' 곧 '천도天道'를 들지 않을 수 없다. 다시 말하면 하늘이라는 무형無形한 미지未知의 주재자主宰者가 있어서 만유에 작용하고, 인간에 미쳐서 나타나는 그것이 바로 공효功效이요 공능功能이며 공덕功德이 된다.

또 하나는 저 하늘과 합일을 이룬 성인을 말하지 않을 수 없다.

즉 성인은 바로 하늘이요 하늘을 대행하는 사람이 성인이다. 특히 성인도 제왕지위帝王之位를 가진 성인이라면 치국치민治國治民을 함으로 그 공효와 공능과 공덕이 바로 나타나게 된다.

이러한 의미에서 두 가지 방향으로 원문을 중심하여 그 대략을 들어보려 한다.

천도天道의 입장에서

• 《춘추번로》 위인자천爲人者天 편에 '낳게 됨은 능히 사람이 하는 게 아니요, 사람을 낳음은 하늘이 한다. 사람의 사람 된 근본은 하늘이니 하늘은 또한 사람의 증조부가 된다. 이것이 사람이 하늘과 같다는 이유이다. 사람의 형체는 하늘의 법칙이 변화하여 이루어졌고 사람의 혈기는 하늘의 의지가 변화하여 인을 이루었으며, 사람의 덕행은 상천의 규칙이 변화하여 의를 이루었고, 사람의 호오는 상천의 온난과 청상이 변화한 것이며 사람의 희로는 상천의 한서가 변화한 것이고 사람의 명을 받음은 상천의 사시가 변화한 것이다.'[148]

• 《춘추번로》 천도무이天道無二 편에 '하늘의 상도는 서로 상반

---

148 爲生不能爲人 爲人者天也 人之人本于天 天亦人之曾祖父也 此人之 所以乃上類天也 人之形體 化天數而成 人之血氣 化天之而仁 人之德 行 化天理而義 人之好惡 化天之暖淸 人之喜怒 化天之寒暑 人之受命 化天之四時

된 물건이다. 둘이 같이 일어나지 않기 때문에 하나라고 이른다. 하나요 둘로 나누어지지 않는 것은 하늘만이 운행하는 법칙이다.'[149]

•《춘추번로》난욱숙다暖燠孰多 편에 '하늘의 도는 양기를 내어 따뜻하게 하여 (만물을) 낳게 하고 음기를 내어 맑게 하여 (만물을) 성숙하게 한다.'[150]

•《춘추번로》대책3에서 '도의 큰 근원은 하늘에서 나왔다. 하늘은 변하지 않으므로 도도 또한 변하지 않는다.'[151]

•《춘추번로》사시지부四時之副 편에 '하늘의 도는 (만물을) 봄에는 따뜻함으로 낳게 하고 여름에는 뜨거움으로 자라게 하며 가을에는 맑음으로 쇄락衰落[열매를 맺음]하게 하고 겨울에는 차가움으로 갈무리한다. 따뜻함과 더위와 맑음과 차가움의 기운은 다르지만 공효功效는 같은 것으로 모두 하늘이 세월을 이루기[운행] 때문이다.'[152]

•《춘추번로》고공명考功名 편에 '하늘의 도는 뭇 정기精氣가 쌓고 모여서 빛이 발현되고, 성인은 뭇 선을 쌓고 모아서 공업功業을

---

149 天之常道 相反之物也 不得兩起 故謂之一 一而不二者 天之行也
150 天之道 出陽爲暖以生之 出陰爲淸以成之
151 道之大原出于天 天不變 道亦不變
152 天之道 春暖以生 夏暑以養 秋淸以殺 冬寒以藏 暖暑淸寒 異氣而同功 皆天之所以成歲也

이룬다. 그러므로 해와 달의 밝음은 한 개의 정기가 밝은 게 아니며 성인이 태평을 이룸도 한 선만의 공덕이 아니다.'[153]

성군聖君인 성인의 입장에서

• 《춘추번로》 천도시天道施 편에 '하늘의 원칙은 베풂이요 땅의 원칙은 변화이며 사람의 원칙은 도의이다. 성인은 실마리를 보고 근본을 앎으로 정명精明이 지극한 것이요, 하나를 얻어 만유에 응용하므로 물류物類를 다스린다.'[154]

• 《춘추번로》 요순불천이 탕무불전살堯舜不擅移 湯武不專殺 편에 '하나라가 도가 없었으므로 은나라가 쳤고, 은나라가 도가 없었으므로 주나라가 쳤으며, 주나라가 도가 없었으므로 진나라가 쳤고, 진나라가 도가 없었으므로 한나라가 쳤으니 도가 있음으로 도가 없음을 치는 것, 이것이 하늘의 법칙이다.'[155]

• 《춘추번로》 이합근離合根 편에 '임금이 된 사람은 무위를 도로 삼아야지 사사를 보배로 삼아서는 안 된다. 무위의 자리에 서서

---

153 天道積聚衆精以爲光 聖人積聚衆善以爲功 故日月之明 非一精之光
也 聖人致太平 非一善之功也
154 天道施 地道化 人道義 聖人見端而知本 精之至也 得一而應萬 類之
治也
155 夏無道而殷伐之 殷無道而周伐之 周無道而秦伐之 秦無道而漢伐之
有道伐無道 此天理也

갖추어진 관직을 받아야 한다.'¹⁵⁶

• 《춘추번로》 작국爵國 편에 '큰 공덕이 있는 사람은 큰 벼슬과 토지를 받고, 공덕이 작은 사람은 작은 벼슬과 토지를 받는다. 재능이 큰 사람은 큰 벼슬에 오르고, 재능이 작은 사람은 작은 벼슬을 잡는다.'¹⁵⁷

• 《춘추번로》 신지양중어의身之養重於義 편에 '성인이 천지를 움직이고 사시를 변화시킴은 다른데 있는 게 아니라 그 보는 뜻이 크므로 능히 움직인다. 움직이므로 능히 변화하고 변화하므로 능히 크게 행동하며 변화를 크게 행함으로 법에 촉범觸犯되지 않고 법을 촉범하지 않으므로 형벌을 쓰지 않으며 형벌을 쓰지 않으므로 요임금이나 순임금 같은 공덕이니 이것이 크게 다스려지는 도로서 선성들이 전하여 주므로 (후성들이) 거듭하게 된다.'¹⁵⁸

• 《춘추번로》 교어郊語 편에 "시전에 이르기를 '오직 이에 문왕이 삼가고 조심하여 상제를 밝게 섬겨서 진실로 많은 복을 갈무렸다.' 하였으니 복이 많다는 것은 사람을 이름이 아니라 (상제

---

156 爲人主者 以無爲爲道 以不私爲寶 立無爲之位 而乘備具之官

157 有大功德者受大爵土, 功德小者受小爵土, 大材者執大官位, 小材者受小官位

158 聖人天地動　四時化者非有他也 其見義大故能動 動故能化 化故能大行 化大行故法不犯　法不犯故刑不用 刑不用則堯舜之功德 此大治之道也 先聖傳授而復也

를) 섬긴 공덕으로 하늘의 복을 이름이다."[159]

• 《춘추번로》순천지도循天之道 편에 '하늘을 따르는 도에 절제節制란 하늘의 제도制度요, 양기란 하늘의 너그러움이며 음기란 하늘의 급절急切함이요, 중은 하늘의 공용이며 화는 하늘의 공적功績이다.'[160]

• 《춘추번로》유서俞序 편에 세자가[161] 말하기를 '공업功業이란 자손에게 미치고 광휘는 백대에까지 뻗힌다. 성인의 덕화는 서恕 [여심如心. 즉 내 마음 같이 여김]보다 더 아름다움이 없다.'[162]

위와 같이 두 가지 측면에서 대략적으로 살펴보았다. 아무튼 공덕이니 공능이니 하는 문제는 이 도가 운행되는 가운데 자연스럽게 나타나는 결과로 하늘이 도를 행할 때 하늘의 공덕과 공능과 공효가 나타나고 땅도 마찬가지요, 인도人道나 왕도王道도 마찬가지로 행하는 만큼 공덕은 틀림없이 나타나게 되는 것이니 우리는 매사에 상相이나 관념을 가지지 말고 오직 그 도를 행하여야 한다.

---

159 詩云 : 唯此文王, 小心翼翼, 昭事上帝, 允懷多福 多福者 非謂人也 事功也 謂天之所福也
160 循天之道 節者天之制也 陽者天之寬也 陰者天之急也 中者天之用也和者天之功也
161 世子 : 이름 碩. 周나라 사람. 공자의 70 제자 중 한 사람.
162 世子曰 : '功及子孫 光輝百世 聖人之德 莫美於恕'

頌日

天道無爲大德施 천도무위대덕시

하늘의 도는 함이 없이 큰 덕을 베풀고

王治拱手國人禧 왕치공수국인희

왕의 다스림 팔짱껴도 나라 사람들 복 되네

眞功不在躬行作 진공부재궁행작

참 공덕은 몸소 행하여 짓는데 있는 것 아니니

頓棄邪思莫徇私 돈기사사막순사

단번에 삿된 생각 버리고 사사도 따르지 말라.

의義와 의誼, 그리고 이而

동중서가 지은 책에 두 종류가 있다. 하나는 《동자문집》이요, 또 하나는 《춘추번로》이다. 이 두 책에 동중서의 사상이 담겨 있고 목표와 포부가 담겨 있으며 이상이 담겨 있고 경륜이 담겨 있다.

동중서는 한대漢代의 유능한 유학자요 사상가로 유학儒學을 국교화하는데 지대한 공헌을 하였다. 한나라의 역사를 기록한 사서史書가 바로 한서漢書이다. 이 한서에 동중서전董仲舒傳이 있는데 이 동중서전에 동중서의 진면眞面이 잘 나타나 있다.

우리가 교단에 살면서 온고이지신溫故而知新을 아니할 수 없다. 가까이는 우리 선진들의 말씀이나 생각이나 글을 보지 않을 수 없고, 멀리는 수천 년 전 성인이나 현인들이 밝혀놓은 경구經句나 성구聖句와 연맥連脈을 잇지 않을 수 없다. 다시 말하면 진리에 대한 정립定立이나 교리 제도에 대한 수립樹立이나 시대에 대한 혁파革罷나 사상에 대한 논변論辯은 갑자기 이룰 수 없기 때문이다.

그러므로 그 시대를 이끌어 가는 지자智者는 이러한 상황을 주시하고 책임을 가지고 때론 혁신하고 때론 창조하고 때론 승수承受하여 이원理源인 이체理體를 세우고 단어單語를 신정新定하며 법제法制를 정립하여 차별화시켰을 뿐이지 궁극에는 하나의 이체理體를 파석破釋한 것에 지나지 않으리라.

그러므로 옛 것을 통해 지금을 비추는 거울의 역할에서 옛 것의 고귀성을 소홀히 대할 수는 없다. 이러한 의미에서 볼 때 '정확한 인용, 확실한 근거'는 글의 생명을 되살리는 작업, 곧 그 때를 살았고 그 때의 선지자 역할을 하였던 인물을 되살려내는 위대한 작업이라고 아니할 수 없다.

다시 말하면 사적인 지식의 개입이나 임의적인 오기誤記의 전수는 글의 생명력을 강하降下시키는 오류라고 할 수 있다. 아무리 진리에 대한 통달이나 사상에 대한 회통을 가졌다고 할지라도 전현前賢을 드러내는 방향에서 인용이 되어야지 묻어버리는 방향에서 인거가 된다면 결코 바람직한 처사는 아니다.

우리는 《대종경》에 실려 있는 동중서의 글을 늘 읽는다. 즉 '정기의이불모기리 명기도이불계기공正其義而不謀其利 明其道而不計其功'이라는 이 두 글귀를 일호의 의심이 없이 몇십 년을 두고 읽었고 앞으로도 읽을 수밖에 없으리라 본다.

필자도 긴 시간을 통해서 의심 없이 읽어 오다가 '경전 속의 한문'을 연재하는 계기로 관심을 가지고 확실한 근거를 찾기 위하여 책을 뒤적이다가 《춘추번로》의 대교서왕 월대부부득위인對膠西王 越大夫不得爲仁에서 비슷한 문구를 찾고, 또한 《한서》동중서전董仲舒傳과 동중서 현량책董仲舒賢良策에서 똑같은 문구를 찾았다. 그런데 찾아 놓고 보니 우리 경전에서 인용한 문구와 다르다. 뜻은 같다고 할지라도 글자가 다르다. 첨가가 된 이문동의異文同義이다.

우선 책에서 찾았던 내용을 적어 본다.

• 《춘추번로》의 대교서왕 월대부부득위인對膠西王 越大夫不得爲仁에 '어진 사람은 그 도를 바르게 행하고 이익은 고려하지 않으며, 그 다스림을 닦고 공적은 급급하게 여기지 않는다. 무위를 이루면 습속이 크게 변화를 이루나니 가히 어진 성현이라 이르리라.'[163] 이

---

163 仁人者 正其道不謀其利 修其理不急其功 致無爲而習俗大化 可謂仁聖矣

글에서는 도道와 이利, 이理와 공功을 대비하여 설명을 하고 있다.

• 《한서》 동중서전董仲舒傳에 '무릇 어진 사람은 그 의만 바르고 그 이는 도모하지 않으며 그 도만 밝히고 그 공은 계교하지 않는다. 이러므로 공자의 문정에서는 다섯 자 쯤 되는 어린이라도 오백五伯[164]을 일컫는 것을 부끄럽게 여겼으니 그들은 속임수를 먼저하고 인의를 뒤에 하였다. 구차한 속임수 뿐인지라. 그러므로 족히 큰 군자의 문정에서는 일컫지 않는다.'[165] 이 글에서는 의誼와 이利, 도道와 공功을 대비하여 설명하고 있다.

• 동중서의 현량책賢良策에 '하늘은 변하지 않으므로 도도 또한 변하지 않으며 어진 왕은 덕을 쓰고 형벌을 쓰지 않는다. 무릇 어진 사람은 그 의만 바르고 그 이는 도모하지 않으며, 그 도만 밝히고 그 공은 계교하지 않는다.'[166] 이 글도 의誼와 이利, 도道와 공功을 대비하여 설명하고 있다.

위의 세 글에서 첫째는 다르고 둘째, 셋째는 같다. 특히 첫 번

---

164 오백(五伯)은 곧 五覇를 말하는데 春秋戰國 시대에 齊桓公·晋文公·秦穆公·宋襄公·楚莊王을 말함

165 夫仁人者 正其誼不謀其利 明其道不計其功. 是以仲尼之門 五尺之童 羞稱五伯 爲其先詐力而後仁誼也. 苟爲詐而已 故不足稱於大君子之門也

166 天不變 道亦不變 王者任德 而不任刑, 夫仁人者 正其誼不謀其利 明其道不計其功

째 글은 도道와 이利, 이理와 공功을 대비한 글이기 때문에 문제가
될 것이 없다. 굳이 문제가 된다면 둘째와 셋째인데 그 문제를 밝
히려 한다.

《대종경》 인도품 7장에서 인거한 글은 '정기의이불모기리 명
기도이불계기공正其義而不謀其利 明其道而不計其功'이다.

첫째, 《대종경》에는 정기의正其義의 의義가 '옳을 의義'로 되어
있는 반면에 한서나 현량책에는 '의誼'로 되어 있다.

둘째, 《대종경》에는 정기의이正其義而의 이而인 '말이을 이而'가
두 문장에 들어있는 반면에 한서나 현량책에는 '이而'가 모두 빠
져 있다.

이러한 관점에서 볼 때 첫째는 '의義'와 '의誼'는 같은가 아니면
어떤 차이가 있는가의 문제이고, 둘째는 '이而'의 문제이다.

그러면 '의義'와 '의誼'의 문제에 있어서 《중문대사전》에 보면

① 의義는 마땅하다[宜也], 의리[理也], 바르다[正也], 평등하
다[平也], 사람의 길[人路也], 절조를 지켜 죽음을 의라 한다[死
節曰義] 등등 실로 많은 의미를 가지고 있다.

② 의誼는 사람으로서 마땅한 바[人所宜也]로 의義와 같다고
하였다. 설문說文에 '의 인소의야誼人所宜也'라 하였고 단주段注에 '의
의고금자 주시작의 한시작의 개금지인의야誼 義古今字, 周時作誼 漢時
作義 皆今之仁義也'라고 하였다. 다시 말하면 의誼와 의義는 같은 뜻을

지닌 글자로 주나라에서는 의誼로 썼고 한나라 때는 의義로 썼을 뿐이라고 하였다. 또 석명釋名 석언어釋言語에도 '의 의야誼 宜也'라고 하여 의는 마땅함이라 하였다. 또 옥편에 '의는 의리이다[誼 理也]' 하여 '의義의 이理와 같은 의미'라고 하였다. 그런데 동중서는 한나라 사람인데 주나라에서 썼던 의 자誼字를 써서 '정기의正 其誼'라 하였다. 마땅히 의 자義字를 써야 하지 않을까 하는 생각이 든다. 그러나 주나라가 망한지 얼마 되지 않고 또 옛 문헌들이 의 誼로 쓰여 있거나 아니면 그 당시에 통용되었던 것은 아닐까?

③ 다음으로 이而의 문제이다. 이而를 '접속사'나 '어조사' 정도로 보는 것이 무방하다. 그러나 원문과는 분명 다르다. 물론 '이 而'가 들어가도 문장이 되고 설사 빠져도 하나의 문장을 이루는데 별 문제가 없기 때문에 문제가 될 것은 없다 하겠으나 분명히 원문과는 다르다.

아무튼 동중서는 확연히 자기의 글에서

첫째, '의誼 자를 썼고 의義 자'는 쓰지 않았으며

둘째, '이而 자'는 아예 쓰지 않았다.

이렇게 볼 때 우리가 대종경에서 동중서의 글을 인용함에 있어서 인용구의 정오正誤는 어떻게 할 것인가의 문제를 간과看過해서는 안 되리라 생각한다.

대리생언大利生焉[큰 공이 생긴다]

글자를 알아보면

- 大 : 큰 대. 크다. 넓다. 두루.
- 利 : 이로울 리. 이롭다.
- 生 : 날 생. 살 생. 나다. 태어나다. 살다.
- 焉 : 어찌 언. 어찌. 이에.

대종사께서 동중서의 글을 인용하여 이利와 공功에 대해 말씀하시고 그 끝에 한 귀씩 붙였는데 곧 '대리생언大利生焉'과 '대공생언大功生焉'이다. '큰 이익이 생기고[나오고], 큰 공이 나온다[생긴다].'라는 의미이다. 다시 말하면 대종사께서 전현前賢의 글을 앞세워 부족한 점을 보충하고 미래의 정로正路를 제시하였으며 실천에서 얻게 되는 즉 반사反射의 소득이 큼을 확인시켜 주셨다고 생각한다. 즉 의義만 실천해서 얻어지는 이利만을 내세운 게 아니라 이를 근간으로 하여 얻어지게 되는 많은 이익이 있음을 생각해 볼 수 있다는 의미로써 폭넓게 해석이 되어야 한다.

우선 생生에 대한 글자부터 풀이를 하여 보자.

- 생긴다. 나온다. 즉 몸에서 생기고 몸에서 나온다.
- 갖추어진다. 즉 몸에 밴다.
- 산다. 즉 일상을 그대로 살아간다. 영겁을 살아 있다.
- 낸다. 즉 남에게 미쳐간다.
- 얻는다. 즉 얻으려 아니하여도 저절로 와진다.

강연이 이렇게 다섯 가지로 풀어 볼 수 있지 않을까.

그렇다면 과연 대종사께서 의도하신 대리大利란 무엇일까. 즉
큰 이익이란?

첫째, 영세불멸永世不滅의 존위尊威가 이루어짐이다.

즉 육신이야 때가 되면 가고 또 흩어지는 것이지만 맑히고 밝
힌 성품과 이루어놓은 도업道業은 영겁을 통하여 소멸되지 아니
하고, 또한 존위尊位와 위엄威嚴은 영생을 통하여 끊임이 없이 유
전되어 모든 사람의 흠모欽慕를 받아 만세의 사표로 자리매김하
게 된다.

둘째, 순심무사純心無私가 얻어짐이다.

순심이란 순수한 마음으로 잡념이나 잡사雜事가 없는 순일한
마음이요 무사란 내[我相 等]가 없는 지극히 공정함을 이름이다.
다시 말하면 심행心行에 일청심一淸心, 일명심一明心, 일직행一直行으
로 일관하여 나만을 위하고 나의 주위만을 위하려는 소아적小我的

이고 소국적小局的인 미망에서 벗어나 큰 집에 들어 주인이 될 수 있는 힘이 자연 얻어지게 된다.

셋째, 주정척사主正斥邪가 나투어짐이다.

정의란 자기自己:集團만의 유리有利가 아니라 전체의 공도公道:公利요 사곡邪曲이란 교행巧行이 아니라 직행直行이다. 다시 말하면 바르고 옳음이 주장이 되어 행으로 나투어질지언정, 용사用邪하여 이익을 챙기지 않는 것이요, 미식美飾한 정의正義를 앞세우고 사휼邪譎한 주견主見을 포장하여 득리得利는 도모하지 않는다. 다시 말하면 견리사의見利思義는 할 수 있다.

넷째, 원성조명元性照明이 생겨짐이다.

사람마다 타고난 원래의 품성이 있는데 이 품성은 본디 그대로 밝고 맑고 신령하고 슬기로운 원비元備의 원성原性이다. 이러한 원성으로 일을 비추면 일이 밝아지고 이치를 비추면 이치가 밝아지며 사람을 비추면 사람이 밝아지고 사물을 비추면 사물이 밝아져서 대하든 대하지 않든 모두 가리고 막힌 바가 없이 관통자해貫通自解하게 된다.

다섯째, 세리파집世利破執이 되어짐이다.

다시 말하면 세상의 이익에 대하여 집착이 저절로 부서진다. 즉 세상의 물질적인 이익 곧 오욕五慾의 장벽이 허물어지고 삼독三毒의 테두리가 사라져서 세상의 화영華榮을 마치 아침에 피어나는 안개와 같이 보고, 명권名權을 저녁에 흩어지는 연기처럼 보아서 흔적이 나타나지 않고 그림자도 찾아볼 수 없는 공도인公道人, 정도인正道人이 되어진다.

頌日

本性明觀利得消 본성명관이득소
본래 성품을 밝게 보면 이익 얻음 사라지고
眞源一覺物牽銷 진원일각물견소
참 근원 한번 깨치면 만물에 끌림 녹으리라
能離執着間墻壞 능리집착간장괴
능히 집착을 여의면 사이와 담장이 무너지고
主正斥邪公道標 주정척사공도표
바름 주장하고 사를 물리쳐 공도의 표준되리.

대공생언大功生焉[큰 공이 생긴다]

대종사께서 동중서의 글을 인용하여 이利와 공功에 대해 말씀하시고 그 끝에 한 귀씩 붙였는데 곧 '대리생언大利生焉'과 '대공생언大功生焉'이다. '큰 이익이 생기고[나오고], 큰 공이 나온다[생긴다].'라는 의미이다. 다시 말하면 대종사께서 전현前賢의 글을 앞

세워 부족한 점을 보충하고 미래의 정로正路를 제시하였으며 실천에서 얻게 되는 즉 반사反射의 소득이 큼을 확인시켜 주셨다고 생각한다. 즉 의義만 실천해서 얻어지는 이利만을 내세운 게 아니라 이를 근간으로 하여 얻어지게 되는 많은 이익이 있음을 생각해 볼 수 있다는 의미로써 폭넓게 해석이 되어야 한다.

우선 생生에 대한 글자부터 풀이를 하여 보자.

- 생긴다. 나온다. 즉 몸에서 생기고 몸에서 나온다.
- 갖추어 진다. 즉 몸에 밴다.
- 산다. 즉 일상을 그대로 살아간다. 영겁을 살아 있다.
- 낸다. 즉 남에게 미쳐간다.
- 얻는다. 즉 얻으려 아니하여도 저절로 온다.

강연이 이렇게 다섯 가지로 풀어 볼 수 있지 않을까.

그렇다면 대종사께서 의도하신 대공大功이란 무엇일까. 곧 큰 공이란?

첫째, 정법부전正法復轉의 공능功能을 이룸이라 할 수 있다.

보통 국가나 단체의 법은 사람 따라 바꿀 수도 있고 시대 따라 고치기도 하며 또는 폐기할 수도 있다. 그러나 대종사께서 중생

제도를 위하여 짜놓은 법은 진리에 근간한 만고불변의 법이기 때문에 쉬려는 법륜法輪을 다시 굴리고 희미해진 법등法燈을 다시 밝히는 실공實功을 갖추고 또 이루어서 언행지간言行之間에 일체 생령에게 미쳐가는 것이다.

둘째, 만유회활萬有懷活의 공능을 나투게 됨이라 할 수 있다.

즉 우주 만물을 차등이나 차별이 없는 평등으로 안으로 안아서 길러 간다. 예를 들자면 아기가 세상에 나오면 육근이 우리와 다르지 않지만, 힘이 없는 핏덩이는 반드시 부모의 따뜻한 보살핌이 필요하다. 이와 같이 만물이나 생령이 자라가기 위해서는 부처님의 차별 없는 평등한 회양懷養 곧 가슴에 안아서 길러감이 절대로 필요한 것이다.

셋째, 살신성인殺身成仁의 공능을 얻음이라 할 수 있다.

즉 위공기사爲公棄私요 위법사신爲法捨身 곧 공도를 위해서는 사사私事를 버릴 수 있고, 정법을 위해서는 육신을 놓을 수 있는 권능이 저절로 갖추어진다. 그리하여 때로 남을 위하는 일이라면 권리나 물질을 버릴 수 있고 더 나아가 생령을 위하는 길이라면 생명까지 버리는데 주저하지 않는 능력을 가진 성자의 심량心量을 말한다.

넷째, 증생무여拯生無餘의 공능을 갖춤이라 할 수 있다.

성자들이 때를 따라 나오심은 오직 중생을 건지고 이 세상에 낙원을 이루자는데 그 목적이 있다. 인간은 물론이려니와 생령 하나까지도 남겨 놓거나 버림이 없이 그 죄업이 소멸되고 부처를 이룰 때까지 인도하여 가르치는 것이다. 다시 말하면 소경이 혼자서는 길을 잘 다니기가 어렵지만 인도하는 사람이 있으면 쉬운 것처럼 육도六道의 윤회에 말려들지 않도록 늘 살피고 어루만져 해탈을 얻게 하고, 고해苦海로 들어가지 않도록 이끌어 건져내는 것이다.

다섯째, 무등홍덕無等弘德의 공능을 베풂이라 할 수 있다.

무등無等이란 "상대가 없다. 또는 견줄 수 없다. 또는 짝할 수 없다."라는 등의 의미로 해석할 수도 있지만 바로 "상相이 없는, 또는 선입견先入見이나 관념觀念이 없다."라는 의미 곧 지레짐작하지 않는다는 뜻도 있다. 즉 짝할 수 없는 큰 덕이란 바로 은혜요 자비이며 인이요 사랑이다. 이러한 덕화德和는 성인이 꼭 갖추어야 할 덕목으로 천지와 일체一體한 위덕威德이요, 진리와 공비共備한 위력으로 저 태양보다 더 따뜻한 무위홍덕無爲鴻德을 말한다.

흔히 삼불후三不朽라는 말을 한다. 즉 입공立功, 입덕立德, 입언立言을 이르는 것으로 세상에서 길이 없어지지 않을 세 가지 표본을 말한다. 좌전左傳 양공襄公 24년에 "가장 뛰어남은 덕을 세움에 있고, 그 다음은 공을 세움에 있으며, 그 다음은 말을 세움에 있다. 비록 오래 될지라도 폐부廢腐되지 않는 것으로 이것을 일러서 썩지 않는 것이라 한다."[167]라고 하였다.

---

167 太上有立德 其次有立功 其次有立言雖久不廢 此之謂不朽

頌曰

正法失程扶復源 정법실정부부원

바른 법이 길을 잃었는데 다시 근원을 세우고

殺身鴻德遂眞恩 살신홍덕수진은

심신도 버리는 큰 덕화로 참된 은혜를 이루네

森羅萬象都懷活 삼라만상도회활

우주 안의 만유를 모두 안아서 살려내고

竭力拯生建樂園 갈력증생건낙원

힘을 다하여 중생을 건져 낙원세계 이루세.

무념지덕
無 念 之 德

응용무념의 덕

이공주 사뢰기를 "제가 저번에 이웃집 가난한 사람에게 약간의 보시를 하였삽더니 그가 그 후로는 저의 집일에 몸을 아끼지 아니하오니 복은 지을 것이옵고 지으면 받는 것이 그와 같이 역력함을 알았나이다." 대종사 말씀하시기를 "그대가 복을 지으면 받아지는 이치는 알았으나 잘못하면 그 복이 죄로 화하는 이치도 아는가." 공주 사뢰기를 "복이 어찌 죄로 화하겠나이까." 대종사 말씀하시기를 "지어 놓은 그 복이 죄가 되는 것이 아니라 복을 지은 그 마음이 죄를 짓는 마음으로 변하기도 한다 함이니, 범상한 사람들은 남에게 약간의 은혜를 베풀어 놓고는 그 관념과 상을 놓지 못하므로 저 은혜 입은 사람이 혹 그 은혜를 몰라주거나 배은망덕背恩忘德을 할 때에는 그 미워하고 원망하는 마음이 몇 배나 더하여 지극히 사랑하는 데에서 도리어 지극한 미움을 일어내고, 작은 은혜로 도리어 큰 원수를 맺으므로, 선을 닦는다는 것이 그 선을 믿을 수 없고 복을 짓는다는 것이 죄를 만드는 수가 허다하나니, 그러므로 달마께서는 '응용무념應用無念을 덕이라 한다.' 하셨고, 노자께서는 '상덕上德은 덕이라는 상이 없다.' 하셨으니, 공부하는 사람이 이 도리를 알고 이 마음을 응용하여야 은혜가 영원한 은혜가 되고 복이 영원한 복이 되어 천지로 더불어 그 덕을 합하게 될 것이니, 그대는 그 상 없는 덕과 변함없는 복을 짓기에 더욱 꾸준히 힘쓸지어다."

《대종경》인도품 17장

대종사께서 덕에 대한 이야기를 하면서 달마 대사의 말을 인거하였다. 그러나 이 말은 달마 대사가 지은 《논서》 어디에 나와 있는지는 찾을 수가 없다. 아울러 노자의 말은 《노자도덕경》 38장에 나와 있다.

우선 달마 대사에 대해서 알아보자.

달마 대사達磨大師, 곧 보리달마菩提達磨(Bodhidharma. ?~528)를

말한다. 중국 남북조시대의 선승으로 부처님의 법맥을 이은 인도의 28대 조사祖師요, 중국에서는 선종禪宗의 초조初祖가 된다. 남인도 향지국왕香至國王의 셋째 왕자로 태어났다. 처음에 반야다라존자般若多羅尊者에게 도를 배우며 40년 동안 섬기다가 반야다라존자가 죽은 뒤에 본국에서 크게 교화하여 당시 성행하던 소승선관小乘禪觀의 6종宗을 굴복시킴에 그 이름이 인도에 드러났다. 그 뒤에 조카인 이견왕異見王을 교화시켰다.

배를 타고 중국으로 향하여 520년[양나라 보통 1년] 9월에 광주 남해군에 이르렀는데 10월에 광주 자사 소앙의 소개로 금릉金陵에 가서 무제武帝와 문답하였으나 기연機緣이 맞지 아니하였다. 이때 나온 법문이 '확연무성·소무공덕廓然無聖·所無功德'이었으나 양무제는 이 이치를 해득하지 못하여 큰 스님과의 인연을 맺지 못하였다.

다시 낙양으로 가서 숭산崇山 소림사少林寺에 있으면서 매일 벽을 향하여 좌선만 하므로 벽관바라문壁觀婆羅門이라고 불렀다. 이락伊落에 있던 신광神光[훗날 뒤를 이은 이조二祖 혜가 대사慧可大師]이 달마의 풍성風聲을 듣고 찾아와 단비구도斷臂求道의 정성을 표함으로 제자로 삼아 이조二祖의 위를 물려주었다. 소림사에서 9년 동안 있다가 우문禹門의 천성사로 가서 영안 1년 10월 5일에 열반에 드니 당나라 대종代宗이 원각 대사圓覺大師라고 시호諡號하였다.

달마 대사는 전달마前達磨와 후달마後達磨가 있다. 전달마는 왕자의 신분이기 때문에 신상身上이 미려美麗하고 후달마는 장군 출신이기 때문에 우락부락하게 생겨서 달마도를 그리는 사람들이 전달마보다는 후달마를 즐겨 그린다. 저서로 《혈맥론》·《관심론》·《달마선경》·《사행론》·《오성론》 등이 있다.

다음은 달마 대사가 이조二祖에게 위를 물려주면서 지은 전법게송이다.

吾本來玆土 오본래자토 내가 본래 이 땅에 온 것은
傳法救迷情 전법구미정 법을 전하여 미정을 구함이로다
一華開五葉 일화개오엽 한 꽃에 다섯 잎이 피어나니
結果自然成 결과자연성 맺는 열매는 자연 이루어지리라

※ 오엽五葉은 중국 남종선南宗禪에서 분파한 임제종臨濟宗·위앙종潙仰宗·조동종曹洞宗·운문종雲門宗·법안종法眼宗을 말한다.

달마 대사가 동토東土로 옴은 여러 가지 의미가 있다. 인도에서 발아시킨 불종자佛種子·선종자禪種子가 뿌리를 내리고 꽃을 피워 자리를 잡았고, 동토인 중국에 다시 피워내야 할 불화佛華·선화禪華가 있어서 온 것이다. 그러나 더 큰 의미는 '직지인심直指人心 견성성불見性成佛'에 있다고 하여도 과언은 아니다. 즉 모든 사람이 가진 마음, 보통의 그 마음이 그대로 부처임을 확인시켜주기 위하여 온 것이다. 다시 말하면 오래도록 수행 생활을 하고, 오래도록 인간 세상을 떠나고, 오래도록 경전을 연마하고, 오래도록 남이 하지 않는 단련을 통하여 견성하고 부처를 이루는 것이 아니라 보통 사람이 보통 가지고 있는 보통의 마음에서 어떠한 단계를 거치지 않고 바로 부처를 이룰 수 있는 실제를 보이고 가르치기 위하여 머나먼 길을 왔다고 할 수 있다.

사실 마음을 수행하고 마음을 공부한다는 것이 수행하는 사람의 전유물은 절대 아니다. 그러므로 수행하는 사람이 이상한 기틀을 찾기보다는 내면에서 자신의 마음을 찾아내는 공부를 하고, 찾아내어 양성養成을 한다면 크게 이루게 될 것이다.

노자는 어떤 사람인가.

노자老子[B.C. 604?~531]는 초나라 고현 여향 곡인리苦縣厲鄉曲仁里 사람이다. 성은 이李요 이름은 이耳며 자는 백양伯陽이요 시호는 담聃이다. 주나라 수장실守藏室의 사史를 지냈으며, 그때 공자가 찾아와 예禮를 물었다 한다. 노자는 주나라에 오래 있었는데, 주나라가 쇠퇴하자 서쪽으로 가 함곡관函谷關에 도달하였다. 이때 관령關令인 윤희尹喜가 '선생께서 은퇴를 하실 작정이시지만, 그 전에 부디 저에게 책을 적어 주십시오.' 하였다. 이에 노자는 상·하편의 책을 지었으며, 주로 도덕에 관한 것으로 5,000자를 써주고 갔다. 그 후 노자가 어떻게 되었는지는 알 수가 없다.

이 5,000자로 된 책이 바로 《노자도덕경》 또는 《도덕경》으로 총 81장으로 되어 있다. 주로 상편은 '도경道經', 하편은 '덕경德經'으로 짜여 있다. 꼭 그러한 것은 아니지만 상편 '도경'에는 주로 도道 즉, 형이상적 원리를 풀었고, 하편 '덕경'에서는 도에 입각한 덕 즉, 행동적인 것을 풀었다고 볼 수 있다.

사실 노자는 공자와 더불어 중국 사상계의 양대 산맥을 이루고 있다. 당시야 그렇지 않았지만 서로 찾는다는 것이 어쩌면 어설플지도 모른다. 그러나 공자는 어느 날 노자를 찾아가서 예를 물었다. 그때 노자가 공자에게 해준 말이 있지만 그것은 생략하고 공자가 제자들에게 돌아와 한 말이 있으니 그 말을 새겨보자.

'새는 내가 능히 나는 것을 알고, 물고기는 내가 능히 헤엄치는 것을 알며, 짐승은 내가 능히 달리는 것을 안다. 달리는 것은 가히 그물로 잡을 수 있고, 헤엄치는 것은 가히 낚을 수 있으며, 나는 것은 가히 주살로 떨어뜨릴 수 있다. 용에 이르러서는 내가 능히 알 수 없으니 바람이나 구름을 타고 하늘로 올라간다. 내가 오늘 노자를 보니 용 같은 분이구나.'[168]라고 하여 노자를 용에 비유

---

168 鳥 吾知其能飛 魚 吾知其能游 獸 吾知其能走走者可以爲罔 游者可以

하여 극진히 높였다.

그가 남긴 《도덕경》은 후일 수많은 주석이 가해졌다. 그중 《하상공장구河上公章句》와 《왕필주王弼注》·《노자상이주老子想爾注》가 가장 저명하다.

글자 및 단어를 풀어보자면

- 應 : 응할 응. 응하다. 거두어 받다.
- 用 : 쓸 용. 쓰다. 베풀다. 등용하다. 부리다.
- 응용應用 : ① 일원상의 진리를 천만 경계 따라 묘유의 조화로 활용하는 것을 말한다. ② 불보살이 중생을 제도하기 위하여 기연機緣에 응하여 나타나는 미묘한 작용을 말한다. ③ 어떤 일에서 얻은 이론이나 기술을 다른 일에 대하여 활용해 보는 것을 말한다. ④ 동정 간에 정신·육신·물질을 경계 따라 활용하는 것을 말한다. ⑤ 이론을 실제에 적용하는 것을 응용이라 한다.[169] ⑥ 일상의 보통 생활을 말한다.
- 無 : 없을 무. 없다. 허무의 도.

爲綸 飛者可以爲矰 至於龍 吾不能知 其乘風雲而上天 吾今日見老子其猶龍邪!

169 理論之用於實際者曰應用

무념지덕 **195**

• 念 : 생각할 념. 생각하다.

• 무념無念 : ① 은혜를 베푼 후에 은혜를 베풀었다는 관념觀念과 상相이 없는 것을 말한다. ② 무아의 경지에 이르러 아무런 생각이 없는 것. 곧 무념무상無念無想의 경지를 말한다. 즉 경계도 잊고 자기 자신도 잊어 물심일여·주객일체物心一如·主客一體의 경지가 된 것을 말한다. ③ 번뇌망상·사심잡념·사량계교심이 없는 것을 말한다. ④《종경록》8에 '정념이란 무념으로 아는 것이다. 만일에 모두 알지 못한다면 어떻게 정념을 이루겠는가.'[170] ⑤ 어떤 일을 할 때 공부하는 주의심이 없이 방심하는 것으로 착심 있는 것에 미혹되어 망령되게 행하는 것을 말한다. ⑥ 상上 : 위 상. 위. 하늘. 임금. ⑦ 덕德 : 가) 도를 행함에 따라 나타나는 은혜. 곧 천도天道를 행하면 천덕天德이 나타나고, 지도地道를 행하면 지덕地德이 나타나며, 인도人道를 행하면 인덕人德이 나타난다. 나) 유교의 경우에 지·인·용智·仁·勇, 또는 인·의·예·지仁·義·禮·智를 말한다. 다) 불교의 경우에 상·락·아·정常·樂·我·淨의 사덕四德을 말한다. 라) 가톨릭의 경우에 신·망·애信·望·愛를 대신덕·현명·절제·강의·정의大神德·賢明·節制·剛毅·正義를 윤리덕이라 한다. 마) 일반적으로 마음이 올바르고 인도에 합당한 것, 또는 그로 말미암아 생기는 힘. 인격을 갖추어 남을 경복시키는 힘을 말하기도 한다. 행복, 즐거

---

170 正念者 無念而知 若總無知 何成正念

움, 보살핌을 주고받는 것 등등.

응용무념應用無念이란 어떤 것을 말하는가?

첫째, 아무런 생각이나 관념 또는 상相이 없이 대응하고 응용하는 것. 해와 달이 무심으로 운행하듯이 사람도 무위無爲·무주無住·무작無作·무심無心으로 천만 사물이나 경계에 대응하고 활용하는 것이다.

둘째, 큰 은혜를 베풀고도 은혜를 베풀었다는 관념과 상을 놓아 버리는 것. 《정전》 '천지은'에 보면 천지가 만물을 남김없이 화육하되 추호도 바라는 바 없이 무위·무심으로 운행하는 것을 응용무념의 도라 한다. 또한, 이 응용무념의 도를 천지 피은의 강령으로 요약하는 동시에, 천지 보은의 강령으로 삼고 있다. 이때 무념이란 천지가 만물에게 사邪없이 평등하게 생명을 부여하고 은혜를 베풀어 주되 조금이라도 은혜를 베풀었다는 상이 없는 상태를 말하며, 인간이 모든 일을 할 때 어디에도 끌리거나 주착됨 없이 행하는 초연한 상태를 뜻한다.

셋째, 무념공덕無念功德이다. 즉 허공같이 텅 빈 마음으로 선행을 쌓는 일이요, 아무런 관념과 상相이 없이 허공 같은 마음으로 선행을 행함이다. 무념공덕은 안으로 삼대력과 함께 무궁한 복락의 원천이 된다. [《정산종사법어》 무본편 35]. 선행을 하고 세상이 모른다고 한할 것이 없다. 진리는 공정하므로 쌓은 공이 무공으로 돌아가지는 않으며, 같은 덕이라도 음덕과 무념의 덕이 최상의 공덕[《정산종사법어》 법훈편 67]이 된다고 하였다. 확대하여 말하면 우주만유의 대도 대덕이 모두 이 무념으로 행하는 공덕이라고 할 수 있다.

이처럼 인간이 천지의 응용무념의 도를 체 받아서 행하는 것을 곧 천지 보은이라 한다. 그러므로 《정전》 '천지 보은의 조목'에서는 "천지의 응용무념의 도를 체 받아서 동정간 무념의 도를 양성할 것이며, 정신·육신·물질로 은혜를 베푼 후 그 관념과 상을 없이 할 것이며, 혹 저 피은자被恩者가 배은망덕을 하더라도 전에 은혜 베풀었다는 일로 인하여 더 미워하고 원수를 맺지 아니할 것이니라."라고 하였다.

頌曰

應用無念日常行 응용무념일상행
응용에 무념함이 일상의 수행이니

莫覓神機世上驚 막멱신기세상경

신기한 기틀로 세상 놀라게 할 걸 찾지 말라

渴飮困眠寒烤火 갈음곤면한고화

목마르면 마시고 피곤하면 자며 추우면 불 쬐고

斯中性理自然明 사중성리자연명

이 가운데서 자성과 진리가 자연 밝아진다네.

덕德이란 무엇인가? 1

과연 덕이란 무엇일까? 사실 제일 긴요한 문제이다. 아무리 도를 갖추고 법을 가졌다고 할지라도 몸으로 행하는 바가 덕이 아닐 때는 그 도와 법이 자기만을 위하는 도구에 불과할 것이기 때문이다. 그러므로 덕이란 무엇으로든지, 또는 어떤 방도로든지 상대에게 원망보다는 은혜[은혜·자비·사랑·인 등]가 입혀지고, 손해보다는 이익이 얻어지고, 절망보다는 희망을 주는 데서 빛이 나고 가치가 있다고 보아야 할 것이다. 간단하지만 덕에 대한 이야기를 옛 문헌을 통해서 살펴보려 한다.

첫째, '도를 행하여 체득한 품성稟性'으로 규정을 지을 때 그 의미와 범위가 대단히 넓다고 보아야 할 것이다. 도라는 것도 진리의 길[理道], 하늘의 길[天道], 땅의 길[地道], 사람의 길[人道] 등 그 길이 진리계가 되었든, 공중이 되었든, 물이 되었든, 땅이 되었든 간에 사통팔달로 뚫어져서 운행되고 있다. 이처럼 운행되는 상황에서 무엇이 되었든 '얻어지는 것, 이익되는 것, 좋아지는 것, 갖춰지는 것, 은혜 되는 것, 자비 되는 것, 사랑 되는 것, 행복한 것, 가꿔지는 것, 발전되는 것, 희망하는 등등' 보탬이 되고 보람이 되는 것이 바로 일차적인 '덕'이라 할 수 있다. 한유韓愈가 원도原道에서 '나에게 구족하여 밖을 기다릴 필요가 없는 것을 덕이라 이른다.'[171]라고 하였으니 덕이란 외면으로부터 와지는 게 아니라 원래 나의 품성에 갊아 있는 덕성德性으로 도처를 따라 자연발로自然發露되는 것이라고 할 수 있다.

둘째, 덕이란 진리의 길[理道], 하늘의 길[天道], 땅의 길[地道], 사람의 길[人道] 등 이 길을 따라서 자기 자신을 닦고 기르고 밝혀서 얻은 '지혜와 능력과 복락과 심력心力 등'을 들 수 있다. 이러한 실력은 그저 얻어지는 것은 절대 아니다. 그만한 노력이 있어야 그만한 대가가 주어진다. 덕도 본래 우리의 품성에 장재藏在되어 있지만 어떤 계기를 통해 품성에서 발로發露되게 하여야 한다. 다시 말하면 옛 글귀처럼 '닦고 길러서 마음에 얻어짐

---

171 足乎己無待於外之謂德

이 있는 것이라.'[172]라고 하였다. 또 '닦고 기른 뒤에 이윽고 이뤄진 품성이라.'[173]라고 하였다. 또 《광아》에 보면 '덕이란 얻는 것이라.'[174]라고 하였다. 또 석언釋言에 보면 '덕이란 얻는 것이니 모든 일에 마땅함을 얻는 것이라.'[175]라고 하였다. 또 《논어》 위정爲政에 '덕으로써 인도한다.'[176] 하였는데 황소皇疏에 '덕이란 얻는 것이라.'[177]고 하였다. 또 시자尸子에 '덕이란 천지 만물에 얻어지는 것'[178]이라고 하였다. 이러한 글들을 볼 때 덕이란 본래 갖추어 있음을 발로시키는 것이 첫째요, 다음으로 부단한 수양을 통하고 절제를 통해서 하늘에게든 진리에게든 자신에게든 만물에게든 '얻어지는 것'이라 할 수 있다. 그래서 축덕畜德·양덕養德을 한 뒤에 심득心得이 되고 행득行得이 되고 언득言得이 되어야 한다.

셋째, '귀신과 통하고 음과 양으로 닦고 길러서 모으는 것이라.'[179]라고 하였다. 《주역》의 계사하繫辭下에 '신명에 통하는 것이

---

172 修養而有得於心也
173 修養後旣成之性也
174 德 得也
175 德 得也 得事宜也
176 道之以德
177 德 得也
178 德者 天地萬物得也
179 通乎神鬼 會乎陰陽之修養也

덕이라.'¹⁸⁰라고 하였다. 《구가주》에는 '음양에 교통함을 덕이라 한다.'¹⁸¹라고 하였다. 또한 《중용》에도 '귀신의 덕 됨이 그 성하구나.'¹⁸² 하였다. 이렇게 보면 귀신이나 음양은 같은 의미로 나타나거나 숨거나, 작용하거나 정체하거나, 있거나 없거나 하는 상황들이 모두가 덕이 되고, 또 덕으로 나타나야 한다.

넷째, 은혜이다. 《논어》 헌문憲問에 어떤 사람이 묻기를 '덕으로써 원망을 갚는다면 어떻습니까?' 공자가 대답하기를 '(은덕은) 무엇으로 갚을 것인가? 곧음으로써 원한을 갚고, 은덕으로써 은덕으로 갚을지라.'¹⁸³ 하였는데, 정강성鄭康成은 '덕이란 은혜를 베푸는 것을 말한다.'¹⁸⁴라고 하였다. 또 《여씨춘추》 보은報恩에 '장의는 천하에 덕스런 사람이다.'¹⁸⁵ 하였는데 그 주에 '덕이란 은혜와 같다.'¹⁸⁶라고 하였다. 이렇게 볼 때 덕이란 바로 은혜요, 은혜는 바로 덕으로 내가 갖추어 남에게 베풀어질 때 바로 큰 은혜가 되고, 설령 원망과 불미不美에도 나는 덕으로 대함으로써 화

---

180 通神明之德
181 陰陽交通 謂之德
182 鬼神之爲德 其盛矣乎
183 '以德報怨 如何' 子曰 '何以報德 以直報怨 以德報德'
184 德 謂恩施也
185 張儀所德于天下者
186 德 猶恩也

합이 되어야 한다.

다섯째, 진리라 하였다.[187] 《한시외전》 5에 '지극히 정미하여
천지의 사이에 묘한 것을 덕이라 한다.'[188] 하였다. 《장자》 천지天
地에 '천지에 통하는 것이 덕이다.'[189] 하였다. 《관자》 심술心術에
'만물을 화육하는 것을 덕이라 한다.'[190] 하였다. 《신서》 도덕설
道德說에 '덕이란 변화 및 물리가 나오는 것이다.'[191] 하였다. 그러
므로 덕이란 천지 사이에 미묘하여 만물을 화육하고 변화시키며
만물을 다스리는 진리라고 보아야 한다.

여섯째, 잘 가르침, 곧 교화라는 뜻이다.[192] 《예기》 내칙內則에
'덕을 뭇 백성들에게 내렸다.'[193] 하였는데 그 주에 '덕은 가르침
(교화)과 같다.'[194]라고 하였으니 백성들에게 덕을 베푼다는 것은
결국 위에서 정치를 잘하여 국가에 어려움이 없을 뿐만 아니라

---

187 眞理也
188 至精而妙乎天地之間者 德也
189 通乎天地者 德也
190 化育萬物謂之德
191 德者變及物理之所出也
192 善敎也
193 降德于衆兆民
194 德 猶敎也

백성들은 교화가 잘되어 오순도순 잘 살아가는 것이라고 할 수 있다. 이와 같이 가정이나 사회나 단체나 직장도 덕을 베푸는 것, 곧 교화가 잘 되면 어려움 없이 운영되어 갈 것이다.

일곱째, 행복이라는 의미이다.[195] 《예기》애공문哀公問에 '백성의 덕[행복]이다.'[196] 하였는데 그 주에 '덕이란 행복과 같다.'[197] 하였으니 행복이란 스스로 찾고 만들어 내는 것이 제일 중요하겠지만 남이 주는 것도 있을 수 있다. 가령 옷이 없는 사람에게 옷을 주면 참으로 행복해할 것이며, 아픈 사람에게 약을 주면 참으로 행복해할 것이며, 책 없는 사람에게 책을 선물하면 참으로 행복해할 것이다. 이렇게 본다면 행복이란 물품의 다소多少나 대소大小에 있는 게 아니라 필요함에 따라 주어지면 감동이 되어 행복을 느끼게 될 수밖에 없다.

여덟째, 행위行爲와 절조節操를 말한다.
《논어》자장子張에 '큰 덕이 문지방을 넘지 아니하면, 작은 덕이 들고 나더라도 옳으니라.'[198] 하였다. 또 《논형》서설書說에 '실

---

195 幸福也
196 百姓之德也
197 德 猶福也
198 大德不踰閑 小德出入可也

행을 덕이라 한다.'[199] 하였다. 이렇게 볼 때 덕이란 몸에 갖추어
진 의범儀範이라 할 수 있다. 즉 정당한 법도, 정당한 단련, 정당한
절제, 정당한 절조節操를 통하여 잘 다듬어지고 길들여진 주의注意
와 조행操行을 말하는 것이다.

頌曰

德化非孤必有隣 덕화비고필유린
덕화란 외롭지 않아 반드시 이웃이 있고

接應無念至仁陳 접응무념지인진
접응에 무념하면 지극한 인이 베풀어지네

足乎內面微臻外 족호내면미진외
내면에 풍족하여 밖에서 이르는 게 아니니

善養身心不失眞 선양신심불실진
몸과 마음 잘 길러 참[덕]을 잃지 말자.

---

199 實行爲德

덕德이란 무엇인가? 2

덕을 어떻게 베푸는 것이 참 덕眞德을 베풂이 될까. 다시 말하면 작은 물건 하나라도 나 아닌 다른 사람에게 주는 것을 덕을 베푸는 작은 행위라고 할 때 어떠한 자세에서 베풀어주는 것이 참 덕이 되는가. 더 나아가 우주의 진리나 천지 같은 덕을 베풂이 되는 것인가. 흔히 사람이 소우주小宇宙라고 하지만 과연 만물에 대하여 우주 같은 시덕施德이 되고 시은施恩이 되며 시양施養이 되는 것인가.

첫째, 상없이 베풀어주어야 참 덕이 된다.[200]

상相이라 하면 우선 나我라는 게 위주가 되어 매사에 '내가 …'라는 말이 앞서는 것을 말한다. 즉 아상我相이다. 모든 것이 내 본위本位이다. '내가 주었다, 내가 한다, 내가 있다' 라는 등 나라는 것을 내세우고 부각시켜 나라는 존재를 뚜렷하게 하는 것은 모두 상이라 할 수 있다. 저 우주를 보라! 그렇게 많이, 끝임없이 주고도 티를 내거나 존재를 확인시키려 하지 않는다. 즉 흔적이 없이, 아무도 모르게 베풀어줄 뿐이다. 친불친親不親·호불호好不好·선불선善不善을 가리지 않고 베풀어주고 베풀어줄 뿐이다.

---

200 無相施與日德

둘째, 바람이 없이 베풀어주어야 참 덕이 된다.[201]

두 가지를 들 수 있다. 하나는 후망後望, 즉 뒤를 바라지 않아야 한다. 내가 이렇게 베풂으로써 언젠가는 몇 배로 나에게 보답이 있을 것이라는 선망羨望을 가지고 의도적으로 돌보고 베푸는 것은 참 덕의 시여施與라고 볼 수 없다. 다음으로 배은망덕背恩忘德에 대한 대처이다. 배은이란 베풀어줌에 대하여 '은혜 갚음'이 아닌 '은혜 등짐'이라 할 수 있고, 망덕이란 베풀어줌을 아예 잊어버리는 것으로 베풀어주기 전보다 오히려 못하는 것을 말한다. 그러므로 시여施與한 사람은 이러한 상황에 대하여 안연晏然할 줄 알아야 한다. 베풀어줌은 베풀어줌으로 끝나야지 끝까지 끈을 잡고 놓지 않으려는 마음을 가지고 있다면 조금의 서운하고 섭섭함에서 큰 원망이 증오가 파생되게 되는 것으로 저 우주처럼 주고도 뒤를 돌아보지 않는 자세를 가져야 한다.

셋째, 사가 없이 베풀어주어야 참 덕이 된다.[202]

우주 안에서 나고 자라고 활동하는 것은 모두가 공公이다. 그러므로 공에 의해서 발현되는 것은 모두 공물公物이다. 하나나 한 편만을 위주로 생각하고 행동하는 것은 모두 공에 위배 되는 생

---

201 無望施與曰德
202 無私施與曰德

각이요 행동이다. 작든 크든 간에 무엇 하나라도 사私로 되고 사로 이루어진 게 있는가. 즉 이것과 저것이 결합되고 저것과 이것이 힘을 합하여 이루어지고 되는 것이기 때문에 사사로이 내 것이라고 못 지어 두는 것은 공에 대한 배신이다. 특히 가졌다면, 또 있다면, 또 맡아두었다면 시여施與를 할 줄 알아야 참 덕을 실현함이 된다. 그러나 우리가 공에 대하여 크게 경계해야 할 것이 하나 있다. 그것은 바로 '빙공영사憑公營私'이다. 공을 빙자憑藉하여 사기私己를 채운다는 의미이다. 다시 말하면 우주의 것, 진리의 것, 천지의 것을 가지고 자기 것인 것처럼 수용하여 자신이나 가정이나 단체의 안위安慰나 사복私腹이나 이익을 채운다면 참 덕을 실현함은 아닐 것이요, 이러한 마음으로 베풀어주는 덕은 참 덕이라고 볼 수 없다.

넷째, 얻음이 있도록 베풀어주어야 참 덕이 된다.[203]

'덕이란 얻음이다.'[204]라고 하였다. 돼지에게 진주를 줌은 돼지를 무시하는 처사이다. 즉 돼지에게 진주를 얻도록 조처하는 것도 잘 하는 행위가 될 수 없다. 과연 돼지가 진주를 얻어서 어디에 활용할 것인가. 그러므로 물품의 다소多少나 대소大小에 관계없

---

203 有得施與曰德
204 德 得也

이 상대방을 생각하고 처지에 따라 필요의 이익을 얻을 수 있도록 시여하여야 한다. 예를 들면 '나에게 필요가 없으니 주는 것'보다는 '너에게 필요하니까 준다.'라는 마음으로 이익의 얻음이 돌아가도록 베풀어야 한다. 또한, 베푸는 입장에서도 정신적인 것이든, 물질적인 것이든, 육체적인 것이든 간에 상대편이 소득이 되는 방향에서 베푸는 것이 훨씬 효과도 있는 것이다.

다섯째, 정으로 베풀어주어야 참 덕이 된다.[205]

인간에게 감동이란 억지로 표출되는 것이 아니다. 내면의 정情이 움직여야 한다. 정이 움직이지 않으면 외면으로 나타나지 않는다. 이 정을 움직이게 하는 두 가지가 있다. 그것은 '정성'과 '사랑[은혜·자비·인 등]'이다.

이 정성과 사랑이 없으면 쓰다가 놔두면 바로 굳어버리는 석고와 같이 되고 만다. 정성은 끝까지 보살피는 불공이요, 사랑은 끝까지 관심을 놓지 않는 것이다.

사실 칠정七情이란[206] 인간에 있어서 자연 발로인데 자칫 나쁜 방향으로 생각하여 억제하고, 버리고, 멀리하려는 경향이 있다. 그러나 좋은 방향으로 쓴다면 바로 인간과 인간이 소통하고 부

---

205 有情施與日德
206 七情 : 喜·怒·哀·樂·愛·惡·欲

딪치며 살아가는 진한 정인 것이다. 그러므로 교당에서 교당을 방문하는 모든 사람에게 차 한 잔이라도 정성과 사랑을 담아 주면 사람의 내재內在한 정이 움직여 감동과 감화를 받게 된다.

사람이란 '이정통기 통기연심以情通氣 通氣連心'이 되어야 한다. 즉 '정으로써 기운을 통하고, 기운이 통하면 마음이 이어진다.'는 길이 있음을 알아서 정을 주어야 한다. 이러한 의미에서 교화란 작은 무엇이라도 정을 얹혀 주는 것으로부터 시작하여 나중에는 법이나 도나 진리까지도 주어서 감동이 된다면 큰 덕을 베풂이 된다.

頌曰

無望無相善德施 무망무상선덕시
바람도 없고 상도 없으면 착한 덕을 베풂이요
有情有得好恩垂 유정유득호은수
정도 있고 얻음도 있으면 좋은 은혜 베풂이네
先通氣運心心繼 선통기운심심계
먼저 기운이 통해야 마음과 마음이 이어지나니
敎化薰風此裏吹 교화훈풍차리취
교화의 훈훈한 바람이 이런 속에서 불게 되리라.

상덕부덕上德不德이란 무엇인가?

대종사께서 말씀하시기를 노자는 '상덕上德은 덕이라는 (상이) 없다.'라고 하였다. 이 원문이 노자 도덕경 38장에 나온다. 즉 '상덕부덕 시이유덕 하덕불실덕 시이무덕 상덕무위 이무이위 하덕위지 이유이위上德不德 是以有德 下德不失德 是以無德 上德無爲 而無以爲 下德爲之 而有以爲'가 바로 원문이다. 여기에서 '상덕부덕上德不德'만 인거하였다. 전체를 풀이해보면 '최상의 덕은 덕이라고 하지 않는지라 이로써 덕이 있는 것이다. 최하의 덕은 덕을 잃지 않는지라 이로써 덕이 없는 것이다. 최상의 덕은 함이 없으므로 작위하지 않는 것이고 최하의 덕은 작위 함으로 함이 있는 것이다.'라는 뜻이다.

이 문단이 바로 '상덕은 덕이라는 상이 없다'는 배경이 된 문장이다. 그러면 우리는 이를 바탕으로 공부를 하여 보자.

첫째, 상덕부덕 시이유덕上德不德 是以有德
'최상의 덕은 덕이라고 하지 않는지라 이로써 덕이 있는 것이다.'라는 의미이다. 정말 무위자연無爲自然의 도를 체득하고 본받은 사람은 자기가 간직하든 베풀든 간에 덕이라는 사실을 의식하지 않는다. 그러하기 때문에 나타나는 결과는 참 덕眞德이 되는 것이다. 가령 우주가 만물을 기르지만 기른다는 상相이나 의식이 없다. 다만 그렇게 운행할 뿐, 한다는 상이나 의식은 없다. 다시 말하면 원리인 도道를 행할 뿐 나타나는 덕德은 상관하지 않는다.

둘째, 하덕불실덕 시이무덕하덕下德不失德 是以無德下德
'최하의 덕은 덕을 잃지 않는지라 이로써 덕이 없는 것이라.'라는 의미이다. 하덕이란 인위적인 덕을 갖춤을 말한다. 다시 말하면 노자의 입장에서 바라보는 유가儒家의 인의예지仁義禮智 같은 덕을 지닌 사람을 말한다. 이러한 사람은 자기가 이루어 간직한 덕을 잃지 않으려고 노력한다는 것이다. 그러므로 덕이 없다. 꾸며서 덕을 베풀고, 의식하여 덕을 베풀며, 상을 내어 덕을 베푸므로 참 덕이라고 할 수 없다. 여기에는 친소親疏가 따르고, 호오好惡가 생기며, 피아彼我가 구별되고, 존비尊卑가 나뉘므로 참 덕을 행하는 것이라고 볼 수 없다는 것이다.

셋째, 상덕무위 이무이위上德無爲 而無以爲
'최상의 덕은 함이 없으므로 작위하지 않는 것이라.'라는 의미이다. 첫째에서 말한 바와 같이 의식하거나, 상을 가지거나, 조작하거나, 꾸미거나, 작위하거나 인위적이 아닌 무위자연이다.

넷째, 하덕위지 이유이위下德爲之 而有以爲
'최하의 덕은 작위하므로 함이 있는 것이라.'라는 의미이다. 둘째와 셋째에 반^反한 덕을 말한다.

그렇다면 상덕^{上德}이란 어떠한 덕을 말하는 것일까?

첫째, 도를 체득하여 행함을 말한다[體道而行].

도란 절대로 자기의 모상^{貌相}이나 작용^{作用}을 보이지도 않고 나타내지도 않는다. 즉 어떻게 생겼는지, 무엇을 하는지도 모른다. 그뿐만 아니라 이렇게 하고 있는 자신도 '이러한다'는 사실을 의식함이 없다. 절대 무형^{絶對無形}이요 절대 무상^{絶對無相}이며 절대 무작^{絶對無作}으로 할 뿐이다. 그러므로 이러한 이체^{理體}를 체 받아서 행하는 사람이라야 참 덕을 나투는 사람이며, 영원히 없어지지 않을 참 덕을 베푸는 사람이며, 만유를 모두 살리는 참 덕을 실현하는 사람이다. 이러한 경지에 이르지 못하고 나타나는 덕은 아무리 애를 써도 상이 나오고 꾸밈이 나와서 사람의 눈에 띄게 된다.

둘째, 함이 없이 행함을 말한다[無爲而行].

위이불위 인간지사 불위이위 우주지사^{爲而不爲 人間之事 不爲而爲 宇宙之事} : '하지만 되지 않는 것은 인간의 일이요, 하지 않지만 되는 것은 우주의 일이다.'라는 의미이다.

이것은 '해도 안 되고, 안 해도 되는 것'을 말한다. 즉 해도 안 된다는 것은 인간의 일이요, 안 해도 된다는 것은 우주의 일이다.

대개 사람의 일이란 별스런 일이나 하는 것처럼 요란법석을 떨지만 결과는 아무 것도 해 놓은 것이 없다. 왜 그런가. 조작하기 때문이요, 가식하기 때문이며, 노무勞務하기 때문이다. 보라! 저 우주를 보라! 무엇을 하는가. 아무것도 하지 않는다. 하는 게 없다. 꾸미는 것도 없고 힘쓰는 것도 없다. 누구를 위한다거나 좋아하는 것도 없다. 그런데 된다. 이것이 곧 무위이다. 즉 무위로 하기 때문에 안 되는 것이 없이 다 된다. 봄에는 낳고 여름에는 기르고 가을에는 거두고 겨울에는 갈무리를 한다.[207] 분명히 이렇게 하고 있지만 일부러 물을 주거나 김을 매거나 애지중지하는 것을 한 번도 본적이 없다. 이것이 바로 무위의 상덕이요 또 무위의 상덕이 발로되는 현상이다. 그러므로 우리도 이 무위의 상덕을 본받아서 상 없는 참 덕, 꾸밈없는 참 덕. 인작人作이 아닌 참 덕을 나투며 살아가자.

셋째, 인위적인 도덕을 배제하고 행함을 말한다[除人爲而行].
유가儒家에서 인위적으로 만들어낸 도덕률이 있으니 바로 인의예지仁義禮智이다. 인의예지가 있음으로 인하여 불인不仁이 있고, 불의不義가 있으며, 불경不敬이 있고, 무지無智가 있다. 혹자는 불인함으로 인하여 인仁이 생겨났고, 불의함으로 인하여 의義가 생겨

---

207 春生夏長 秋收冬藏

낳으며, 불경함으로 인하여 예禮가 생겨났고, 무지함으로 인하여 지智가 생겨났다고 할지 모르지만, 역으로 생각한다면 인을 주장함으로 인하여 불인이 생기게 되었고, 의를 주장함으로 인하여 불의가 생기게 되었으며, 예를 주장함으로 인하여 불경이 생기게 되었고, 지를 주장함으로 인하여 무지가 생기게 되었다. 사실 이렇게 따지다보면 자칫 이현령비현령耳懸鈴鼻懸鈴 즉 '귀에 걸면 귀걸이, 코에 걸면 코걸이'가 되어 귀걸이도 아니요 코걸이도 아니지만, 귀걸이이기도 하고 코걸이이기도 함으로 결론을 내기가 어렵다.

아무튼 인의예지는 사람이 세상을 살아가는데 있어서 도덕적이요 또 윤리적인 인격을 이루는데 없어서는 안 될 덕목이다. 그렇지만 한편으로 생각해 보면 사람을 얽어매기 위한 승사繩絲요, 제압하기 위한 쇄구鎖拘이기도 하다. 즉 한 인간을 놓고 인의예지에 맞으면 군자요 인격자며, 맞지 않으면 소인이요 부랑자로 취급되는 라인(line)으로 이용되어 상류 계급들이 하류의 무리들을 제 맘대로 부렸던 도구이기도 하다. 그러나 상덕은 모든 인위적인 도덕률이나 윤리적인 범절을 배제하고 나타나는 참 덕이므로 어떠한 상하나, 계급이나, 귀천이 없이 만유를 하나로 안고, 생령을 하나로 품어 길러내는 최상 최고의 천지의 덕이요 진리의 덕이며 우주의 덕인 것이다.

頌曰

上德無斟竝作爲 상덕무짐병작위

최상의 덕은 조짐과 아울러 작위도 없고

不知名實與相皮 부지명실여상피

명실과 더불어 모양의 겉을 알 수도 없네

義仁禮智人間事 의인예지인간사

의와 인과 예와 지란 인간의 일이요

宇宙化行深隱施 우주화행심은시

우주의 조화와 운행은 깊이 숨어 베푸네.

선현지시
先 賢 之 詩

선현의 시

대종사 신년을 당하여 말씀하시기를 "내가 오늘 여러 사람에게 세배를 받았으니 세속 사람들 같으면 음식이나 물건으로 답례를 하겠으나, 나는 돌아오는 난세를 무사히 살아갈 비결秘訣 하나를 일러 줄 터인즉 보감을 삼으라." 하시고 선현先賢의 시 한 편을 써 주시니 곧 "처세에는 유한 것이 제일 귀하고[處世柔爲貴] 강강함은 재앙의 근본이니라[剛强是禍基]. 말하기는 어눌한 듯 조심히 하고[發言常欲訥] 일 당하면 바보인 듯 삼가 행하라[臨事當如痴]. 급할수록 그 마음을 더욱 늦추고[急地尙思緩] 편안할 때 위태할 것 잊지 말아라[安時不忘危]. 일생을 이 글대로 살아 간다면[一生從此計] 그 사람이 참으로 대장부니라[眞個好男兒]" 한 글이요, 그 글 끝에 한 구를 더 쓰시니 "이대로 행하는 이는 늘 안락하리라[右知而行之者常安樂]" 하시니라.

《대종경》인도품 34장

이를 좀 풀어서 해석해 본다면

處世柔爲貴 처세유위귀 　세상살이에는 부드러움이 귀중하고

剛强是禍基 강강시화기 　굳세고 강직하면 재앙의 기초된다.

發言常欲訥 발언상욕눌 　말을 할 경우 항상 어눌한 듯 하고

臨事當如癡 임사당여치 　일에 다다라 어리석은 듯이 하라.

急地尙思緩 급지상사완 　급한 처지엔 오히려 늦추어 생각하고

安時不忘危 안시불망위 　편안할 때에 위태로움을 잊지 말아라.

一生從此計 일생종차계 　한평생 삶을 이 계획대로 좇는다면

眞個好男兒 진개호남아 　참으로 아름다운 사나이라 하리라.

右知而行之者常安樂 우지이행지자상안락 　이를 알아서 행하는 사람은 항상 편안하고 즐거우리라.

우선 이 시가 누구의 작품인지 알 수가 없다. 선현이라 하였는데 그 선현이 누구인지 분명히 드러나 있지 않고 전해오지도 않고 찾을 수도 없다. 어느 문헌에 의하면 이 선현이 월파月坡 유팽로柳彭老인 것 같다고 적고 있다. 이 사람은 문과에 급제를 하였으

나 벼슬에 나아가지 않고 고향에서 살다가 임진왜란이 터지니까 종군하여 적진에서 동지를 구하고 전사하였다. 그 문집으로 《월파집》이 있는데 그 문집에 《대종경》에 실린 시와 대단히 유사한 시가 실려 있다. 이를 소개하면 다음과 같다.

處世柔爲貴 처세유위귀　세상살이에는 부드러움이 귀중하고
强疆是禍機 강강시화기　굳세고 강직하면 재앙의 기틀 되리
發言常若訥 발언상약눌　말할 경우 항상 어눌한 듯이 하고
臨事每如癡 임사매여치　일에 다다라 매양 어리석은 듯하라
急處當思緩 급처당사완　급한데 처할수록 마땅히 늦춰 생각하고
安時不忘危 안시불망위　편안할 때에 위태로움을 잊지 말아라
一生從此成 일생종차성　한평생 삶을 이를 좇아 이루어가면
眞個好男兒 진개호남아　참으로 아름다운 사나이라 하리라.

이 시와 《대종경》에 인거한 시를 비교하여 보면 글자 몇 개가 다르다. 즉 첫째 구는 같고, 둘째 구에서 두 번째 글자가 대종경은 '강强' 자인데 이 시에서는 '강疆' 자로 쓰였고, 다섯 번째 글자가 대종경은 '기基' 자인데 이 시에서는 '기機' 자로 되어 있다. 셋째 구는 네 번째 글자가 대종경은 '욕欲' 자인데 이 시에서는 '약若' 자로 되어 있다. 넷째 구는 세 번째 글자가 대종경은 '당當' 자인데 이 시에서는 '매每' 자로 되어 있다. 다섯째 구는 두 번째 글

자가 대종경은 '지地' 자인데 이 시에서는 '처處' 자로 되어 있고, 세 번째 글자는 대종경은 '상尙' 자인데 이 시에서는 '당當' 자로 되어 있다. 여섯째 구는 같고 일곱째 구는 다섯 번째 글자가 대종경은 '계計' 자인데 이 시에서는 '성成' 자로 되어 있다. 여덟째 구는 동일하다.

압운押韻은 《대종경》이나 이 시나 '지支'의 운자韻字에 속한다. 그러나 《대종경》은 '기基, 치癡, 위危, 아兒'이고, 이 시는 '기機, 치癡, 위危, 아兒'의 운으로 되어 있다. 의미는 거의 대동소이하므로 자세한 풀이를 참고하면 된다. 특히 둘째 구의 '강彊'은 '강强'과 통하여[與强通] '굳세다. 강하다. 힘이 있다. 세차다'는 의미를 가졌다.

한시漢詩에 대하여 개략적인 설명을 하여 보자.

~

한시란 한자漢字로 지어진 시로 좁은 의미에서는 주로 한대漢代의 시를 지칭하는 것이지만[주로 시가詩歌·악부樂府 만을 의미함], 넓은 의미로는 중국을 비롯하여 한자문화권에서 한자를 통하여 쓰인 모든 시를 포함한다.

한시는 절대적으로 정형시定型詩이다. 시구詩句의 배열이나 글자의 높낮이 곧 평측平仄이나 압운押韻, 대구對句 등은 무시할 수 없는 한시의 정형定型이다. 만일 한시가 이러한 규칙에 어긋남이 있다면 시로서의 가치를 인정할 수 없고, 또한 그 의미도 상실하게 되는 것이다. 흔히 5자의 글자만을 맞추어 놓고, 또는 7자의 글자만을 맞추어 놓아 이를 한시라 한다면 웃을 일이다. 물론 글자는 놓아두고 뜻만을 취하는 경우는 혹 예외일 수는[捨文取意] 있을지 몰라도 한시로서의 정형은 아닌 것이다.

한시에는 고체시古體詩와 근체시近體詩가 있다. 고체시는 대체로 당나라 이전에 지어진 시로 어느 정도 형식을 무시하고 자유롭게 지어진 시요, 근체시는 당나라 건국 이후에 엄격한 격식을 바탕으로 하여 지어진 시로 시구의 평측平仄·압운押韻·대구對句·배열排列 등이 제대로 맞아 흐트러짐이 없는 시이다.

또 한시는 적은 글자를 가지고 많은 의미를 담아 놓았다. 그래서 어려운 글자가 쓰이고, 또한 자연히 난해할 수밖에 없다. 사실 독자의 입장에서 시를 쓴 사람의 숨은 뜻을 이해한다는 것은 상당히 어렵다고 보아야 한다. 다시 말하면 그 시대[정치·문화 등], 배경[지명], 심경, 사체事體, 학습[숙어], 자각自覺 등등, 이러한 여러 가지 이유가 있기 때문에 완전한 이해는 어려울 수밖에 없다.

한문에는 사성四聲이란 게 있다. 즉 글자 한자 한자에 '평성平聲·

상성上聲·거성去聲·입성入聲’이 있다. 이는 자음字音의 고저高低·장단長短·강약强弱에 지나지 않는 것이지만 한시에서는 대단히 중요한 위치를 차지한다. 한시를 지을 때는 대체적으로 둘로 나눈다. 꼭 그렇다고 단정을 하는 것은 아니나 비교적 그런 방향으로 작시作詩가 된다. 즉 평성平聲과 측성仄聲이다. 평성은 낮은 글자로 평平에 해당이 되어 압운押韻에 많이 쓰였고, 상성·거성·입성은 높은 글자로 측仄에 해당이 된다. 그래서 평성의 평과 상·거·입성의 측성의 글자를 시를 짓는 법칙에 따라 배열을 하는 것이라고 할 수 있다.

《대종경》에 인거한 시에 오류가 있다. 위에서도 평·측平·仄에 대하여 이야기하였다. 여기에 비추어 보아 오언절구의 첫 연聯은 ‘측측평평측 평평측측평仄仄平平仄 平平仄仄平’의 구조로 되어야 한다. 그런데 첫 구의 구조는 처세유위귀處世柔爲貴 즉 측측평평측으로 문제가 없다. 다음 둘째 구는 ‘강강시화기剛强是禍基 즉 평측측측평’의 구조로 되어 있다. 이는 다름이 아니라 ‘강剛은 평平, 강强은 측仄’인데 ‘강剛’과 ‘강强’을 바꾸어 썼기 때문에 ‘평·측平·仄’의 오류가 발생하였다. 그러므로 앞의 ‘강剛’을 뒤의 ‘강强’과 바꾸면 된다. 다시 말하면 ‘강강시화기强剛是禍基 즉 측평측측평으로 바로 잡아야 한다. 그렇다면 ‘평평平平’이 되어야 하는데 왜 ‘평측仄平’이냐고 의심할 수도 있다. 이는 첫 자는 ‘평平’이든 ‘측仄’이든 상관이 거의 없고[꼭 그런 것은 아님] 둘째 자는 절대적으로 ‘평平’이 되어야 한다. 이렇게 되어야 시형詩型에 맞다.

이 한시는 대종사께서 인거한 선현의 시이다. 특히 난세를 살아갈 비결로 지목하여 우리들에게 일러 주셨다. 즉 개인이 되었든 단체가 되었든 이 시를 표준해서 살고 운영하여 간다면 큰 어려움이 없으리라는 예언이나 마찬가지가 아니겠는가? 그렇다면 과연 난세는 어느 시점을 말한 것이며, 또 앞으로 난세는 없을 것인가?

원불교가 일제 강점기와 해방을 거치며, 6·25를 겪고 오늘에 이르렀다. 일제를 거치면서는 대종사께서 대처를 하셨고, 해방이나 6·25는 정산 종사께서 담당하여 적절히 대처해서 별 탈 없고 무리 없이 교단의 발전을 가져왔다.

그러므로 이 시를 통하여 유추類推하여 볼 때 세 번의 어려운 고비를 넘길 수 있는 비결로 일러주심이 아닌가하는 생각이 되고 앞으로는 크게 어려움은 없다 하였지만 살아가면서 크고 작은 어려움이 닥칠 때마다 비결로 삼아 활용한다면 크게 도움이 되리라 생각된다.

선현先賢의 시 1

處世柔爲貴 처세유위귀　세상살이에는 부드러움이 귀중하고
剛强是禍基 강강시화기　굳세고 강직하면 재앙의 기초이라.

글자와 아울러 단어를 풀어보면

- 處 : 곳 처. 곳. 살다.
- 世 : 세상 세. 세상. 때.
- 處世 : 세상에 존재하고 있는 동안. 이 세상에서 살아가는 것. 세상살이.
- 柔 : 부드러울 유. 부드럽다. 여리다. 성질이 화평하고 순하다. 복종하다. 쫓다.
- 爲 : 할 위. 하다. 만들다.
- 貴 : 귀할 귀. 귀하다. 신분이 높다. 빼어나다. 우수하다. 귀히 여기다. 귀하게 되다.
- 剛 : 굳셀 강. 굳세다.
- 强 : 강할 강. 강하다. 힘이 있는 자.
- 剛强 : 강剛이란 '굳셀 강' 자로 '굳세다'는 뜻을 가지고 있고, 강强이란 '강할 강' 자로 '힘이 있다'는 뜻이 있다. 즉 강강이란 힘이 있고 굳셈을 말한다.
- 是 : 이 시. 옳을 시. 이. 옳다.
- 禍 : 재앙 재. 재화災禍. 불행. 허물. 죄罪. 재난. 근심.
- 基 : 터 기. 사업. 기초. 꾀하다.

과연 우리는 이 시구詩句에서 어떠한 점을 찾아 우리가 삶을 영위하는데 보로寶路를 삼고 표준을 삼을 것인가.

　첫째, 행동에 절도節度를 벗어나지 말자.

　행동이란 마음의 표출이다. 마음의 움직임이 무정無情한 오근五根[눈·귀·코·입·육체]을 통하여 자신의 모습을 나타내는 것인데 여기에는 반드시 시비是非거리가 장재藏在되어 있기 마련이다. 즉 타인의 입장에서 보고, 듣고, 말하는데 있어서 자기의 눈에 잘 보이고, 귀에 잘 들리며, 입에 잘 맞추어 진다면 옳다고 박수를 보내지만 그렇지 않으면 그르다고 손을 저을 게 틀림없는 사실이라고 할 수 있다. 그래서 필요한 게 절도節度이다. 절節이란 '마디'이요 '규칙'이며 도度란 '법도'이요 '기량器量'이다. 즉 개인이나 사회나 국가의 생활이나 통치에 있어서 통념通念이나 통상通常의 규율이 있는 것인데 여기에 맞추어서 자기의 기량을 펴고 다스려 가야 한다. 그러면 남에게 손가락질 받지 않고 살아지는 것이지만 그렇지 않을 경우에는 늘 시비가 따라 붙어서 행동거지가 제약을 받을 수 있고 통치에 불만이나 불평이 있을 수 있는 것이므로 모든 일상에 통상의 규율을 지키면서 살아가야 한다. 이렇게 함으로써 남과 간극間隙이 생기지 않고 척을 만듦이 없이 원만하게 거리를 유지하며, 또한 삶으로 인한 고통은 줄이면서 상호 소통을 하게 된다.

둘째, 부드러움[柔]의 포용력을 가지자.

사람이 부드럽다는 것은 껄끄럽지 않다는 뜻이다. 즉 껄끄럽기가 밖으로 뻗쳐가면 밖에서 대하는 사람들이 꺼려하고, 안으로 뻗치면 자신의 몸이 가렵고 괴로워서 안팎으로 융용融容이 되지 못하고 기피하는 대상이 된다. 그러나 사람이 포용력包容力을 가지면 어떠한 상대든지 가리지 않고 다가설 수가 있다. 그것도 부드러움柔을 기저基底에 깔고 먼저 다가선다면 품안으로 들어오기 마련이다. 흔히 사람들이 나의 오지랖은 좁은 게 아니라 넓다고 생각하여 안고 감싸주려 하여도 상대가 들어오지 않는다고 말을 하는 수가 더러 있다. 그러나 생각해보면 결국 나의 포용력이 성숙하지 못하여 나타나는 결과이기 때문에 반성은 할지언정 상대를 나무라지는 않아야 한다. 정말로 큰 포용력이란 상대방이 눈치채지 못하고 알 수가 없게 품고 안아서 이끌어 가는 것을 말한다. 그리하여 상대방이 성장을 함에 따라 혹 알 수도 있고 모를 수도 있는 것이니, 먼 훗날의 평가는 놔두고 지유至柔의 포회抱懷가 있어야 격 없이 삶을 영위하여 상대로부터 괴로움을 당하지 않게 된다.

셋째, 자기의 강점强點을 내세우지 말자.

대개 세상은 재물이 있으면 강이고 없으면 약이며, 모양이 잘났으면 강이고 못났으면 약이며, 권력이 있으면 강이고 없으면 약이며, 알음알이가 있으면 강이고 없으면 약이다. 즉 무엇이든지 가지고 잘나고 알면 강이라 할 수 있고, 가짐이 없고 못났으며 무식하면 약이라고 할 수밖에 없다. 특히 요사이 말하는 '갑甲이냐 아니면 을乙이냐'의 문제라고 할 수 있다. 그러므로 자기에게 주어진 강점을 세우거나 남용濫用하지 말아야 한다. 다시 말하면 강을 가진 사람은 세우려 아니하여도 저절로 세워지고, 쓰려 아니하여도 저절로 쓰이기 마련이니 상대를 대하여 으스대거나 안쓰러운 눈으로 바라보아 상대방의 눈길을 돌리도록 만들지 말아야 한다. 더 나아가 지극히 부드럽고 약하다고 할 수 있는 물이 불을 이기듯이[水克火] 지극한 약한 것이 강을 이긴다[弱勝强]는 사실을 알아서 자기의 강점을 이용하여 취리取利하고 또 사람을 멸시蔑視하며 하시下視하는 행위는 뭇 사람의 질타를 받을 것이니 더욱 뒤로 숨기고 속으로 감추어서 함부로 나타나지 않도록 하여야 삶에 말썽이 따르지 않는다.

넷째, 재앙이란 심·행心·行의 합작품이다.

천지를 탓하지 말자. 부모를 탓하지 말자. 동포를 탓하지 말자. 법률을 탓하지 말자. 이 사은이라는 실체는 은혜를 준 것이지 재앙을 준 것은 절대 아니다. 그러므로 자신 외의 모두는 절대로 탓을 할 수 있는 대상이 아니라 오히려 존경하고 외구畏懼해야 할 대상이다. 사실 재앙이란 내가 만든 것이요, 또 내가 지은 것이며, 내가 뿌린 씨앗이다. 만일 내가 짓고 만들고 씨 뿌리고 심지 않았다면 어찌 그 열매를 내가 거둘 수 있겠는가. 다시 말하면 내가 몸과 입과 마음으로 행동하여 만든, 즉 합작한 결과물이지 무엇이 또는 누가 들어서 주고 맡긴 게 절대로 아니다. 그래서 그러한 행위는 그러한 결과를 가져오는 것이지 이러한 결과를 가져오지는 않는 것이며, 이러한 행동은 이러한 결과를 가져오는 것이지 저러한 결과를 가져오도록 우주운행의 장치가 되어 있지 않음을 알아야 한다. 그래서 종과득과種瓜得瓜·종두득두種豆得豆라 하였다. 즉 외를 심었으면 콩이 나오지 않고 외가 나오며, 콩을 심어놓고 외를 바랄 수는 없다. 그러므로 우리는 탓을 하면 바깥 눈이 커지고 자신을 돌아보면 안 눈이 열리게 된다.

다섯째, 인간의 터전[基 : 根本]은 순수純粹하다.

사람이 사사私邪가 없으면 순수하고 순진純眞하다. 본래 순수하고 순진함이 사람마다의 원초적인 터전이요, 또 기본이며 위치이다. 사私란 나만을 본위로 하는 행동이요, 사邪란 바르지 않고 삐뚤어진 행위이다. 사람이 세상을 살면서 상대를 생각하지 않고 나만을 위주로 하고, 또 바른길을 놓아두고 삐뚤어진 길을 걷다 보면 그나마 내면에 남아 자리를 지키고 있던 순수가 하나둘씩 떠나게 되는 것이 마치 무성한 나무에 가을이 오고 단풍이 들어서 노랗고 빨간 잎이 하나둘씩 떨어져 나가 결국 앙상한 가지만 남은 동지섣달 산등성이 홀로 서 있는 나무 꼴이 되고 만다. 작금의 시대 상황이 그렇다. 특히 물질이라는 마귀가 눈과 귀와 입과 몸에 붙어서 떠나지 않고 계속 사사로운 것만을 요구한다. 더 많이 보려 하고 더 많이 가지려 하며 더 많이 먹으려 하고 더 많이 입으려는 등 일상日常의 한계를 훨씬 벗어나서 구하려 하고 있으니 이 요구를 들어주다가 정말 인간의 기본이 되는 순진과 천진을 잃어 미치광이 같은 행동을 하면서 일생을 허송하고 마는 수가 많이 있게 된다. 그러므로 우리는 자신의 순수를 지켜 맑게 살고, 천진天眞을 지켜 꾸미지 말자. 특히 우리 인간의 근본이 되는 순진과 천진을 가리고 찢어가는 물질에 의한 욕심의 암 덩어리를 도려내어 맑고 밝은 삶을 꾸려감으로써 인간의 터전인 천성을 더욱 아름답게 가꿀 수 있게 된다.

　결론적으로 말하자면 세상을 살면서 너무 강하게 살면 여기저기에 원한을 심게 되어 뒤가 보잘 게 없고, 따라서 재앙이 여기저기서 몰려와서 어려움을 당하게 될 것이니, 바람이 불면 그 바람과 맞서지 않고 부드럽게 굽혀주는 초죽草竹이 되어 살아나가야 한다. 그러면 자연 나와 남의 사이에 괴리乖離가 없이 화해和諧가 이루어지게 된다. 또한, 정산 종사께서 '사람이 처세處世할 때에 세 가지 도道가 있으니, 하나는 승상承上의 도요, 둘은 접하接下의 도요, 셋은 교제交際의 도니라.' 하셨으니 이 세 가지 말씀을 표준으로 살아간다면 가히 허물을 면할 수 있게 된다.

頌曰

一切攸爲節度中 일체유위절도중
일체의 하는 바가 규칙과 법도에 맞으면

自消殃禍業障空 자소앙화업장공
저절로 재앙은 소멸되고 업장은 비워지네

人生進路天眞主 인생진로천진주
사람이 살아나가는 길에 천진을 위주로 하여

擲强持柔不行忡 척강지유불행충
강을 던지고 유를 가지면 행실에 근심 없으리.

선현先賢의 시 2

發言常欲訥 발언상욕눌 말을 할 경우 항상 어눌한 듯하고
臨事當如癡 임사당여치 일에 다다라 어리석은 듯이 하라.

글자와 아울러 단어를 풀어보면

• 發 : 발할 발. 필 발. 발하다. 피어나다.
• 言 : 말씀 언. 말씀. 언어.

• 發言 : 말을 하는 것. 말을 꺼내는 것. 구두로 의견을 진술함. 입을 열어 자기의 뜻을 이야기하는 것.

• 常 : 항상 상. 항상. 늘.

• 欲 : ① 하고자 할 욕 : 하고자 하다. 하려고 한다. 바라다. 기대거나 원하다. ② 慾 : '욕심 욕'의 글자와 통용이 됨. 즉 '욕과욕欲過慾'으로 하려고 함이 너무 지나치면 욕심을 부르게 된다.

• 訥 : 말더듬을 눌. 말적을 눌. 입이 무거워 말을 잘 하지 아니함.

• 臨 : 임할 임. 다다를 임. 임하다. 다다르다.

• 事 : 일 사. 일. 일삼다. 전념하다.

• 臨事 : 일에 임함. 어떤 일에 다다라 그 일을 처리하는 것.

• 當 : 당할 당. 마땅 당. 당하다. 마땅하다.

• 如 : 같을 여. 같다. 같게 하다.

• 癡 : 어리석을 치 ; 미련함. 미칠 치 ; 어떤 일에 열중하는 것.

과연 우리는 이 시구詩句에서 어떠한 점을 찾아 우리가 삶을 영위하는데 보로寶路로 삼고 표준으로 삼을 것인가.

첫째, 진언眞言은 불출구不出口이다.

참말은 입에서 나오는 것이 아니다. 입을 열기 이전에 이미 다 통효通曉되어 있다. 입을 열면 모자라고 여림의 변명이다. 예를 들

어보자. 공자께서 하루는 '나는 앞으로 말을 아니 하련다.' 하셨
다. 제자인 자공이 '스승님께서 말씀 아니 하시면 저희가 무엇을
학술하리일까?' 공자께서 '하늘이 무슨 말을 하더냐? 사시가 행
해지고 만물이 나오는데 하늘이 무슨 말을 하더냐?'[208]

　공자님 말씀처럼 입이 하늘을 닮아 말이 없어야 한다. 만일 말
을 한다면 하늘이 되어 말 한 마디에 세상이 놀라고 말 한 마디에
사람들이 깨어나야 한다. 이렇게 되지 않는다면 차라리 말을 안
하는 것이 더 나을지도 모른다. 아무튼 참된 말은 입을 통해서 나
오지 않는다는 사실을 분명히 알고 입 지키는 것을 병마개[守口
如瓶]처럼 해야 한다.

　《장자》 외물外物에 '말이란 어떤 뜻이 있는 것인데 뜻을 얻으면
말을 잊어버리게 된다. 나는 언제 저 말을 잊은 사람과 더불어 말
을 할 수가 있을까?'[209]라고 하였다. 그러므로 말을 앞세우기보다
는 차라리 말을 아니 하여 말에 대한 책임을 지지 않는 것이 훨씬
나을 수도 있다. 침묵은 하늘이 행하는 길과 같은 것이라 스스로
침묵할 힘이 있다면 입을 열어 말하기 이전[언전言前]에 모든 일
은 끝이 난다고 할 수 있다.

---

208 子曰 '予欲無言' 子貢曰 '子如不言, 則小子何述焉?' 子曰 '天何言哉?
　　四時行焉, 百物生焉, 天何言哉?'
209 言者所以在意. 得意而忘言 吾安得夫忘言之人而與之言哉!

둘째, 일언부중一言不中이면 천어무용千語無用이다.

《등석서》에 말하기를 '한 말이 그르면 네 마리가 끄는 수레로 도 능히 따르지 못하고, 한 말을 조급하게 아니 해도 네 마리가 끄 는 수레로 능히 미치지 못한다. 그러므로 악한 말은 입에서 나오 지 않아야 하고, 혹독한 소리는 귀에 들어오지 않아야 한다.'[210]고 하였다. 다시 말하면 처음에 입에서 나오는 한 말이 그르게 뱉어 지면 그 뒤를 이은 말은 모두가 그른 방향으로 흐르게 되는 것이 요, 또 입이 벌어져 나오는 첫 마디를 조급하게 아니할지라도 그 말의 저의底意에 미쳐가기란 대단히 어려운 것이라고 할 수 있다.

또한 시자尸子가 말한 것처럼 '말이 아름다우면 울림도 아름답 고, 말이 악하면 울림도 악하다.'[211]라고 하였다. 신자申子는 '말이 바르면 천하가 안정되고, 한 말이 편벽되면 천하가 쓰러지게 된 다.'[212]라고 하였다. 그러므로 우리는 《논어》에서 말한 것처럼 '군 자는 말은 어눌한 듯이 하고, 행동은 민첩하게 하니라.'[213]라고 한 의미를 되새겨 보아야 한다. 결국 한마디 말이 그르게 발설이 되 어 시비가 따르면 그 시비를 변호辯護하기 위하여 다른 말을 하게

---

210 一言而非 駟馬不能追 一言不急 駟馬不能及 故惡言不出口苟聲不入 耳
211 言美則響美 言惡則響惡
212 言正 天下定 一言倚 天下靡
213 君子 欲訥於言 而敏於行

되고, 말을 한 그 말이 다시 변명이 되어서 시비가 따라붙어서 새로운 꼬리를 이어가게 되어 자연 끝이 없게 된다.

셋째, 일 잘한다고 자랑하지 말라.

일을 잘하는 것은 좋은 일이다. 무슨 일이든지 주어진다면 그 책임을 회피하지 않고 깔끔하게 처리하여 뒤에 거리낌이 없으면 기분도 좋고 여러 사람에게 혜택도 미쳐가므로 아주 좋은 상황이라고 할 수 있다. 그러나 대개 공부가 부족한 사람은 자승自勝으로 모인侮人하고, 자긍自矜으로 비인鄙人하기가 쉽다. 즉 자기가 잘하고 능하고 수승한 것으로 사람을 무시하고 낮추고 얕잡아서 제견齊肩을 아니하려 한다.

간혹 자기만 못한 사람에 대하여 '왕따'를 시키려 한다. 정말 일을 잘한다는 것은 시종과 본말을 잘 알아서 처리하는 것을 말한다. 《대학》에 '사유종시事有終始하고 물유본말物有本末이라' 하였으니 먼저 할 것과 나중에 할 것, 근본이 되는 것과 끝이 되는 것을 잘 구분하여 행사行事한다면 일을 잘한다 할 수 있다.

어찌 되었든 일이란 한 가지 준칙만 가지고 가늠할 수 있는 법이 아니다. 왜냐하면 일이란 천 가지 만 가지이기 때문이다. 결국 사사각이事事各異이요 대처각수對處各殊이다. 즉 일마다 각각 다르고 일을 대처하는 방도方途도 또한 다를 수밖에 없기 때문이다. 아무튼 우리 속담처럼 '기는 놈 위에 뛰는 놈 있고, 뛰는 놈 위에 나는 놈'이 반드시 있는 것이니 설사 자기만 잘하는 어떤 특기가 있고 자랑거리가 있다 할지라도 숨기고 갈무려서 장양長養을 하여야 먼 훗날에 큰 빛을 발현하게 된다.

넷째, 바보스러운[癡] 삶.

세상에 가장 바보스러운 삶은 자연을 따라 사는 것이라고 할 수 있다. 즉 자연대로 사는 것을 말한다. 자연은 자랑하지 않는다. 자연은 말하지 않는다. 자연은 원망하지 않는다. 자연은 소유하려 아니한다. 자연은 점찍지 않는다. 자연은 따지지 않는다. 자연은 위선적이거나 조작이 없다. 그러면서도 다 소유한다. 다 가졌다. 다 점찍어 놓았다. 이 자연 속에 들어 있지 않은 게 어디 하나라도 있는가. 또한 할 일을 하나도 빠뜨리지 아니하고 다 해낸다. 이게 바로 정성이다. 곧 하늘의 정성[天之誠]이다. 봄에는 내고 여름에는 기르고 가을에는 거두며 겨울에는 갈무리한다.[214] 무엇 하나 버리지 아니하고 다 간섭하여 챙겨가며 살려낸다.

이렇게 살자. 자연에 뿌리내려 소리 없이 또 어리석은 듯 살면서 소유와 시용施用을 잘하자. 잘나면 얼마나 잘났으며, 못나면 또 얼마나 못났는가. 가졌으면 얼마나 가졌으며, 없으면 얼마나 없겠는가. 사실 천재와 바보는 백지 한 장의 차이에 불과한 것처럼

---

214 春生夏長 秋收冬藏

자연을 닮아 살아간다면 천재와 바보를 뛰어넘어 사는 삶이 되고 물욕이나 세염世染에 적셔지지 않는 부러운 삶이 된다. 그러므로 외형의 물질에 중심의 무게를 두지 말고 자연이나 내면에 중점을 두어 살아간다면 세상의 삶이 중간에 꺾기거나 접히지 않고 이어갈 수 있다. 세상에 살아가는 사람들이 물질에 시달리면 시달릴수록 자연을 닮아 바보처럼 사는 삶을 자연 동경하게 되지 않을 수 없다.

다섯째, 항상 뒤에 서자.

《논어》 옹야雍也에 공자께서 맹지반이란 사람은 (공功을) 자랑하지 않는다. 패주할 경우엔 군대의 뒤에 따라서 왔고, 성문에 들어서면서 말을 채찍질하며 말하기를 '감히 뒤처지려 함이 아닌데 말이 나아가지 않았다.'[215]라고 하였다. 이 일은 노나라 애공哀公 11년에 있었던 상황이다. 전쟁에서 패하여 퇴각하는데 장군인 맹지반은 얼마든지 일찍 올 수 있는 위치인데 가장 늦게 성문에 들어오면서 일찍 오려고 하였으나 말이 잘 달리지 아니하여 늦었다고 핑계 아닌 핑계를 대면서 들어왔다. 그러나 공자님은 맹지반의 사람됨을 보았다. 즉 겉을 본 게 아니라 속을 본 것이다. 전쟁에 패하였으니 얼마나 부하들이 낙심하고 쳐졌겠는가. 이러

---

215 孟之反不伐 奔而殿將入門 策其馬 曰 "非敢後也 馬不進也"

한 상황을 장군인 맹지반이 뒤에 따라오면서 다 수습을 하고 처리를 하다 보니까 자연 성문으로 늦게 들어올 수밖에 없었다. 그러므로 우리가 뒤에 선다는 것은 전체를 받치기 위해서 서자는 것이지 무엇이 모자라서 뒤처지자는 이야기는 아니다. 마치 해악海嶽을 실은 흙이 되고 대하大廈를 받치는 주춧돌이 되어 자기 자리에 꿋꿋이 서 있으되 누구나 기대어 앉고 누워서 놀 수 있는 기저基底가 되어주어야 한다.

頌曰

非巧眞言靡口生 비교진언미구생
기교가 없는 참 말은 입에서 나오는 게 아니요
不中一語似煙輕 부중일어사연경
맞지 않는 한 마디 말은 연기처럼 가볍다네
善治庶事顯于世 선치서사현우세
뭇 일을 잘 다스려 세상에 드러날지라도
於後如癡礎石撑 어후여치초석탱
뒤에서 바보인 듯 주춧돌이 되어 받치리라.

선현先賢의 시 3

急地尚思緩 급지상사완 급한 처지엔 오히려 늦추어 생각하고
安時不忘危 안시불망위 편안할 때에 위태로움을 잊지 말아라.

글자와 아울러 단어를 풀어보면

• 急 : 급할 급. 급하다. 갑자기.

• 地 : 땅 지. 땅. 토지의 신.

• 急地 : 위급한 처지. 위험한 곳. 황급한 상황.

• 尚 : 오히려 상. 오히려. 숭상하다. 높이다. 바라건대.

• 思 : 생각할 사. 생각하다.

• 緩 : 늦을 완. 느리다. 느슨하다. 늘어지다. 수축되지 아니하다.

• 安 : 편안할 안. 편안하다. 즐기다.

• 時 : 때 시. 때. 때맞추다.

• 安時 : 편안한 때. 모든 괴로움이 없는 시간. 어떤 사건이 일어나지 않은 시기.

• 不 : 아닐 불. 아니다.

• 忘 : 잊을 망. 잊다. 건망증.

• 不忘 : 잊지 않음. 마음속에 길이 기억하여 잊어버리지 아니함. 즉 명심불망銘心不忘함.

• 危 : 위태할 위. 위태하다. 위태롭게 하다. 두려워하다.

과연 우리는 이 시구詩句에서 어떠한 점을 찾아 우리가 삶을 영위하는데 보로寶路로 삼고 표준으로 삼을 것인가.

첫째, 빨리 이루려 말라.

급히 먹으면 체한다. 무엇이든 결과가 중요하다. 시작은 요란할지라도 이루어짐이 없으면 시작이 무색하게 될 것이요, 설령 시작이 미흡할지라도 결과가 잘 이루어지면 시작에 대하여 웃음을 짓게 될 것이다. 그러나 속성속패速成速敗라는 게 분명 있다. 즉 빨리 이루려 하면 그만큼 빨리 실패할 수도 있다. 인생살이도 마찬가지이다. 사실 세상에 뜻한 대로 되는 것이 얼마나 있는가. 삶이라는 것도 영화 속의 주인공처럼 아름답게만 살 수 있는 건 아니다. 그래서 느슨하게 살자. 허둥대지 말자. 인생의 일생이 길다 할 지라도 백 년을 살기가 어려운데 조급하게 살아 명命을 당길 필요는 없다. 반 박자를 늦추어서 살자. 이곳저곳을 돌아보며 살자. 즉 쉬어가면서 천천히 살자는 의미이다. 그런데 우리는 세상을 살면서 속성速成을 찾는다. 대동강 물을 팔아먹었다는 봉이 김선달처럼 12월 31일에 결혼을 하고 바로 1월 1일이 되어 2년의 세월이 흘러가도 아이를 낳지 못한다고 탓하는 것은 심해도 너무 심한 무리가 아닌가. 급히 먹으면 체한다. 이처럼 일의 성공도 단번에 바라지 말고 시간을 두고 이루어가야 한다. 큰 집은 며칠 몇 달에 지을 수 없다.

대기만성大器晚成일 수밖에 없고 적토성산積土成山일 수밖에 없으며 낙수천석落水穿石일 수밖에 없는 것이 사람의 삶이라고 할 수 있다.

둘째, 여유로운 자기를 이루자.

사람이 이왕 살아가는 것, 좀 여유롭게 살자. 여유란 시간의 제약에서 벗어남을 말한다. 어떠한 처지에서 무슨 일을 하든지 시간에 잡히면 구속이요 시간을 응용하면 자유요 여유이다. 또한 여유란 소유에서 벗어남을 말한다. 즉 물질에 구애가 되어 끌려가면 망아지 꼴이요 인견引牽하면 마부이다. 즉 끌리는 망아지보다는 끌고 가는 마부가 그래도 더 자유롭고 여유롭다. 여유란 자기에게 말려들지 않는 것이다. 나라는 것은 대체로 평안을 추구하고, 이익을 추구하며, 권력을 추구하고, 명예를 추구하는 등, 이러한 일에 욕심을 내어 여념餘念이 없이 행동한다. 그러다 다행히 이루면 몰라도[설령 이루어졌다 할지라도 그것을 유지하기 위해서 더 큰 노력이 필요하다] 이루어지지 않을 때는 노심초사勞心焦思하여 자멸자학自滅自虐의 길로 들어가게 되기 쉬우므로 이러한 나에게서 벗어나야 자유롭고 여유롭게 된다. 더 나아가 삼세의 모든 업장을 벗어던지고 해탈을 이루며, 사은에 보은하고 삼학을 수행하여 복혜福慧가 구족한 성자를 이루어야 참으로 여유롭고 자유로운 자기를 이루게 된다.

셋째, 편안과 위태함.

《주역》계사전繫辭傳 하에 보면 공자께서 말씀하셨다. '위태롭게 여기는 것은 그 자리를 편안하게 하려는 것이요, 망할까 염려하는 것은 있는 것을 보존하려는 것이며, 어지러울까 여기는 것은 다스리려는 것이니, 이런 까닭에 군자는 편안해도 위태로움을 잊지 않으며 있어도 없어지는 것을 잊지 않으며 다스려도 어지러움을 잊지 아니하니라. 이로써 몸이 편안하고 나라를 보존할 수 있는 것이라.'[216]라고 하였다. 또 전기錢琦가 전공양측어규세錢公良測語規世에서 말하였다. '사람이 편안히 살 때는 편안함을 알지 못한다. 위태롭고 어려움에 다다라서 비로소 알게 된다. 그러나 군자는 편안하게 살면서 위태로움을 염려하므로 거개 그 위태함을 면하게 된다.'[217]라고 하였다. 마음에는 삼독오욕이 녹아나야 참으로 편안해진다. 마음속에 무단히 일어나고 있는 사념邪念이나 망상妄想이 가라앉아야 편안해질 수 있다. 만일에 이러한 망상들이 계속해서 일어난다면 심원心源이 위태로울 수 있으니 늘 마음을 돌아보아 맑히고 고요하고 비우는 데 시간을 쏟을 필요가 있다.

---

216 危者 安其位者也 亡者 保其存者也 亂者 有其治者也 是故 君子-安而
    不忘危 存而不忘亡 治而不忘亂 是以 身安而國家 可保也
217 人于居安時 未知其安 及濱危難始知. 是以君子居安慮危 則庶乎免其危

넷째, 느림. 늦춤[緩]의 생활.

완緩이란 지遲의 뜻을 가지고 있다. 지라는 것은 '느리다·늦다'라는 등의 의미를 지니고 있다. 즉 느리게 움직이자. 또는 늦추며 움직이자는 의미이다. 지금은 시간이 너무 빠르다. 과거나 지금이나 24시간의 하루, 또는 30일의 한 달, 12개월의 일 년, 또 개개의 한 생이 주어짐은 똑같으련만 우리가 사는 지금의 상황은 시간의 흐름이 과거보다 훨씬 빠르게 느껴진다. 그만큼 세상이 빠르게 돌아가고 따라서 우리의 생활도 바쁘게 움직이고 있다는 뜻이다. 그러다 보니 보통의 삶이나 일상의 움직임으로는 제정신을 차리기가 대단히 힘이 들어 뒤처지는 부류가 생기고 그 뒤처진 부류들이 문제를 일으켜 범죄가 늘고 자살이 다발多發하여 사회가 크게 혼란스럽게 된다. 따라서 최소한의 법질서가 무너져버리고, 도덕률도 한계가 보여서 가족이나 사회의 화평和平이 금이 가는 현상이 늘어나 국내의 이산가족이 늘어나고 있다. 그러므로 우리는 우리의 삶이나 움직임에서 조금은 느려질 필요가 있다.

• 비가 쏟아지면 뛰어가지 말지니 앞의 비를 당겨 맞을 필요는 없다.[218]

• 어지간하면 자동차를 타지 말지니 앞길의 알지 못함이 깨지

---

218 瀉雨莫跳去不必前雨之挽淋也

기 쉽다.[219]

• 뜨는 해는 바라볼지언정 지는 해는 바라보지 말지니 문득 하루의 순간이 끊어진다.[220]

• 뒤를 돌아보지 말지니 '벌써 이렇게'란 아쉬움이 자란다.[221]

• 물을 반만 마실지니 아직도 남아 있기 때문이다.[222]

• 시간을 알려고 말지니 늙음 내지 죽음을 부르기가 쉽다.[223]

• 멈추기를 많이 할지니 그러면 변화와 바뀜이 저절로 늦춰진다.[224]

• 봄을 좋아할지니 아직도 겨울의 차가움이 멀었다.[225]

• 자주 하늘을 볼지니 간벽이 사라진다.[226]

• 마음을 비울지니 번뇌 생각의 싹이 돋아나지 않는다.[227]

또한 완緩이란 관寬의 뜻을 가지고 있다. 관이란 '너그럽다, 넓다, 넉넉하다, 관대하다'라는 등의 의미를 지니고 있다. 즉 너그

---

219 還可以莫乘車 易破前路之未知也
220 寧看杲日 莫見落日也 便斷一日之瞬也
221 莫顧後面 '已經這樣' 可惜之長也
222 飮水盞半 還有餘之故也
223 莫知時間 易招老境乃至死亡也
224 多爲留停 然則變易自遲也
225 賞好春節 還遠冬寒也
226 數見天空 便消間壁也
227 恒虛心地 不長出惱念之萌芽也

럽다는 것은 잘못에 대하여 용서容恕할 줄 안다는 의미이고, 넓다는 것은 무엇을 대하든 간격을 짓지 않는다는 의미이며, 넉넉하다는 것은 누구에게든 항상 남겨지고 있다는 의미이고, 관대하다는 것은 마음의 도량度量이 넓고 크다는 의미이다. 이렇게 우리들의 삶이나 움직임에서 마음의 작용이나 행위를 항상 너그럽고 넓고 넉넉하고 관대하게 하여 나와 맺어진 인연과의 관계에서 유연柔軟으로 상대가 될지언정 단단하게 묶여져서 꼼짝할 수 없는 착연着緣은 만들지 않아야 한다.

다섯째, 미래를 주비籌備하는 자세.

지나감보다는 현재가 중요하다. 과거만을 회상하며 지금을 소홀히 하면 미래 또한 보잘 게 없다. 그래서 미래를 지금 주비籌備하여야 한다. 내가 나의 미래를 지금 주비하지 않으면 안 된다. 누구도 책임을 져주지 않는다. 설령 책임을 져준다고 할지라도 끝까지 보장은 어려운 것이니 결국 나에 대한 책임은 오직 나에게 있다. 그래서 공자의 삼계도三計圖에 '일생의 계획은 어릴 때 있고, 일 년의 계획은 봄에 있으며, 하루의 계획은 새벽(寅 : 4~5시)에 있다. 어려서 배우지 않으면 늙어서 아는 것이 없고, 봄에 갈지 않으면 가을에 바랄 것이 없으며, 인시에 일어나지 않으면 하루의 힘쓸 일이 없다.'²²⁸라고 하였다. 주비하지 않은 하루, 일 년, 일생이 생동감이 있게 살아지는 것은 결코 아니기 때문에 얼마만큼 주비하였느냐에 따라 미래는 달라질 수밖에 없다.

《서전》 열명중說命中에 보면 '선한 일인가를 생각해서 행동하고, 행동할 경우 때에 맞아야 한다. 선이 있다고 하면 그 선을 잃고, 능하다고 자랑하면 그 공을 잃는다. 오직 일마다 이에 준비가 있어야 할지니 준비가 있으면 걱정이 없게 된다.'²²⁹라고 하였다. 즉 유비무환有備無患이 되어야 함을 가르치고 있다. 옛말에 '천하가 비록 평화로울지라도 전쟁을 잊으면 반드시 뒤집혀진다[위험하다].'²³⁰라고 하였다. 평화란 전쟁을 잘 무마함으로부터 와지는 상황일 수도 있다. 세상은 나만 살고 내 민족 내 국가만 사는 게 아니다. 세상에는 도덕을 중시하며 사는 사람이나 국가가 있는가 하면 남을 모략하고 남의 나라를 침공하며 욕심을 부리며 사는 민족이나 국가도 있다. 그러므로 우리들은 현재를 통해서 미래를 바라보고 설계하고 주비하며 살아가야 한다.

---

228 一生之計, 在於幼. 一年之計, 在於春. 一日之計, 在於寅. 幼而不學, 老無所知. 春若不耕, 秋無所望. 寅若不起, 日無所辦

229 慮善以動 動惟厥時 有其善 喪厥善. 矜其能 喪厥功. 惟事事乃其有備 有備無患

230 天下雖平 忘戰必傾

頌曰

若欲速成還敗招 약욕속성환패초

만일 속히 이루려하면 도리어 패함을 부르나니

恒持餘裕緩無憔 항지여유완무초

항상 여유를 가지고 늦추면 초조함이 없으리라

安時念殆方途立 안시염태방도립

편안할 때 위태함을 생각하여 방도를 세운다면

遽至憂難少不搖 거지우난소불요

갑자기 근심 어려움 이르러도 조금도 흔들리지 않으리.

선현先賢의 시 4

一生從此計 일생종차계　한평생 삶을 이 계획대로 좇아가면

眞個好男兒 진개호남아　참으로 아름다운 사나이가 되리라.

右知而行之者常安樂 우지이행지자상안락　오른 편[시를] 알아서

행하는 사람은 항상 편안하고 즐거우리라.

글자와 아울러 단어를 먼저 알아보자.

- 一 : 한 일. 하나. 한 번.
- 生 : 날 생. 살 생. 나다. 살다. 태어나다.
- 一生 : 살아 있는 동안. 평생.
- 從 : 좇을 종. 좇다. 나아가다. 순직하다.
- 此 : 이 차. 이. 이것.
- 計 : 꾀 계. 꾀. 계략. 계획. 경영.
- 眞 : 참 진. 참. 변하지 아니하다. 생긴 그대로.
- 個 : 낱 개. 낱. 개. 낱으로 된 물건의 수효를 세는 단위.
- 好 : 좋을 호 ; 좋다. 옳다. 아름답다. 마땅하다.
- 男 : 사내 남. 사내. 아들. 장부.
- 兒 : 아이 아. 아이.
- 男兒 : 사내. 사내아이. 대장부. 우지이행지자상안락^{右知而行之}

  _{者常安樂}
- 右 : 오른쪽 우. 오른 쪽.
- 知 : ① 알 지 ; 알다. 깨닫다. 들어서 알다. ② 지智[지혜 지]와
  통용이 됨.
- 而 : 말 이을 이. 말 이음.
- 行 : ① 갈 행 ; 가다. 나아가다. 걷다. 다니다. ② 행실 행 ; 행
  위. 품행. 바른 행위.
- 者 : 놈 자. 놈. 사람.
- 常 : 항상 상. 항상.

- 安 : 편안할 안. 편안하다. 즐기다.
- 樂 : 즐거울 락. 풍류.
- 安樂 : 매우 평안하고 즐거움. 괴로움이 없음. 극락세계. 낙원 세계.

과연 우리는 이 시구詩句에서 어떠한 점을 찾아 우리가 삶을 영위하는데 보로寶路로 삼고 표준標準으로 삼을 것인가.

도덕적인 인생설계

우리가 집을 짓는다거나 기계를 만든다거나 다리를 놓는다거나 하는 데는 반드시 설계도가 있다. 이미 설계한 그대로 집을 짓고, 기계를 만들고, 다리를 놓으면 무너지지 않는 집과 다리, 고장이 없는 기계가 완성된다. 이처럼 세상을 사는데 아무렇게 산다면 인생이 무슨 의미가 있겠는가. 영생은 몰라도 일생은 설계를 잘해서 살아간다면 헛된 삶은 꾸려지지 않게 된다. 그러한 의미에서 순전히 원불교의 도덕에 기인起因하여 설계를 하여 보자. 나름의 길이 있기 때문에 하나로 단언은 할 수 없다.

첫째, 도덕을 바탕으로 한 인생이 되어야 한다.

인간의 인격은 그저 주어지는 것이 아니라 가꾸는 것이기 때문에 도덕에 뿌리를 두고 가꾸면 도덕형의 인간이 되고, 외도外道에 뿌리를 내려 가꾸면 외도가 된다. 즉 어디에 나의 뿌리를 내리느냐에 따라 훗날의 인격은 달라지도록 되어 있다.

둘째, 근원을 아는 인생이 되어야 한다.

참된 인생은 일원─圓의 이치를 깨우치는 데서부터 시작이 된다. 종교를 믿든 안 믿든 상관이 없이 우주를 비롯하여 세상 만물의 가장 근원이 되는 이치, 즉 진리에 대하여 깨우침이 있어야 인생의 삶이 헛되지 않게 된다.

셋째, 복락의 인생이 되어야 한다.

참된 복락이란 사은의 은혜에 보은하는 것으로부터 시작이 된다. 이치는 받은 만큼 돌려주게 되어 있다. 그러나 천지·부모·동포·법률의 은혜는 우주 만물 생존의 근원이 되는 은혜이기 때문에 갚아 간다는 말로는 근접이 안 되는 큰 은혜이다. 그러므로 우리는 단지 배은背恩만 하지 않고 살아갈지라도 무량한 복원福源은 끊어지지 않게 된다.

넷째, 지혜로운[슬기 있는] 인생이 되어야 한다.

지혜란 내면에 본래 갈무리하고 있다. 범부나 성인을 막론하고 똑같이 간직되어 있으니 이러한 지혜를 밝혀내야 한다. 이러한 지혜는 그저 얻어지는 것이 아니라 수양과 연구와 취사를 통하여 끊임없이 노력한 결과에 기인하는 것이기 때문에 일과 이치의 연마나 정신의 정화淨化에 중점을 두어야 한다.

다섯째, 본래 자리로 돌아가는[歸本] 인생이 되어야 한다.

회룡고조回龍顧祖라고 하였다. 즉 산의 지맥이 뻗어오다 본산本山

을 돌아본다는 의미이다. 본래 자리란 두 가지 의미가 있다. 하나는 복족족福足足·혜족족慧足足한 부처의 자리인 자기 성품을 회복하는 것이고, 또 하나는 참 열반적정涅槃寂靜에 드는 것이라고 할 수 있다. 결국 똑같은 자리이지만 인생이 살든지 죽든지 이 본원처本源處를 여의지 않는다면 인생의 최고를 얻었음이라고 할 수 있다.

호남아好男兒란?

아름답고 훌륭한 사나이, 재주가 뛰어난 사람, 즉 대장부大丈夫·대인大人이라는 뜻이니 대장부나 대인에 대하여 몇 가지만 간추려 본다면 대장부란 '지기가 있는 남자라.'[231] 하였다. 《맹자》 등문공하滕文公下에서 '부귀도 능히 넘치게 하지 못하고, 빈천도 능히 옮겨가게 못하며, 위무도 능히 굴복시키지 못하여야 이를 대장부라 이른다.'[232]라고 하였다. 《후한서》 원소전袁紹傳에 '대장부는 마땅히 앞에서 싸우다 죽어야지 도리어 담장 사이로 숨어들겠는가.'[233]라고 하였다. 《후한서》 진번전陳蕃傳에 '진번의 자는 중거로 여남 평여 사람이다. 나이 열다섯 살에 일찍이 한가로운 하나의 집에서 살았는데 집안 정원이 거칠고 더러웠다. 아버지의 친구인 설근이 오니 맞이하였는데 진번에게 말하기를 "어린 사

---

231 有志氣之男子也
232 富貴不能淫, 貧賤不能移, 威武不能屈. 此之謂大丈夫
233 大丈夫當前鬪死 而反逃垣墻間邪

람이 어찌 물 뿌리고 쓸어서 손님을 접대하지 아니하는가?" 하
니 진번이 말하기를 "대장부가 세상에 처하여 마땅히 천하를 소
제해야지 어찌 한 집안을 일삼겠습니까?" 하는지라, 설근은 그가
세상을 맑힐 뜻이 있음을 알고 매우 기특하게 여겼다.'[234] 한다.

대인에 대해서도 알아보자.

《주역》 건괘乾卦에 '대범 큰 사람은 하늘땅으로 더불어 그 덕을
합하고, 해와 달로 더불어 그 밝음을 합하며, 네 시절로 더불어 그
차서를 합하며, 귀신으로 더불어 그 길하고 흉함을 합하여 하늘
보다 먼저 해도 하늘이 어기지 아니하며, 하늘보다 뒤에 해도 하
늘의 때를 받드나니 하늘도 또한 어기지 못하거늘 하물며 사람이
겠는가, 하물며 귀신이겠는가.'[235]라고 하였다. 《맹자》 이루하離婁
下에서 '대인이란 말을 믿게 하길 기필하지 않으며, 행동은 과단
하기를 기필하지 않고 오직 의가 있는 데로 하는 것이라.'[236]라고
하였고, 또 '대인이란 어린이의 마음을 잃지 않은 사람이다.'[237]라

---

234 陳蕃 字仲舉 汝南平輿人 年十五 嘗閒處一室 而庭宇蕪穢 父友薛勤來
　　候之 謂蕃曰 "孺子何不灑掃以待賓客" 蕃曰 "大丈夫處世 當掃除天
　　下 安事一室乎" 勤知其有淸世志 甚奇之
235 夫大人者 與天地合其德 與日月合其明與四時合其序 與鬼神合其吉
　　凶 先天而天不違 後天而奉天時 天且不違 而況於人乎 況於鬼神乎
236 大人者 言不必信 行不必果 惟義所在
237 大人者 不失其赤子之心者也

고 하였으며, '예가 아닌 예와 의가 아닌 의를 대인은 하지 않는다.'[238]라고 하였다. 또한 《맹자》 고자상告子上에서 '몸에는 귀하고 천함이 있고, 크고 작음이 있는데 작음으로써 큼을 해함이 없어야 하고, 천함으로써 귀함을 해함이 없어야 하니라. 그 작은 것을 기르는 사람은 소인이 되고, 그 큰 것을 기르는 사람은 대인이 되니라.'[239]라고 하였고, 또 '공도자가 물었다. "다 같은 사람인데 혹 대인이 되고 혹 소인이 되는 것은 무엇 때문입니까?" 맹자가 대답하기를 "그 대체를 따르면 대인이 되고, 그 소체를 좇으면 소인이 되니라."[240]라고 하였다. 또한 《맹자》 진심盡心 상에서 '대인이 있으니 자기를 바로잡음으로 사물을 바로잡는 사람이라.'[241]라고 하였다. 결국 대장부나 대인은 처음부터 종자가 있는 게 아니요, 또한 갖추고 길러져 나오는 것도 아니다. 그러므로 자신을 어떻게 단련하고 수행하느냐에 따라 대장부도 되고 졸장부도 되며 또 소인도 되고 대인도 될 수 있다는 사실을 알아야 한다.

238 非禮之禮 非義之義 大人弗爲

239 體有貴賤 有小大 無以小害大 無以賤害貴 養其小者爲小人 養其大者 爲大人

240 公都子問曰 '鈞是人也 或爲大人 或爲小人 何也?' 孟子曰 '從其大體 爲大人 從其小體爲小人'

241 有大人者 正己而物正者也

상안락常安樂이란?

대종사께서 선현의 시詩대로 살아가는 사람은 '항상 편안하고 즐거우리라.' 하였다.

그렇다면 정말 안락이란 무엇일까?

안락이란 '신안심락身安心樂'을 말한다. 즉 '몸이 편안하고 마음이 즐거움'을 말한다. 신안심락에 대하여 불서佛書인 《문구》8하下에서 '몸은 위태로움과 험악함이 없기 때문에 편안하고, 마음은 근심과 번뇌가 없기 때문에 즐겁다.'[242]라고 하였다. 또한 '문수보살이 오탁악세에서 수행할 수 있는 묘법의 길을 물었을 때 부처님께서 몸으로 하는 안락의 수행과 입으로 하는 안락의 수행과 마음으로 하는 안락의 수행과 서원으로 하는 안락의 수행 네 가지 안락의 수행을 말씀하였다.'[243]라고 하였다. 《맹자》는 진심盡心상에서 '군자에게는 세 가지 즐거움이 있는데 천하에 왕 노릇하는 것은 들어 있지 않다. 부모가 모두 생존하고 형제들이 연고가없는 것이 첫째 즐거움이요, 우러러 하늘에 부끄럽지 않고 굽혀사람에게 부끄럽지 않음이 둘째 즐거움이며, 천하에 영민하고 재주 있는 사람을 얻어 가르치고 기름이 셋째 즐거움이다. 군자에

---

242 身無危險故安 · 心無憂惱故樂
243 文殊菩薩 問於五濁惡世安樂修行妙法之道 佛說身安樂行 口安樂行 意 安樂行 誓願安樂行之四種安樂行

게는 세 가지 즐거움이 있으나 천하에 왕 노릇하는 것은 들어 있지 않다.'[244]라고 하였다. 이렇게 보면 사람이란 몸과 마음이 결합되어 일치화一致化된 유類이기 때문에 몸과 마음에 안락이 먼저 됨으로써 모든 문제가 자연 안화安化가 되고 낙화樂化된다고 보아야 한다. 그러므로 신앙을 하든지 수행을 하든지 일을 하든지 간에 심신에 안락을 얻음이 첫째가 되는 것이요, 만일 심신이 불안불락不安不樂이 된다면 하는 일부터 실패를 면하기 어렵게 된다.

공부를 한 사람의 기쁨

《정산종사 법어》생사편 30장에 병환이 침중하신지라 다시 특별 기도를 드리고자 사뢰니, 말씀하시기를 "법계法界에서 아는 사람은 법계에서 알아 하리니, 이후 기도는 그만두라."라고 하였다는 말씀이 실려 있다. 부모가 자식 알기 어렵고 자식 또한 부모를 알기 어렵다. 스승이 제자 알기 어렵고 제자가 또한 스승을 알기가 어렵다. 남편이 아내 알기 어렵고 아내가 남편 알기도 또한 어렵다. 이렇게 일상적으로 늘 대면하는 사람도 알기 어려운데 허공 법계에서 알아보고 또 관리할 수 있다는 것은 도를 이룬 성인이 아니고는 절대로 되는 일이 아니요 또한 될 수도 없는 일이

---

244 君子有三樂 而王天下不與存焉 父母俱存 兄弟無故 一樂也. 仰不愧於天 俯不作於人 二樂也. 得天下英才而敎育之 三樂也. 君子有三樂, 而王天下不與存焉

다. 우리는 공부를 해야 한다. 학문적이고 외형적이며 외학적인 지식을 습득하는 것도 대단히 중요하지만, 그 보다는 진리眞理를 알기 위하여 공부하고, 심성心性을 알기 위하여 공부하며, 성리性理를 알기 위하여 공부하고, 인과因果를 알기 위하여 공부하며, 사물의 근원根源을 알기 위하여 공부해야 한다. 이러한 공부를 부지런히 하여 깨달음만 얻는다면 삼세의 병권柄權을 잡고 사생의 자부慈父가 되며 삼계의 대사大師가 되어 자유자재를 누릴 것이니 어찌 기쁨이 아니리요, 이보다 더 큰 기쁨은 이 우환宇寰에는 절대 없는 것이라고 할 수 있다.

영생永生을 걸자

사람이 이 세상에 나와서 살다 보면 목숨까지 걸고 살아야 할 사항이 얼마든지 있다. 돈을 버는데 목숨을 건 사람도 있고, 권리를 잡는데 목숨을 건 사람도 있으며, 명예를 구하는데 목숨을 건 사람도 있고, 사랑을 이루는데 목숨을 건 사람도 있다. 그러면 우리는 무엇에 목숨을 걸고 또 영생을 영위營爲해야 할 것인가.

• 마음을 틔우자. 마음이 열려야 한다. 마음이 닫혀 있거나 감추어져 있으면 빛을 발휘하지 못한다. 사람의 마음이 열리면 빛이 된다. 빛은 비치지 않는 데가 없다. 이처럼 마음이 틔워지고 열리면 천리天理나 세상일을 다 보고 다 알 수가 있으니 여기에 영생을 걸어보자.

• 은혜를 갚자. 입은 은혜를 되돌려 준다는 것은 절대로 불가능한 일이다. 천지·부모·동포·법률이 오직 나 하나만을 위하여 존재하고 있기 때문에 이 모두에게 갚아 주기는 대단히 어려우므로 다만 배은背恩의 행위만 하지 않으면 되느니 여기에 영생을 걸어보자.

• 부처가 되자. 부처란 지혜智慧가 원천수源泉水처럼 솟아나는 것이요, 복락福樂이 태악산泰嶽山처럼 모인 것이다. 물과 같고 산과 같은 혜와 복을 갖춘 분이 바로 부처님이니 우리도 부처님이 되는 여기에 영생을 걸어보자.

• 중생을 건지자. 그야말로 무한한데 어떻게 건지자는 것인가. 이는 간단하다. 먼저 자신을 건지면 된다. 내가 중생이 아니면 남도 아니요 내가 건져지면 남도 건져진다. 그러니 나 자신의 중생을 먼저 건지는 여기에 영생을 걸어보자.

• 세상을 낙원으로 바꾸자. 세상은 이미 벌려져서 운행되고 있다. 그 운행에 운전대를 잡고 있는 주체자가 곧 사람이다. 그러므로 세상 자체가 세상을 낙원으로 바꾸기는 불가능하다. 사람이 들어서 바꾸어야 한다. 즉 그 중심에 서 있는 게 바로 사람이니 사람이 들어서 바꾸는 역할을 담당하여야 하므로 여기에 영생을 걸어보자.

頌曰

男兒立志丈夫盟 남아입지장부맹

사나이가 뜻을 세워 장부되길 맹세하고

安樂長居樂世成 안락장거낙세성

안락하게 길이 살면 낙원세계 이뤄지리

性理大醒全佛祖 성리대성전불조

성리를 크게 깨치면 온전한 부처 조사리니

永生掛道永生明 영생괘도영생명

영생을 이 도업에 걸고 영생을 밝히리라.

서전서문
書 傳 序 文

서전의 서문

대종사 유허일에게 《서전》 서문을 읽으라 하시고 "이제二帝와 삼
왕三王은 이 마음을 보존한 이요, 하걸夏桀과 상수商受는 이 마음을
잃은 이라" 한 구절에 이르매, 말씀하시기를 "이 구절이 돌아오는
시대에 큰 비결秘訣이 되리라. 부귀와 권세를 탐하여 마음을 잊어버
리는 사람은 장차 집이 패하고 몸이 망할 뿐 아니라, 국가나 세계
의 영도자가 그러하면 그 화가 장차 국가와 세계에 미치리니, 그대
들은 부귀와 권세에 끌리지 말고 오직 의·식·주 생활에 자기의
분수를 지켜서 본심을 잃지 아니하여야, 어떠한 난세를 당할지라도
위험한 일이 없을 것이요 따라서 천지의 좋은 운을 먼저 받으리라."

《대종경》인도품 53장

서전의 서문 1

유허일에게 《서전》의 서문을 읽으라 하고 "이제와 삼왕은 이 마음을 보존한 이요, 하걸과 상수는 이 마음을 잃은 이라." 한 구절을 한문으로 옮겨보면 '이제삼왕 존차심자야 하걸상수 망차심자야二帝三王 存此心者也 夏桀商受亡此心者也'이다.

글자를 풀이하면

- 二 : 두 이. 둘. 두 번.
- 帝 : 임금 제. 임금. 하느님.
- 三 : 석 삼. 셋. 세 번.
- 王 : 임금 왕. 임금. 제후.
- 存 : 있을 존. 있다.
- 此 : 이 차. 이곳. 이것.
- 心 : 마음 심. 마음. 심장. 가슴.
- 者 : 놈 자. 놈. 사람. 것.
- 也 : 어조사 야. 어조사.
- 夏 : 여름 하. 하나라 하. 여름. 나라 이름.
- 桀 : 걸왕 걸. 하나라 임금 이름. 홰 걸.
- 商 : 상나라 상. 은나라.

- 受 : 상왕 수. 상나라 임금 이름.
- 亡 : 망할 망. 망하다. 죽다.

　이 법문에 나온 인물이나 숙어를 자세하게 알아야 한다. 대종사께서 비록 《서전》이라는 유교의 한 경전을 인거하셨지만 그 경전에 실려 있는 역사나 인물들의 활동은 4000여 년 전의 사실事實과 사상思想을 엿볼 수 있는 유일한 귀감龜鑑이요 동양의 최고 경전이다. 특히 2제 3왕의 이야기가 대종사님의 말씀으로 재탄생된 것이기 때문에 대종사님의 법문으로 받아들여서 그 당시의 역사나 배경을 알고 이해한다면 그 의미가 클 것이다. 그 때문에 인물에 대한 역사를 상세하게 기록은 할 수 없지만, 대략적으로라도 기술하여 독자의 이해 폭을 넓혀 줄 필요는 있다고 보인다.

　특히 《서전》에 대해서는 자세하게 알아야 한다.

　《서전》 : 유가의 소의경전을 말한다면 《사서》[245]와 《삼경》[246]이다. 이 삼경 중의 하나가 서전이며, 또한 육예六藝[247]의 한 과목으로 유교적인 인격을 이루어가는 데 자리매김을 하였다. 그러면

---

245 四書 : 論語·孟子·中庸·大學
246 三經 : 易傳(易經)·書傳(書經)·詩傳(詩經)
247 六藝 : 禮·樂·射·御·書·數

《상서》라고도 하는데 무슨 의미를 가지고 있는 것인가. 공안국孔安國은 '상고의 서를 《상서》라 한다.'라고 하였고, 왕숙王肅은 '상소위 하소서上所爲 下所書'라 하였는데 이 말은 '위[天子]에서 한 말을 아래[史官인 臣下]에서 적은 것이므로 상서라 한다.' 하였으며, 마융馬融의 《서전서》에는 '상고 유우씨有虞氏의 서書이기에 상서라 한다.'라고 하였고, 정현鄭玄은 서찬書贊에서 '공자께서 서書를 편찬하였으므로 이것을 높여 상서라 한다.'라고 하는 등 여러 가지 설이 있지만 결국 '상고上古의 서書를 숭상하는 의미에서 《상서》라 하였다.'가 무난한 답변이라고 할 수 있다.

《춘추설제사》에 '상서란 이제[당요唐堯·우순虞舜]의 자취이요, 삼왕[하우夏禹·상탕商湯·주문무周文武]의 의로義路이다.'[248]라고 하여 이 상서를 옛 성왕聖王들이 치민治民하고 치국治國하는 정로正路로 삼은 것이라고 할 수 있다. 《상서》에는 《금문상서》와 《고문상서》가 있다. 《금문상서》는 진秦의 분서焚書 때 박사博士인 복생伏生이 공자가 산술刪述한 상서를 몰래 벽 가운데 감추어 두었던 것으로 한실漢室이 융흥隆興함에 이것을 다시 꺼내어 29편을 가지고 제·노齊·魯의 사이에 교수敎授하였는데 그 글이 당세에 통용되었던 예서隸書로 적혀 있기 때문에 《금문상서》로 모두 29편이다.

또 《고문상서》는 전한前漢 경제景帝 때 노공왕魯共王이 그 궁실을

---

248 尙書者 二帝之迹 三王之義

넓히기 위하여 공자의 구택舊宅을 헐다가 그 벽 가운데서 《춘추》·《논어》·《효경》과 함께 얻었다는 것인데, 왕이 공자의 당堂에 오르니 금석사죽金石絲竹의 소리가 들리므로 두려워서 집을 헐지 못하고 이 책들을 모두 공씨가孔氏家에 돌려주었다는 과두문자蝌蚪文字로 된 것이다. 과두문자란 미처 종이가 없던 때에 죽간竹竿에 옻을 칠해서 글자를 썼기 때문에 글자 모양이 머리통은 둥글고 꼬리는 가늘어 흡사 올챙이와도 같은 춘추전국 때 사용하던 문자이기에 《고문상서》라 붙여진 것으로 무제武帝 때 박사인 공안국孔安國이 번역하여 읽었는데 모두 58편이다.

이왕 유가儒家 경전에 대한 이야기가 나왔으니 옛 사람들의 고경에 대한 평가를 몇 가지 적어볼까 한다.

《양자법언》의 과견寡見에 누가 물었다. "오경의 의미를 말할 수 있습니까?" 양자가 대답하였다. "오경을 말할 수 있으니 하늘을 말한 것은 《역》처럼 말한 것이 없고, 일을 말한 것은 《서》처럼 말한 것이 없으며, 품위를 말한 것은 《예》처럼 말한 것이 없고, 뜻을 말한 것은 《시》처럼 말한 것이 없으며, 이론을 말한 것은 《춘추》처럼 말한 것이 없다."[249]라고 하였다.

---

249 或問, "五經有辯乎." 曰, "惟五經爲辯. 說天者莫辯乎《易》, 說事者莫辯乎《書》, 說體者莫辯乎《禮》, 說志者莫辯乎《詩》, 說理者莫辯乎《春秋》"

《사기》활계열전滑稽列傳에서 공자께서 말씀하시기를 "육예의 다스림은 하나이다. 예는 사람을 존절하게 하고, 악은 화열을 발하게 하며, 서는 일을 가리 있게 하고, 시는 뜻을 통달하게 하며, 역은 변화를 불가사의하게 하고, 춘추는 의이다."[250]

《유학고사경림》4권에 '서경은 상고 당우 삼대의 사적이 실렸으므로 상서라 하고, 역경은 이에 희성을 가진 주 문왕과 주공이 매었으므로 역경이라 하며, 2대[한나라 대덕戴德과 대덕戴德]가 일찍이 예기를 산삭刪削하였으므로 대례라 하고, 2모[노국魯國의 모형毛亨과 조국趙國의 모장毛萇]가 일찍이 시경을 주석하였으므로 모시라 한다. 공자가 춘추를 지으시면서 인수麟獸를 얻음으로 인하여 절필하였으므로 인경이라 하는데 화려한 곤룡포의 영화라도 이에 춘추의 한 글자를 보탤 수 없고, 도끼처럼 날카로워도 춘추의 한 글자를 찍어낼 수 없다.'[251]라고 하였다.

《유학고사경림》3권에 '상서는 모두가 요순·우·탕·문무·주공

---

250 孔子曰 "六藝於治一也. 禮以節人, 樂以發和, 書以道事, 詩以達意, 易以神化, 春秋以義"

251 書經載上古唐虞三代之事 故曰 尚書 易經乃姬周文王周公所繫 故曰 周易. 二戴曾刪禮記 故曰戴禮 二毛曾註詩經 故曰毛詩. 孔子作春秋 因獲麟而絕筆 故曰麟經. 榮於華袞 乃春秋一字之褒嚴於斧鉞 乃春秋一字之貶)

堯舜·禹·湯·文武·周公의 정사이요, 주역은 복희·문왕·주공·공자伏羲·文
王·周公·孔子의 정미이며, 2대[한나라 대덕과 대성]가 함께 예기를
산삭刪削하였으므로 대례라 하고, 2모[노국의 모형과 조국의 모
장]가 함께 시경을 주석하였으므로 모시라 한다.[252]라고 하였다.

頌曰

若不聖賢斯世生 약불성현사세생

만일 성현들이 이 세상에 나오지 않았다면

人倫紀序自然盲 인륜기서자연맹

인륜의 법칙은 자연히 어두워지리라

書傳示事治邦道 서전시사치방도

서전에 보인 일이 나라를 다스리는 길이니

頓息相爭享泰平 돈식상쟁향태평

단번에 서로의 다툼 쉬어 태평을 누리리라.

---

252 尙書皆虞夏商周之政事 周易乃羲文姬孔之精微. 二戴俱刪禮記 故曰
戴禮. 二毛皆註詩經 故曰毛詩'

서전의 서문 2

유허일柳虛一(1882~1958) : 본명은 상은相殷, 법호는 유산柳山. 전라남도 영광 출생으로 어려서부터 한문을 배워 사서오경에 통달하였다. 소년 시절부터 독립사상에 뜻을 두어 일본 경찰로부터 요시찰 인물로 지목을 받았다. 교직에 오랫동안 봉직하다가 1932년(원기17)에 친구 이재철李載喆[9인 제자 중의 한 사람. 일산一山]의 인도로 대종사의 제자가 되고 이듬해에 출가하였다. 출가 후 교단의 중요 요직을 역임하였고, 재단법인의 설립과 원광대학 설립에도 공헌하였다. 20여 년간의 전무출신 생활을 통하여 뛰어난 한문 지식과 사회에 대한 넓은 식견으로 교단의 발전에 공헌하였다.

이제二帝 : 당요唐堯·우순虞舜을 말한다. 즉 요임금과 순임금을 말하는 것으로 도덕 정치를 실현한 중국의 최고 성군들이다. 요임금에 대한 사적은 상서에 기록이 되어 오늘날까지 전해지고 있는데 치적을 살펴보면 다음 몇 가지로 요약할 수 있다.

첫째, 희화羲和를 명하여 일월성신日月星辰의 운행을 측정해서 역曆[지금의 달력]을 만들어 백성들에게 바른 시간을 알려준 것이다.

둘째, 그때 홍수가 있어 곤鯀을 시켜 다스리게 하였지만 크게 효과를 보지 못한 것이다.

셋째, 순舜이 대효大孝를 한다는 말을 듣고 미천微賤한 데로부터 등용하여 자기의 두 딸 아황娥皇과 여영女英을 아내로 삼아 섭정하게 하다가 드디어 선위禪位한 일 등이다. 요는 후세 중국인들에게 성인이요, 이상적 제왕으로 추앙되고 그가 다스리던 세상은 도치道治와 덕치德治가 완전하게 실현된 이상적인 나라로 보아 후세에 요순지치堯舜之治라고 일컫게 되었다.

다음으로 순은 우인虞人이기 때문에 유우씨有虞氏라고도 한다. 대대로 한미한 집안에 태어나 역산歷山에서 밭 갈고 뇌택雷澤에서 고기잡이를 하였으며 수구壽丘에서 질그릇을 구웠다. 그의 아버지 고수瞽叟는 완악頑惡하고 계모繼母는 미련하며 아우인 상象은 거만한데, 이러한 속에서도 자식 된 도리를 다하여 효자로 세상에 알려졌다. 30살이 되어 요임금의 두 딸에게 장가들어 천자 대신 순수巡狩의 일을 맡아 30년, 50살부터 섭정한 후 8년 만에 요가 죽고 그 아들 단주丹朱가 불초不肖하여 천하의 인심이 순에게 귀복歸復되므로 제위帝位에 올랐다. 우禹, 후직后稷, 설契, 고요皐陶 등 현인賢人을 써서 크게 치적治績을 나투었다. 재위한 39년에 남으로 순수하였다. 창오蒼梧의 들에서 죽으니 강남의 구의산九疑山에 장사지냈다.

삼왕三王 : 하우夏禹·상탕商湯·주문周文 왕과 무왕武王[문왕은 아버지요 무왕은 아들] 이들도 또한 태평성대를 구가한 중국의 최고 성군들이다.

우禹는 하후씨夏侯氏의 시조로 요임금 때 홍수가 국중國中에 범람했으므로 우는 순의 사공司空으로 아버지인 곤鯀을 이어 치수治水에 성공하여 천하를 기冀·곤袞·청靑·서徐·양揚·예豫·형荊·옹雍·양梁의 9주로 나누어 공부貢賦를 정하니 후세에 행정 구획은 이 명칭을 따른 것이다. 그는 치수를 맡게 되자 심신을 괴롭히며 밖에서 살기를 13년, 황하黃河를 산서山西 길주吉洲의 호구壺口에서부터 끌어다가 구하九河로 하고, 제수濟水는 그 상류인 하남河南의 연수沇水에서 다스리고, 회수淮水는 하남의 동백산桐栢山에서부터, 강수江水는 사천四川, 무주茂州의 민산岷山에서 소통하여, 북방의 물은 하河와 제濟에, 남방의 물은 강江과 회淮에 들게 하여 토지를 개척하고 도로를 확보하며 민업民業을 가르치니 그때에야 비로소 백성이 제집에서 살게 되었다. 이런 공으로 하남의 하夏에 봉했다가 순이 천자가 되자 우에게 맡겨 정치하였다. 순이 죽은 후 대략 기원전 2205년에 즉위하여 안읍安邑에 도읍을 정하고 자손이 서로 이어 17세 400여 년을 누렸다.

은殷의 탕왕湯王은 성은 자子씨요 이름은 이履, 또는 천을天乙이라고도 한다. 하의 걸왕을 토벌하여 남소南巢로 내쫓고 나라를 세워 상商이라 하고 30년간 재위하였다.

문왕文王의 성은 희姬씨요 이름은 창昌이다. 태왕太王의 손자로 성덕聖德이 있어서 서백西伯에 봉하였다. 덕화가 미쳐서 우예虞芮의 전쟁이 저절로 쉬어지고 교양交讓의 예가 일어났으며 인仁을 돈독히 하고[篤仁] 노인을 공경하며[敬老] 어린이를 사랑하였으며[慈少] 어진 선비가 있다면 끼니를 거르면서 기다렸다. 모여든 제후들이 40여 나라가 되었다. 죽은 뒤에 시호를 문왕이라 하였다. 그의 아들 무왕武王이 상나라를 쳐서 천자天子가 되었다.

무왕武王은 주周나라의 첫 왕으로 문왕의 아들이며 이름은 발發이다. 상을 쳐서 천자에 즉위한 뒤에 태공망太公望을 사師로 하고, 주공단周公旦을 보輔로 하며, 소공昭公·필공畢公을 왕사王師의 좌우에 앉혀 부왕父王[문왕]의 업을 실현하였다. 무왕이 관병觀兵 하러 맹율盟律에 이르렀을 때, 기약하지 않고 스스로 모인 제후만 800이었다. 주왕紂王의 음학淫虐이 날로 심함을 듣고 군사를 일으켜 목야牧野에 진을 치니 주왕은 70만 대군으로 응전하였지만 모두 궤멸潰滅하고 제후들은 모조리 무왕을 따랐다.

또 선성왕先聖王을 추사追思하여 신농씨의 후예를 초焦에, 황제黃帝의 후예를 축祝에, 요堯의 후예를 계薊에, 순舜의 후예를 진陳에, 우禹의 후예를 기杞에, 기타 공신 친척을 각기 그 땅에 봉하며, 태공망을 영구營丘에 봉해 제齊라 하고, 주공단을 곡부曲阜에 봉해 노魯라 하며, 소공석昭公奭을 연燕에 봉하여 주나라의 봉건제도를 정하고 호경鎬京에 도읍하여 서도西都라 하고 낙읍洛邑을 동도東都라 하였으며 고공단보古公亶父를 추존하여 태왕太王, 계력季歷을 왕계王

季, 서백西伯을 문왕文王이라 시호하였다.

하걸·상수夏桀·商受 : 하나라의 걸桀왕과 상商[殷]나라의 주紂왕을 말한다. 이 두 임금이 중국 역사에 있어서 가장 포악무도한 군주 즉 폭군으로 낙인이 찍힌 인물들이다. 이들은 근본적으로 포악하지 않았다. 대단한 능력을 지니고 성군의 자질이 얼마든지 있었던 인물인데 권력의 정점에 서서 자신의 마음 하나 잘못 다스려 결국 포악한 인물들이 되고 만 것이다.

걸은 하나라 최후의 임금으로 이름이 계癸이다. 유시씨有施氏의 딸인 말희末喜에게 매혹이 되어 주지육림에 묻혀 살며 자신의 용맹함을 믿고 포학하며 음탕에 빠져 법도가 없는[253] 정치를 하다가 인심을 잃어 결국 은나라의 탕왕이 치고 들어오니 명조鳴條에서 크게 패하고 남소南巢에 추방을 당하여 결국 패망하고 말았다.

주는 은나라 최후의 임금으로 이름이 신辛이다. 재주와 힘이 남보다 월등하고 손으로 맹수를 때려잡으며 술과 음악을 좋아하였다.[254] 유소씨有蘇氏를 쳐서 그의 딸인 달기妲己를 얻어 총애하여 세금을 많이 거두고 무도한 정치를 하니 백성들이 원망하고 제후들이 이반하여 마침내 주나라 무왕이 치고 들어오므로 녹대鹿

---

253 恃勇暴虐 荒淫無度
254 材力過人手格猛獸 好酒淫樂

臺로 달아났다가 불 속으로 뛰어들어 죽었다. 재위 기간이 33년으로 결국 나라가 패망하고 말았다.

주의 폭정한 몇 가지 예를 들자면 기자箕子와 비간比干은 주의 숙부요 미자微子는 주의 서형庶兄이다. 모두가 어진 사람들이요 위국충정爲國忠情을 가진 사람들이라 주의 무도를 아무리 간하여도 듣지 않으므로 기자는 미쳐서 종이 되었고, 비간은 죽임을 당하였는데 '성인의 심장엔 일곱 구명이 있다고 하니 어디 좀 보자.' 하고 심장을 꺼내어 해부하였다고 하며, 미자는 도망을 가버렸다.

운運 : 곧 운수運數로서 사람의 힘으로는 어찌할 수 없는 길흉화복吉凶禍福·운명運命·신운身運·운기運氣·운회運會·기수氣數 등과 같은 뜻이다. 특히 운수란 '명운기수命運氣數'라는 의미이다. 《구당서》 위사립전韋嗣立傳에 '무릇 홍수나 한발의 재앙은 음양운수에 관련된 것이요 사람의 지력으로 능히 미칠 바가 아니다.'[255]라고 하였다.

頌曰

舜堯聖主宇中揚 순요성주우중양
요와 순은 어진 임금으로 천하를 드날리고

---

255 夫水旱之災 關之陰陽運數 非人智力所能及也

桀紂暴君自國亡 걸주폭군자국망

걸주는 포악한 임금으로 자신 나라 망쳤네

百姓相離無立處 백성상리무립처

백성들이 서로 떠나면 설 곳 없는 것이요

諸侯互佐四隅匡 제후호좌사우광

제후들이 서로 도우면 사방이 바뤄지리라.

서전의 서문 3

《서전》의 서문이 쓰이게 된 동기를 이야기하자면 다음과 같다. 즉 서전의 서문에 있는 이야기의 앞부분을 그대로 옮기면 된다.

"경원慶元 : 남송 제4대 임금인 영종寧宗 : 1214~1124의 연호. 기미己未 : 1199년 겨울에 선생 문공文公이 ① 나에게 ② <서집전>을 짓게 하시고 이듬해에 선생은 돌아가셨다. 그러한지 10년에 비로소 능히 편수를 이루니 모두 만개가 되는 어휘이다. 슬프다! 서書를 어찌 쉽사리 말하겠는가. 2제 3왕의 세상 다스리던 대경 대법이 다 이 책에 실렸으니 견해가 얕고 지식이 얇은 사람이 어떻게 족히 심오한 이치를 다 발현시키랴! 또한 천세의 뒤에 나서 천세의 앞을 강명하려는 것이 또한 매우 어려움이다. 그러나

2제 3왕의 다스림은 도에 근본하고, 2제 3왕의 도는 마음에 근본 한 것이니, 그 마음을 체득하면 도와 더불어 다스림을 진실로 가히 얻었다고 말하리라. 왜냐하면 정일집중 ③은 요와 순과 우가 서로 준 심법이요, 건중건극 ④은 상과 탕과 주무가 서로 전한 심법이다. 말하자면 덕과 인과 경과 성이 말은 비록 다르지만, 이치는 하나이니 이 마음의 묘함을 밝히는 소이[이유·까닭] 아님이 없기 때문이다.'²⁵⁶라고 하였다.

《서전》의 서문은 주자의 사위가 되는 채침蔡沈이 썼다. 주자가 사서나 삼경에서 역전易傳, 시전詩傳의 주석은 다 하였지만 유독 서전의 주석은 못 하고 그의 사위가 되는 채침에게 미루고 세상을 떠났다. 채침이 그 뜻을 받들어 역시 바로 주석을 내지 못하고 10년이 지난 뒤에야 비로소 장인의 뜻을 실현하게 되었다. 이 글에서 가장 시선을 끄는 것은 '2제 3왕의 나라를 다스림은 오직 도道에 있고 그 도는 마음心에 있다.'는 말이다. 다시 말하면 마음이 있어서 도를 실현하고 도를 통해서 치민치국治民治國을 한다는

---

256 慶元己未冬 先生文公 令沈 作書集傳 明年先生歿 又十年 始克成編 總若干萬言 嗚呼 書豈易言哉 二帝三王 治天下之大經大法 皆載此書 而淺見薄識 豈足以盡發蘊奧 且生於數千載之下 而欲講明於數千載 之前 亦已難矣 然 二帝三王之治 本於道 二帝三王之道 本於心 得其 心則道與治 固可得而言矣 何哉 精一執中 堯舜禹相授之心法也 建中 建極 商湯周武相傳之心法也 曰德曰仁 曰敬曰誠 言雖殊而理則一 無 非所以明此心之妙也

의미이다. 만일에 마음을 잃으면 치민치국도 못하고 도도 이루지 못하게 되는 것이니 마음을 간직하고 잃음이 하늘과 땅의 차이만큼 사람을 갈라놓아서 성군과 폭군으로 만든다.

문공文公 : 주희朱熹(1130~1200) 자는 원회元晦 또는 중회仲晦. 회암晦庵. 회옹晦翁. 둔옹遯翁. 운곡노인雲谷老人. 창주병수滄州病叟 등의 호를 가지고 있다. 어려서부터 천성이 영오穎悟하여 사람들을 놀라게 하였다. 14세 때 아버지가 죽었지만 그 유언대로 호헌胡憲[적계籍溪]·유면지劉勉之[백수白水]·유자취劉子翬[병산屏山] 세 선생에게 취학하였다. 22세에 진사에 급제한 뒤 널리 불·로佛·老를 배우다가 24세에 이연평李延平의 문인이 되어 비로소 염락파濂洛派의 정통을 얻었다. 순희淳熙 2년 여조겸呂朝謙의 소개로 육상산陸象山 형제와 신주信州 아호사鵝湖寺에서 만나 그 온축蘊蓄을 기울여 학설을 논한 것은 유명한 사실이다. 59세에 봉사封事를 올려 비각수찬秘閣修撰이 되고, 또 남강군지南康郡知가 되어 백록동서원白鹿洞書院을 복구하였다. 또 담주지潭州知가 되었지만 한장주韓莊胄의 전횡을 보고 조정에 직언한 까닭에 면직을 당했으며 게다가 그 일파는 신기神器를 엿보는 위학僞學의 도徒라 하여 역당逆黨으로 지목되어 극심한 박해를 받았으나 주자는 태연히 강학講學을 쉬지 않았다. 경원慶元 6년 71세로 졸卒하니 '문文'이라 시호하고 중대부中大夫를 증했으며, 이종理宗에 이르러 태사太師를 증하여 신국공信國公에 추

봉封되고 뒤에 다시 휘국공徽國公이라 고쳤다. 저서로는 《사서집
주》, 《논맹혹문》, 《역본의》, 《역학계몽》, 《시집전》, 《의례경전통
해》, 《문공가례》, 《효경간오》, 《서명·태극도설·통서·정몽등해》,
《이락연원록》, 《소학》, 《근사록》, 《자치통감강목》, 《초사집주》,
《어류》, 《문집》 등은 그중에서도 유명한 저술이라고 할 수 있다.

　침沈 : 곧 채침蔡沈(1167~1230)을 말한다. 자는 중묵仲黙이다.
주자의 교우인 채원정蔡元定의 둘째 아들로 어려서부터 주자에게
배웠고 주자가 만년에 《서전》을 지으려다 이루지 못한 것을 물
려받아 서전 10권[처음에는 6권]을 저작하였으며, 또 그의 아버
지 원정이 홍범洪範의 수학數學에 정통하였으나 저작에까지 이르
지는 못하였는데 그가 고심하며 수십 년에 걸쳐 《홍범황극내편》
2권을 지어 선유先儒의 아직 발명하지 못한 새로운 경지를 개척
하였다. 평생토록 벼슬에 나아가지 않고 구봉九峰에 거주하여 후
생後生을 교수하니 세인들이 구봉 선생이라 하였다. 소정紹定 3년
(1230)에 64세로 세상을 마쳤다.
　정일·집중精一·執中 : 《서전》 대우모大禹謨에 보면 '인심은 위태
하고 도심은 희미하니 정하며 일하여야 진실로 그 중을 잡으리
라.'[257]에서 나온 말로 정일은 '유정유일惟精惟一을 줄인 말이니 정하

---

257 人心惟危道心惟微 惟精惟一 允執厥中

고 잡되지 아니하여 오직 하나 뿐인 순수한 마음'을 말하고, 또한 집중은 '윤집궐중允執厥中을 줄인 말이니 진실로 중용中庸의 도를 잘 지키는 것'을 말한다. 《순자》의 해폐편解蔽篇에서 도경道經을 인거 하여 '인심은 위태하고 도심은 희미하니 위험하고 희미한 기틀을 오직 밝은 군자가 된 뒤에라야 능히 아는 것이다. 그러므로 사람 마음을 반수에 비유할 수 있으니 마침내 섞어서 움직이지 않으면 흐림은 아래에 있고 맑음은 위에 있는 것이니 족히 머리털이나 눈 썹만 보고도 이치를 성찰하는 것과 같은 것이다.'258라고 하였다.

건중건극建中建極 : 건중이나 건극은 같은 의미이다. 이 말은 중 도를 잘 지켜서 인륜의 표준을 세워 만민의 법칙을 정하는 것을 말한다. 《서전》 홍범洪範의 오황극五皇極에 '임금이 그 극을 세운 다.'259라는 의미이다. 여기에서 주제가 되는 것은 "2제와 3왕은 이 마음을 보존한 이요, 하걸과 상수는 이 마음을 잃은 이라."260 이다. 다시 말하자면 우주의 도를 체득한 그대로를 가지고 치신·치심·치민·치국治身·治心·治民·治國한 사람을 2제요 3왕이라고 하였 고, 이 2제와 3왕들은 결국 마음에 근본을 두었다고 하였다. 반면

---

258 人心之危, 道心之微, 危微之幾, 唯明君子而後能知之 故人心譬如槃
　　水, 正錯而勿動, 則湛濁在下, 而清明在上 則足以見鬒眉而察理矣
259 皇建其有極
260 二帝三王 存此心者也 夏桀商受 亡此心者也

에 하걸이나 상수는 자기가 가진 마음을 잃고 전횡하여 망신ᄃ身을 하고 망국ᄃ國을 하게 되었다고 말하고 있다.

頌曰

二帝三王德政治 이제삼왕덕정치

2제와 3왕이 덕으로 정사하여 다스림은

惟存其路道心基 유존기로도심기

오직 그 길이 도가 마음에 바탕 함에 있네

乃醒蘊奧精中理 내성온오정중리

이에 심오하여 精一執中의 이치 깨달으면

大法大經多衆隨 대법대경다중수

큰 법과 큰 경륜에 많은 대중이 따르리라.

서전의 서문 4

"2제와 3왕은 이 마음을 보존한 이요, 하걸과 상수는 이 마음을 잃은 이라."[261] 대종사께서는 이 구절이 돌아오는 시대에 큰

---

261 二帝三王 存此心者也 夏桀商受 亡此心者也

비결이 된다고 하시었다. 부귀와 권세를 탐하여 마음을 잊어버리는 사람은 '집이 패하고 몸이 망한다.' 만일 국가나 세계의 영도자가 그러하면 '화禍가 장차 국가와 세계에 미친다.' 그러니 그대들은 '생활에 자기의 분수를 지켜 본심本心을 잃지 않아야 한다.' 그리하여야 '어떠한 난세를 당할지라도 위험한 일이 없을 것이요 천지의 좋은 운運을 먼저 받는다.'라는 내용이다. 그러니까 '약불망심若不亡心이면 당란무위當亂無危하고 선수천운先受天運하며, 약심잠망若心暫亡이면 가패신망家敗身亡하고 화급방세禍及邦世니라. 즉 만일 마음을 잃지 않으면 난세를 당하여 위험이 없고 먼저 하늘의 운수를 받으며, 만일 마음을 잠깐이라도 잃으면 집안이 패하고 몸을 망치며 재앙이 나라와 세계에 미친다.'라는 뜻이다.

그렇다면 2제와 3왕은 어떠한 마음을 간직하였고, 하걸과 상수는 어떠한 마음을 잃었다는 말인가.

2제와 3왕이 잘 간직한 마음은?
첫째, 존천심存天心이다. 즉 하늘의 마음을 가지고 살았다. 천자天子란 '하늘의 아들[자식]'이라는 의미로 천자가 되어 하늘의 마음을 가지고 하늘의 뜻대로 살아갈 뿐이요, 다른 마음을 갖지 않고 살았다. 만일에 천자가 되어 하늘의 마음을 잃으면 곧 하늘의 제재를 받는 것으로 생각하여 하늘이 되어 살았다. 따라서 시민여천視民如天이라 하여 백성을 바로 하늘로 보아 늘 마음을 챙기며 하늘이 되어 살았다.

둘째, 존대현심存待賢心이다. 즉 어진 이를 기다리는 마음을 가졌다. 문왕은 어진 이를 기다리면서 끼니를 잊었다고 한다. 강태공을 맞아들임이 그 좋은 사례이다. 또 주공은 '삼포토 삼악발三哺吐 三握髮'을 하였다 한다. 즉 어진 이를 만나기 위하여 '밥을 먹다가 세 번 토해내고 머리를 감다가 세 번 움켜쥐고 나왔다.'라는 것이다. 이와 같이 성군들은 어진 이를 찾고 만나는데 절대로 게으르지 않았다.

셋째, 존애중심存愛衆心이다. 대중 곧 백성을 사랑하는 마음을 가졌다. 임금은 백성의 어버이기 때문에 백성 사랑하기를 어버이가 자식을 사랑하듯이 하지 않을 수 없다. 그렇기 때문에 오직 백성을 위하여 탕왕이 걸을 치고 무왕이 주를 쳐서 도탄에 빠진 백성들을 구제하지 않을 수 없었다. 다시 말하면 부득이 전쟁을 통해 백성을 건져냈다. 옛말에 '동란자動亂者도 성인聖人이요 정난자靖難者도 성인聖人이라.' 하였으니 난리를 일으키는 사람도 성인이 하는 것이요, 그 난리를 평정하는 것도 결국 성인이 하는 것이기 때문에 백성을 구원하기 위해서는 전쟁을 불사할 수도 있었음을 짐작할 수 있다.

넷째, 존선양심存禪讓心이다. 즉 천자의 자리도 넘겨주는 마음을 가졌다. 천자의 자리를 넘겨주는데 있어서 인덕仁德과 위민爲民을 본위로 한 것이지 사적으로 한 것이 아니다. 요임금의 아들인 단주가 있었지만 불초不肖하므로 순에게 넘어갔고, 순도 자기 자손에게 넘기지 않고 우에게 넘겨주었다. 이렇게 법도 있게 선양을 함으로써 그 이름이 후세에까지 전하여 모든 군주의 귀감이 되었다.

다섯째, 존교화심存敎化心이다. 즉 백성을 잘 가르치는 마음을 가졌다. 교화란 상교하화上敎下化라는 말로 '위에서 가르치고 아래서 변화된다.'라는 의미이다. 다시 말하면 임금이 모범된 행동을 함으로써 백성들은 자연 그것을 본받아 실천하고 또 변화를 이루며, 오상五常[262]이나 삼강三綱 오륜五倫 등의 교육을 통하여 백성들의 마음이 순화되게 하였다. 옛말처럼 '배부르고 따뜻하지만 가르침이 없으면 또한 금수에 가까워지나니 그러므로 이미 부유하게 하여 놓고 효제를 가르치면 사람들이 어버이를 사랑하고 어른을 공경하며 그 수고로움을 대신하려고 한다.'[263] 하였으니 교화의 중요성을 말한 것이다.

하걸과 상수가 잃어버린 마음은?
첫째, 망천심亡天心이다. 즉 하늘의 마음을 잃었다. 천자는 하늘

---

262 五常 : 仁·義·禮·智·信
263 飽煖無敎 則又近於禽獸 故旣富而敎以孝悌 則人知愛親敬長而代其勞

의 아들이기 때문에 천의에 어긋나지 않게 살아야 하는데 일반 사람들이 가지는 인심에 의하여 욕심을 부리고 욕망을 채워가며 사는 것은 하늘의 뜻에 반하는 삶이 되므로 결코 하늘이 용서하지 아니하여 반드시 제재가 따르게 된다.

둘째, 망호현심亡好賢心이다. 즉 어진 이를 좋아하는 마음을 잃어버렸다. 이들은 항상 어진 이를 멀리하고 자기에게 아첨하는 사람을 가까이 두고 바른말로 간하는 사람을 꺼려하여 박해를 가하였다. 예를 들면 비간·미자·기자 등은 당대의 충신들이지만 모두 배척을 당하여 죽거나 도망가거나 미쳐버린 사람들이다. 다시 말하면 어진 사람들의 이래라 저래라 하는 간언이 잔소리로 들리고 귀찮게 생각하였다.

셋째, 망애민심亡愛民心이다. 즉 백성을 사랑하는 마음을 잃어버렸다. 어버이가 되어 자식을 사랑하지 않으면 어버이의 의무를 잃는 것처럼 임금이 되어 백성을 사랑하고 구휼하지 않으면 아무리 임금이라 할지라도 백성들의 이반을 부르게 된다. 다시 말하면 의식족이지예절衣食足以知禮節이라는 말처럼 입고 먹는 것을 어렵지 않게 하여 주어야 임금을 임금으로 알아 칭송을 하는 것이요, 그렇지 않으면 자연 백성들이 몰아내게 된다.

넷째, 몰주색심沒酒色心이다. 즉 술을 좋아하고 여자를 총애하는 마음에 빠져버렸다. 주지육림이라는 말처럼 술에 빠져서 정치를 불고하고 여색을 총애하여 좌우를 살피지 못하니까 가장 가까운

데서부터 이반하여 결국 재앙을 자초하였다고 해도 과언은 아니다. 그러므로 천자로서의 걸은 말희를 총애하다 나라를 잃었고 주도 역시 달기를 총애하다가 나라를 잃게 되었다.

다섯째, 망교화심亡敎化心이다. 즉 백성을 가르쳐서 변화시키는 마음을 잃었다. 아무리 어리석은 백성이라고 할지라도 가르치면 변화되는 것이 이치인데 이러한 일은 아니하고 잡기나 즐기고 수렵이나 다닌다면 백성은 어떻게 되겠는가. 다시 말하면 '배부르게 먹이고 따뜻하게 옷 입혀 편안히 살리면서 가르침이 없으면 금수에 가까워지므로 성인들이 걱정하여 설로 사도를 삼아 오륜을 가르쳤는데 부모와 자식은 친함이 있고 임금과 신하는 의리가 있으며 남편과 아내는 분별이 있고 어른과 어린이는 차례가 있으며 벗과 친구는 믿음이 있어야 한다.'[264]라고 하였으니 교화가 대단히 중요한 것인데 결과 주는 이를 소홀히 하였다.

頌曰

后若亡心體至危 후약망심체지위
임금이 만일 마음 잃으면 몸이 위태로움에 이르고

---

264 飽食 煖衣 逸居而無敎 則近於禽獸 聖人有憂之 使契爲司徒 敎以人倫 父子有親君臣有義 夫婦有別 長幼有序 朋友有信

瞬間誤事國招悲 순간오사국초비

순식간에 국사를 그르치면 나라에 슬픔 부르리

三王二帝群民教 삼왕이제군민교

3왕과 2제는 백성들을 교화하였으므로

永歲非忘聖主熙 영세비망성주희

긴긴 세월에 잊을 수 없는 성주로 빛나리라.

교화지법

教 化 之 法

교화하는 방법

　　대종사 하루는 《남화경南華經》을 보시다가 공자께서 도척盜拓을
제도하러 가시사 무수한 욕을 당하고 허망히 돌아오셨다는 구절
을 보시고 말씀하시기를 "공자는 큰 성인이시라 스스로 위험과 욕
됨을 무릅쓰고 그를 선으로 깨우치려 하사 후래 천만 년에 제도의
본의를 보이셨으나 사람을 제도하는 방편은 시대를 따라 다른 것
이니, 지금 세상 사람들을 제도함에는 말로만 권면하기에 힘쓰는
것보다 실지를 먼저 갖추어서 그 결과가 드러난 후에 사람들로 하
여금 스스로 돌아오게 해야 하리라. 무슨 까닭이냐 하면, 지금 사
람들은 대개가 각자의 실지는 갖춤이 없이 남을 권면하기로만 위
주하여 결국 허위에 떨어지는 사람이 많으므로 모든 인심이 권면만

가지고는 진실로 믿어주지 않게 된 연고라. 그런다면 저 공자께서 직접 권면으로 도척을 제도하려 하심과는 그 방편이 서로 다르나, 직접 권면하는 것으로 세상을 제도하거나, 실지를 먼저 보이는 것으로 세상을 제도하거나, 그 본의는 다 같은 것이요, 오직 그 방편이 시기를 따라 다를 뿐이니라."

《대종경》 인도품 57장

대종사께서 《남화경》을 읽으시다가 공자와 도척의 얽힌 이야기에서 교화敎化에 대한 의지意志를 밝히신 것이라고 할 수 있다. 그러한 의미에서 공자를 대강은 밝히고 《남화경》이란 무슨 책이며, 또 장자는 누구이며, 또 도척은 누구며 공자와는 어떻게 얽혀 있는가를 밝히고, 우리 교화자의 자세는 어떠해야 하는 것인가에 대하여 이야기를 전개하려고 한다.

《남화경》: 《남화진경》의 약칭으로 장자가 지은 《장자》를 가리키는 말이다. 숭도崇道 천자인 당나라 현종이 742년에 장자에게 남화진인南華眞人의 호를 추증하고, 《장자》를 존숭하여 《남화진경》이라 칭한 데서 유래한다. 이래 《도장》에 경의 이름으로 정착한다. 이는 노자의 《도덕경》과 함께 도가 사상의 주류를 형성하며 도교의 주요 경전으로 받든다. 이들의 차이라면 《도덕경》은 우주의 궁극적 실체를 도道로써 파악하고, 《남화경》은 삶의 원리를 무위無爲로 파악하는 데 있다. 《남화경》은 전한 말의 유향劉向 대에는 52편[내편 7, 외편 28, 잡편 14, 해설 3]이던 것이 진의 곽상郭象에 의해 재정리되어 현재의 33편 본[내편 7, 외편 15, 잡편 11]이 성립했다. 이는 《도덕경》과 함께 삼국시대부터 유행했으며, 소태산 대종사는 《대종경》 인도품 57장에서 공자의 실천과 관련하여 《남화경》의 외편을 인용하고 있다.

공자孔子[B.C. 552~B.C. 479] : 유가儒家의 시조. 이름은 구丘. 자는 중니仲尼. 춘추전국시대 사람이며, 유교의 창시자로 알려져 있다. 공자는 노나라의 창평향昌平鄕 추읍鄒邑에서 출생했다. 숙양흘叔梁紇은 그의 부친으로 공자가 태어난 지 얼마 되지 않아 세상을 떠났다. 소년 시절을 불우하게 보낸 공자는 16~17세 때에 30여 세밖에 되지 않았던 어머니마저 세상을 떠나자 정신적으로 큰 충격을 받았다. 공자는 20세 이후에 소와 양을 관리하는 승전乘田과 창고를 관리하는 위리委吏라는 직책을 지냈고, 50세 이후에 대사공大司空과 대사구大司寇 등의 벼슬을 지냈다. 하지만 그의 벼슬이 지속되지 못하자 B.C. 497년에 조국을 떠나 철환천하 하기에 이르렀으며, B.C. 479년 고향 노나라 자택에서 숙환으로 별세했는데 향년 73세였다. 공자가 활동한 당시는 춘추전국시대로 여러 나라가 서로 침입하여 많은 사람이 죽어 가고 있었다. 더욱이 정치는 권모술수가 횡행하여 매우 어지러운 시대였던 것이다. 이러한 혼란 상황이 전개되었던 B.C. 722년부터 481년까지를 흔히 '춘추시대'라고 한다. 춘추시대에 출현한 공자는 주공을 존경하여 꿈에서도 잊지 못했던 성자로 여겼으며, 중국 고대로부터 내려오던 전통문화와 사상을 계승하여 새롭게 자신의 인仁사상으로 체계화했다. 이처럼 공자는 하나라와 은나라 2대의 문화를 계승하여 주나라의 문화를 따르겠다고 했다. 공자는 유교의 개조開祖로서 받들어지게 되었는데, 한나라시대[서기 58년]에 더욱 존숭되어 관립 학교들에서 제사를 지내게 되었다. 예법 질서의 중심에 있는 '대성지성문선왕大成至聖文宣王'으로 문묘에서 숭앙받는 대상으로 격상된 것이다. 이처럼 공자는 한대漢代부터 경배 받는 인물로 신격화되었다.

도척盜跖 : 중국 춘추시대 때 공자와 거의 같은 시대에 살았다고 하는 도둑의 두목이다. 현인賢人 유하혜柳下惠의 아우로서 그 무리 9천여 명을 거느리고 전국을 휩쓸었으며, 때로는 공자를 위선자라고 비판했다고 한다. 공자와 같은 성인과 대조되는 악한 사람을 비유하는 말로 흔히 사용된다. 《맹자》는 진심상盡心上에서 '닭이 울면 일어나 부지런히 선을 행하는 사람은 순임금과 같은 부류의 사람이고, 닭이 울면 일어나 부지런히 이익을 추구하는 사람은 도척과 같은 부류의 사람이다. 순임금과 도척의 차이는 다른 것이 아니다. 이익을 추구하는가, 선을 추구하는가의 차이이다.'[265]라고 하였다.

장자莊子[B.C. 360경~B.C. 280경] : 사마천이 쓴 중국의 역사서에 《사기》가 있다. 사기의 제36권에 《노장신한열전》이 있다. 이 열전에 장자에 대하여 밝혀 놓은 것이 있으니 이를 인거하면 다음과 같다. 장자는 몽 사람으로 이름은 주이고, 장주는 일찍이 몽의 칠원리가 되었다. 양의 혜왕[B.C. 370~B.C. 319 재위]이나 제의 선왕[B.C. 319~B.C. 301 재위]과 같은 시대였는데, 그 학문을 엿보지 않음이 없었으나 그의 요체要諦의 근본은 노자의 말에 귀착이 되었다. 그러므로 그의 저서 10만여 언은 대체로 우언들이다. <어부>·<도척>·<거협>을 지어 공자의 무리를 비방함으로써 노자의 학술을 밝히려 하였다. <외루어>·<항상자>의 편은 모두 가공적인 말로 사실이 없다. 그러나 글을 잘 엮었고 말을 늘어놓았으며 세사世事를 지시하고 인정을 견주어서 유가와 묵가를 박해하였기 때문에 비록 당세의 숙학宿學[경력이 많고 인망이 있는 학자]이라도 능히 스스로 면할 줄을 알지 못하였다. 그의 말은 광양洸洋[학설·의론 등이 광대하고 심원深遠한 모양]하고 자자하여 몸에 맞았으므로 왕공으로부터 대인들이 능히 그릇으로 여

---

265 雞鳴而起 孶孶爲善者 舜之徒也 壞鳴而起 孶孶爲利者 蹠之徒也 欲知舜與蹠之分 無他 利與善之閒也

기지 않았다. 초나라의 위왕은 장주가 어질다 함을 듣고 사신을 시켜 후한 폐백으로 맞이하여 재상으로 삼고자 하였지만, 장주 는 웃으면서 초의 사신에게 말하기를 "천금은 귀중한 이익이고 재상은 높은 자리이다. 자네는 교제에 희생될 소를 보지 못하였 는가. 몇 년 동안 기르고 먹이며 비단옷을 입히고 종묘로 들어간 다. 이러한 때를 당하여 외로운 돼지가 되고자 하나 어찌 가히 얻 어지겠는가. 자네는 빨리 가서 나를 더럽히지 말라. 나는 차라리 더러운 물속에 헤엄치면서 스스로 즐겨하려네. 나라를 가진 사람 에게 재갈을 물리지 아니하고 몸이 마칠 때까지 벼슬하지 아니 하고 나의 뜻한 대로 즐기려네."라고 하였다.[266] 이상이 사기에서 말하는 장자에 대한 전부이다. 마서륜馬敍倫의 장자 연표에 의하 면 장자는 B.C. 369년에 태어나 B.C. 286년에 죽었다고 한다. 그 렇다면 장자는 63세를 산 것이 된다. 특히 장자는 노자의 사상을 온축蘊蓄하였으므로 세상에서 노장老莊으로 불리게 되었고 도교道

---

266 <莊子>者 <蒙>人也 名<周> <周>嘗爲<蒙><漆園>吏與<梁><惠王 ><齊><宣王>同時 其學無所不闚 然其要本歸於<老子>之言故其著 書十餘萬言 大抵率寓言也 作《漁父》《盜跖》《胠篋》 以詆訿<孔子>之 徒 以明<老子>之術 《畏累虛》《亢桑子》之屬 皆空語無事實然善屬書 離辭 指事類情 用剽剝儒·墨 雖當世宿學不能自解免也 其言洸洋自恣 以適己 故自王公大人不能器之 <楚><威王>聞<莊周>賢 使使厚幣迎 之 許以爲相 <莊周>笑謂<楚>使者曰 "千金 重利 卿相 尊位也. 子獨 不見郊祭之犧牛乎? 養食之數歲 衣以文繡 以入大廟 當是之時 雖欲 爲孤豚 豈可得乎? 子亟去 無汚我 我寧游戲汚瀆之中自快 無爲有國 者所羈終身不仕 以快吾志焉"

敎가 나타나자 조상祖上이 되었고 그들의 책은 도교의 소의경전所依經典이 되었다.

다음으로 《장자》라는 책의 성립에 대해서 알아보자.

장자의 저술은 《사기》에서는 10여만 자라 하였고, 《한서》예문지藝文志에서는 52편이라 하였으나 당나라 육덕명陸德明의 《경전석문서록》에는 다음과 같이 7종의 판본이 기록되어 있다[최선주崔譔注 10권 27편, 상수주向秀注 20권 26편, 사마표주司馬彪注 21권 52편, 곽상주郭象注 33권 33편, 이이집해李頤集解 30권 30편, 맹씨주孟氏注 18권 52편, 왕숙지의소王叔之義疏 3권]. 이상은 모두가 진晉나라 때 주석이나 현재는 곽상이 주석한 33편 본만이 전해 내려오므로 현존하는 최고의 판본으로 보는 것이다. 따라서 장자의 정통본이라고 할 수 있는 곽상본은 송나라 때 간행한 것을 청나라 때 여서창黎庶昌이 1884년 복간한 《고일총서본》, 같은 송나라 때 간행한 다른 장자 판본을 1929년 상해上海의 상무인서관商務印書館에서 복간한 《속고일총서본》, 명나라 때 간행한 장자 판본을 1929년 상해상무인서관에서 복간한 《사부총간본》 및 《도장본》이 있는데, 《고일총서본》과 《사부총간본》과 《도장본》은 군데군데 탈오脫誤가 있고, 《속고일총서본》은 가장 좋은 것으로 6만 5천2백13자로 되어 있다. 특히 당나라에서는 노자를 조종祖宗

으로 삼는 도교를 국교로 삼았기 때문에 장자를 남화진인이라는 시호가 742년에 추증되고 장자의 책도 《남화진경》이라 하여 지식인들의 필독서로 되었으며 그 당시에 육덕명의 《장자음의》와 성현영成玄英의 《장자소》가 가장 유명하였다. 송나라로 내려오자 장자는 더욱 익혀져 소동파나 왕안석 등도 탐독하여 논술하였고, 북송의 여혜경呂惠卿이 《여관문진장자의본》을 저술하였고, 현존하는 주석서로는 임희일林希逸의 《장자구의》가 가장 유명하다고 할 수 있다. 명나라 때는 육서성陸西星의 《장자부묵》과 초횡楚竑의 《장자익》이 유명하며, 청나라 때는 임운명林雲銘의 《장자인》, 육수지陸樹芝의 《장자설》, 진수창陳壽昌의 《장자정의》, 왕선겸王先謙의 《장자집해》, 곽경번郭慶藩의 《장자집석》이 있고, 민국 중화 이후로는 마서륜의 《장자의증》이 있고, 최근에는 왕숙민王叔岷의 《장자교석》, 유문전劉文典의 《장자보정》 등이 있다.

장자를 '남화노선南華老仙'이라 한다. 《군쇄록》에 보면 '남화노선은 당나라 천보 원년(742)에 장자를 봉하여 남화진인이라 하였으므로 이른다.'[267] 하였고 또 남화진인이라는 말은 '곧 장주의 봉호로 또한 남화노선이라고도 한다.'[268] 하였으며, 또 《구당서》

---

267 南華老仙 唐天寶元年 封莊子爲南華眞人 故名
268 卽莊周之封號 亦稱南華老仙

명황기明皇紀에 '천보 원년 2월에 장자의 호를 '남화진인'이라 하고 저서를 '진경'이라 고친다.'[269] 하였고, 또 《사물기원》 숭봉포책부 장자호崇奉褒册部 莊子號와 《당회요》에 보면 '천보 원년 2월 12일에 장자를 남화진인이라 추증하고 3월 19일에 이임보가 아뢰어 문자와 열자와 장자와 경상자의 그 글을 각각 그 호를 좇아서 진경으로 부르자.'[270] 하였다. 또한 남화진경에 대하여 《당서》예문지藝文志에 '천보 원년에 조칙으로 남화진경이라 하고, 열자를 충허진경이라 하며, 문자를 통허진경이라 하고, 항상자를 통령진경이라 부르도록 하였다.'[271]라고 하였다.

혹 이설異說이 될지 몰라도 우리의 사상을 다듬고 정착시키기 위해서는 남의 사상을 섭렵하고 또 연마하는 것도 필요하기 때문에 장자의 사상에 있어서 '도道'에 관계되는 몇 구절만 추려보려고 한다. 다시 말하면 장자의 우주 철학宇宙哲學에 있어서 '도를 본체로 삼는다. 도가 본체가 된다.'[272]라는 의미가 강하기 때문에 노자와 연관시켜서 알아보려고 한다. 《장자》의 대종사大宗師에

---

269 天寶元年二月 莊子號爲南華眞人 所著書 改爲眞經
270 天寶元年二月十二日 追贈莊子南華眞人 三月十九日 李林甫奏 文子 列子 莊子 庚桑子 其書各從其號爲眞經
271 天寶元年詔號莊子爲南華眞經 列子爲沖虛眞經 文子爲通玄眞經 亢桑子爲洞靈眞經
272 道爲本體

서 '대저 도에는 정이 있고 신이 있으나 함이 없고 형상이 없다. 가히 전하기는 하지만 받을 수 없으며, 가히 체득할 수는 있으나 볼 수 없다. 스스로 근본하고 스스로 뿌리 하여 천지가 있기 이전의 옛날부터 굳게 존재해 있어서 귀신을 신령케 하고 상제를 신령케 하여 하늘을 내고 땅을 내었다. 태극보다 먼저 있어도 높다고 하지 않고 육극의 아래 있어도 깊다고 하지 않는다. 천지의 생김보다 먼저 하여도 오래다하지 않고 상고보다 오래하여도 늙었다고 하지 않는다.'[273]라고 하였으니 장자의 이 말이 장자의 '도사상道思想'을 집합시켜 놓은 것이라고 할 수 있다. 이 말은 도가의 전통적인 말로 노자가 집대성한 도를 장자가 뒤에 나와서 노자의 사상을 발휘하여 더욱 투벽透闢하게 한 것이라고 할 수 있다. 이에 대하여 명나라 감산 대사憨山大師는 관노장영향론觀老莊影響論에서 '노자의 말은 예부터 간략하므로 깊이 감추어 밝히기 어려웠는데 노자의 도를 발휘케 한 사람은 오직 장자 한 사람뿐이다. 글을 쓰면 말을 이용하게 되는데 노자에게 장자가 있는 것이 공자에게 맹자가 있는 것과 같은 것이니 이 말을 믿어야 한다.'[274]라고 하였다. 결국 노장사상은《역경》에서 나왔다. 즉《주역》에

---

273 夫道有情有信 無爲無形 可傳而不可受 可得而不可見 自本自根 未有天地 自古而固存 神鬼神帝 生天生地在太極之先 不爲高 在六極之下而不爲深 先天地生而不爲久 長於上古而不爲老

274 老言古簡 深隱難明 發揮老氏之道者 惟莊一人而已 筆乘有言 老之有莊 猶孔子而有孟 斯言信之

서 '한 음 한 양을 도라 한다.'[275]라는 말을 노자가 도의 본체로 삼았고 장자도 노자의 사상을 계승하여 본체로 삼은 것이다. 즉 노자는 '천하 만물은 유에서 생기고 유는 무에서 생긴다.'[276]라고 하였는데 여기서 말한 무無는 허무虛無를 가리킨 것으로 '형상도 없고 모양도 없다.'[277]라는 형이상적인 존재를 이른다. 그렇다면 어떻게 하여 유有가 생겨나게 되는 것인가. 형이상적인 존재는 그 가운데 '정精'이 있다. 이 정이 음양의 교회交會로 말미암아 만물을 낳게 된다고 한다. 그래서 '도에는 정이 있고 신이 있다.'[278]라는 것이니 정이란 진실眞實을 말하는 것이요 신이란 신험信驗을 말하는 것이지만 이는 원래 무위無爲하고 무형無形하여 언어로 전할수는 있지만 구체적으로 접수할 수는 없으며 마음으로 알 수는 있지만 눈으로 볼 수는 없다. 자신의 근본이요 뿌리이며 천지보다 먼저 있는 존재로 귀신을 내고 상제를 내었으며 하늘과 땅을 냈다. 또 태극보다 위에 있는 존재지만 높다고 할 수 없고 육극六極보다 아래라고 할지라도 깊다 할 수 없으며 천지보다 먼저지만 오랠 수 없고 상고보다 오래지만 늙었다고 이를 수 없는 이것이 장자의 본체론本體論이지만 결국 노자의 본체인 도 사상을 기저基

---

275 一陰一陽之謂道
276 天下萬物生於有 有生於無
277 無狀無象
278 夫道有情有信

底로 하여 전개하였다고 할 수 있다. 하나하나 대비시켜 보자.

- '부도유정유신夫道有情有信'은 노자의 도덕경 21장 '窈兮冥兮 其中有精 其精甚眞 其中有信'에서 나왔고,
- '무위無爲'는 37장 '無常無爲而無不爲'에서 나왔으며,
- '무형無形'은 14장 '無狀之狀 無物之象'에서 나왔고,
- '가전이불가수 가득이불가견可傳而不可受 可得而不可見'은 14장 '視之不見 聽之不聞 搏之不得 迎之不見其首 隨之不見其後'에서 나왔으며,
- '신귀신제 생천생지神鬼神帝 生天生地'는 39장 '昔之得一者 天得一以淸 地得一以寧 神得一以靈 谷得一以盈 萬物得一以生 侯王得一以爲天下貞'에서 나왔고,
- '미유천지 자고이고존未有天地 自古而固存'은 25장에 '有物混成 先天地生'에서 나왔으며,
- '재태극지선 불위고 재육극지하 이불위심在太極之先 不爲高 在六極之下 而不爲深'의 두 구는 도란 무궁한 공간을 점유하고 있다는 점을 설명한 것으로 25장 '有物混成 先天地生 寂兮寥兮 獨立而不改 周行而不殆 可以爲天下母 吾不知其名 字之曰道 强爲之名曰大'에서 나왔고,
- '선천지생이불위구 장어상고이불위로先天地生而不爲久 長於上古而不爲老'의 두 구는 도란 무궁한 시간을 점유하고 있다고 할 수 있다.

위의 모든 말을 종합적으로 말한다면 '도란 천지 만물을 낼뿐만 아니라 고금을 종관縱貫하고 시방을 횡철橫徹하여 시간이나 처소에 있지 않음이 없어서 가히 그 큰 것을 볼 수 있으므로 노자는 '크다大'라고 이름을 붙인 것이다.' 다시 말하면 노자는 도가 만물을 내는 것이 오직 한 기운의 운행一氣之運行으로 말미암은 것이라고 주장을 하였는데 장자도 또한 이를 바탕으로 하여 자신의 사상을 전개하였다. 즉 장자는 천하에서 '성덕은 나오는 곳이 있고 왕도는 이루어지는 곳이 있으니 모두가 하나에 근원한 것이다.'[279]라고 하였다. 또 지북유知北遊에서 '천하를 통하여 한 기운일 뿐이니 성인은 그러므로 하나를 귀하게 여긴다.'[280]라고 하였는데 이도 《도덕경》 42장에 '도는 하나를 내고 하나는 둘을 냈으며 둘은 셋을 내고 셋은 만물을 냈으며 만물은 음을 지고 양을 안았고 충기는 화하게 한다.'[281]라고 하여 하나一는 한 기운이요 둘二은 음陰과 양陽이며 셋三은 음과 양과 충기衝氣로 만물을 화합케 한다고 하였다. 즉 장이기張爾岐가 노자약설老子略說에서 '하나란 기를 이르고 둘은 음양을 이르며 셋은 음양화합의 기를 이른다.'[282]라고 한 것이 이것이다. 이를 더 분석하여 말한다면 도란 체가 되

---

279 聖有所生 王有所成 皆原於一
280 通天下一氣 聖人故貴一
281 道生一 一生二 二生三 三生萬物 萬物負陰而抱陽 衝氣以爲和
282 一謂氣 二謂陰陽 三謂陰陽和合之氣

고 기란 용이 된다.[283] 만일에 체용體用을 구분하지 않는 입장에서는 도가 바로 기요 기가 바로 도[284]인 것이다. 일一이다 기氣다 하는 것은 도道의 별명에 불과한 것으로 형상이 없지만 가히 볼 수 있고[無形可見], 몸체가 없지만 가히 접촉하며[無體可觸], 시간적으로 있지 않음이 없고[無時不有], 자리가 존재하지 않음이 없다[無處不在]라고 보았다. 그리하여 만물이 만물로써 이루어지는 것은 모두 한 기운의 형성[一氣之形成]이라고 보았던 것이다.

頌曰

嘗讀吾師莊子書 상독오사장자서

일찍이 우리 스승 장자라는 책 읽고

孔夫盜跖讚無餘 공부도척찬무여

공자 도척에 칭찬 남기지 않았어라

後生教化微誠盡 후생교화미성진

후생은 교화에 작은 정성까지 다한다면

不遠將來樂世舒 불원장래낙세서

머지않은 장래에 낙원 세계 펼쳐진다네.

---

283 道爲體 氣爲用
284 道卽氣 氣卽道

莊子老仙塵世生 장자노선진세생

장자인 늙은 신선 티끌 세상에 나온다면

恨歎終日苦心惸 한탄종일고심경

종일토록 한탄하여 괴로운 마음 근심하리

備身大道無行礙 비신대도무행의

몸에 큰 도 갖추어 행동에 걸림 없으리니

能讀眞經悟理明 능독진경오리명

능히 참 경전 읽고 진리를 깨쳐 밝으리라.

교화의 길 1

장자는 대종사에서 '희위 씨는 이[道]를 얻어 천지를 이끌고, 복희 씨는 이를 얻어 원기의 모체를 받았으며, 유두는 이를 얻어 오램이 마치도록 변하지 않았고, 일월은 이를 얻어 오램이 마치도록 쉬지 않았으며, 감배는 이를 얻어 곤륜산으로 들어갔고, 풍이는 이를 얻어 큰 강에서 노닐었으며, 견오는 이를 얻어 태산에 처하고, 황제는 이를 얻어 구름을 타고 하늘에 오르며, 전욱은 이를 얻어 현궁에 거처하고, 우강은 이를 얻어 북극에 섰으며, 서왕모는 이를 얻어 소광산에 앉아 그 처음을 알지 못하고 그 마침도 알지 못하였고, 팽조는 이를 얻어 위로 순으로부터 아래로 오패

때까지 살았으며, 부열은 이를 얻어 무정의 재상이 되어 문득 천하를 다스리다가 동유로 올라가 기미의 별을 타고 벌려있는 별과 비견하게 되었다.'[285]라고 하였다.

조지견趙志堅은《도덕진경소의》에서 '하나는 원기로 도의 비롯이다. 옛날 천지 만물이 모두 한 기운을 얻어 나오게 되었다.'[286]라고 하였으니 하나인 도 곧 기운은 지존지령至尊至靈하여 천지나 귀신이나 만물이나 음양 등의 주체가 되고 생몰生沒의 체원體源이 되는 것이라고 할 수 있다. 또 장자는 지북유知北遊에서 동곽자가 장자에게 묻기를 "이른바 도가 어디에 있습니까?" 하니 장자는 말하기를 "있지 않은 곳이 없소." 동곽자가 말하기를 "정한 뒤에 옳을 것입니다." 장자가 말하기를 "개미에게 있소." 말하기를 "어찌 그 아래입니까?" 말하기를 "피에 있소." 말하기를 "어찌 그 더욱 아래입니까?" 말하기를 "기와나 벽돌에도 있소." 말하기를 "어찌 그 더욱 심합니까?" 말하기를 "똥이나 오줌에도 있

---

285 豨韋氏得之 以挈天地 伏羲氏得之 以襲氣母. 維斗得之 終古不忒 日月得之 終古不息 堪壞得之 以襲崑崙 馮夷得之 以遊大川 肩吾得之 以處大山 皇帝得之 以登雲天 顓頊得之 以處玄宮 禺强得之 立乎北極 西王母得之 坐乎少廣 莫知其始 莫知其終 彭祖得之 上及有虞 下及五伯 傅說得之 以相武丁 奄有天下 乘東維 騎箕尾 而比於列星
286 一 元氣 道之始也 古者天地萬物 同得一氣而有生

소."[287]라고 하였다. 결국 도란 무소부재無所不在이다. 즉 '있지 않은 곳이 없다.' '없는 곳 없이 다 있다.'라고 하여 하나도 빠짐없이 다 있다는 의미이다.

또 장자는 추수秋水에서 북해의 신약이 말하기를 "도로써 본다면 무엇이 귀하고 무엇이 천한가? 이것을 일러 반연反衍[반복순환]이라고 하는 것이니 뜻을 구속하지 아니한다면 도와 크게 저촉抵觸이 될 것이다. 어느 것이 적고 어느 것이 많은가? 이것을 일러 사시謝施[대사작용]라고 하는 것이니 행동을 한편으로 치우치게 아니한다면 도와 어긋나게 될 것이다. … 만물은 한결같이 가지런하여 어느 것이 길고 어느 것이 짧은가? 도에는 마치고 시작이 없지만 물에는 죽음과 삶이 있는 것이다. …"[288]라고 하였다. 도란 영원히 존재하는 것으로 순환이나 반복을 거치지 않고 존재하며 대사代謝나 작용作用이 없이 여일如一하게 존재하는 것이다. 결론적으로 말한다면 장자는 '도의 체는 고요하고 아득하여 형상이 없고 길이 떳떳하여 변하지 않는다. 도의 용은 흐르듯이 돌아 순환하고 그 흐르듯이 돌아 순환함으로 인하여 하늘과 땅, 만물

---

287 東郭子問於莊子曰「所謂道 惡乎在?」莊子曰「無所不在.」東郭子曰「期而後可.」莊子曰「在螻蟻.」曰「何其下邪?」曰「在稊稗.」曰「何其愈下邪?」曰「在瓦甓.」曰「何其愈甚邪?」曰「在屎溺.」

288 以道觀之 何貴何賤 是謂反衍 无拘而志 與道大蹇 何少何多 是謂謝施 無一而行 與道參差 … 萬物一齊 孰短孰長? 道无終始 物有死生…

이 낳아서 오고 죽어서 가는 것이 변화가 무상하고 순식간도 머물지 않으므로 능히 도를 여읠 수 없는 것이다.'[289]라고 하였다.

頌曰

莊子眞經鴻道藏 장자진경홍도장

장자 참 경전 남화경에 큰 도 갈았으니

不離體用永恒行 불리체용영항행

체와 용 여의지 않고 길을 떳떳이 행하네

秕稊屎溺無心厭 비제시요무심염

쭉정이 피, 똥오줌을 마음에 싫음이 없이

培養循摩少未徉 배양순마소미양

북돋아 기르고 어루만져 조금도 빈들거리지 않아라.

교화의 길 2

필자의 평소 생각은 인거하는 글의 출처出處가 분명하여야 한

---

289 道之體 寂寞無形 永恒不變 道之用 輪流循環 因其輪流循環 天地萬物
生生死死 變化無常 瞬息不停 莫能離乎道

다고 본다. 만일에 남의 글을 인거하면서 글자를 잘못 쓰거나 근거의 전적典籍을 정확하게 아니하면 전인前人에 대한 예의가 아니라고 보기 때문이다. 또한 경전經傳을 틀리게 인거하고 글자를 마음대로 첨삭添削을 한다면 차라리 자기의 글로 써야지 남의 글을 인용해서는 안 된다. 그러므로 대종사께서 말씀하신 공자님과 도척의 행화行化나 대화를 통해서 교화敎化에 대한 무게의 짐을 우리들에게 짊어 줌이 되므로 이를 감당하기 위해서 이야기의 전체를 파악하지 않으면 안 될 것이요, 따라서 정확한 이야기를 통해 교화의 중심을 잡아나가자는 것임으로 장황한 인거를 아니 할 수 없다.

도척은 어떤 사람인가?

물론 위에서도 말하였지만 더 자세하게 살펴본다면 《사기》 백이열전伯夷列傳에 도척에 대한 이야기가 나온다. '도척은 날마다 죄 없는 사람을 죽여서 사람의 간을 먹었고 사납고 방자하고 부릅뜨며 수천 사람을 모아 천하에 횡행하였지만 마침내 수명대로 살다 마쳤으니 이것이 어찌 덕을 좋음이겠는가?'[290]라고 하였다.

---

290 盜蹠 日殺不辜, 肝人之肉, 暴戾恣睢, 聚黨數千人橫行天下, 竟以壽終. 是遵何德哉?

그런데 여기서 말하는 도척은 황제黃帝 때의 큰 도적을 말하는 것으로 장자가 말하는 도척과는 관계가 없다. 즉 장자가 말하는 도척은 현인 유하계의 아우로 시대적으로 적합하지 않고 한갓 우언寓言으로 설정하여 놓은 것에 불과한 것이다. 그렇지만 그는 9천여 명의 부하를 거느리고 도둑질을 하여 당시의 제후나 나라에서 요시찰 인물로 지목하고 따라서 누구도 함부로 할 수 없는 금기의 사람이라고 묘사되어 있다.

그렇다면 《대종경》에서 말씀하는 공자께서 도척을 교화하러 간 내용에 대하여 《장자》 '도척편'의 이야기를 해보자. 이 이야기는 어쩌면 위정자나 권력자나 재산가들이 자기들이 가진 힘을 이용하여 무위도식無爲徒食을 하거나 또는 민중을 억압하여 자신들의 배를 채우거나 아니면 상류층들이 하류下流들이 침범할 수 없도록 울타리를 만들어가는 현상을 꼬집고 비꼬며 풍자한 면면을 전개해놓은 것인지도 모른다. 그런 의미에서 실존 인물인 공자와 도척을 내세워 당시 정치판이나 사회상을 고발한 것이라고도 할 수 있다.

그러면 이야기를 들어보자.

공자와 유하계柳下季 : 유하계의 성은 전展이요 이름은 금禽이다. 유하柳下란 곳을 식읍食邑으로 삼았기 때문에 유하계라고 불렀다고 하고, 또 버드나무 밑에 살았다고 해서 그렇게 부른다고도 한다. 일반적으로 유하혜柳下惠로 흔히 불린다. 유하계는 노나라 장공莊公 때 사람이라 공자와의 시간 거리가 백 년이나 되니 이 이야기는 우화寓話에 지나지 않는다.

유하계는 공자의 친구이다. 유하계의 동생은 이름이 도척이다. 도척을 따르는 부하 9천 명을 거느리고 천하에 횡행하면서 제후들을 침략하고, 집에 구멍을 뚫고 문지방의 지도리를 부수어 남의 소와 말을 몰아가며, 남의 부녀를 취하고, 이득을 탐하여 친척도 잊으며, 부모 형제를 돌보지 않고, 선조들에게 제사도 지내지 않았다. 지나가는 고을에서는 큰 나라는 성을 지키고 작은 나라에서는 작은 성을 쌓아 들어오는 것을 막을 정도로 많은 백성이 괴로워하였다.[291] 공자가 유하계에게 말하였다. '무릇 사람의 부모가 된 자는 반드시 능히 그 자식을 타일러야 하고, 남의 형이 된 사람은 반드시 능히 그 아우를 가르쳐야 하네. 만일 아버지로서 능히 그 자식을 타이를 수가 없고 형으로서 능히 그 아우를 가르칠 수 없다면 부자 형제의 친함도 귀할 것이 못되네. 이제 자네는 세상의 재사라 아우는 도척이 되어 천하를 해롭게 한다면 능

---

291 柳下季爲友 柳下季之弟 名曰盜跖. 盜跖從卒九千人 橫行天下 侵暴諸侯 穴室樞戶 驅人牛馬 取人婦女 貪得忘親 不顧父母兄弟 不祭先祖 所過之邑 大國守城 小國入保 萬民苦之

히 가르쳐야 하네. 나는 가만히 자네를 부끄러워함으로 내가 바라건대 자네를 위하여 가서 달래보려 하네.'²⁹² 유하계가 말하였다. '자네는 남의 부모가 된 자는 반드시 능히 그 자식을 타이르고 남의 형이 된 자는 반드시 능히 그 아우를 가르쳐야 한다고 말하는데 만일 자식이 부모의 타이름을 듣지 않고 아우가 형의 가르침을 받아들이지 않는다면 비록 지금 자네의 변론이라도 어떻게 하겠는가. 또한 도척의 사람됨이 심지心智는 솟아오르는 샘물과 같고 의지意志는 회오리바람과 같아서 강력强力은 족히 적을 막으며 달변은 족히 그름을 꾸미네. 그 마음에 따르면 기뻐하고 그 마음에 거슬리면 성을 내고 사람을 욕보이는 말을 쉽게 하니 자네는 가지 말게.'²⁹³ 공자는 듣지 않고 안회가 마부가 되고 자공이 오른쪽이 되어 도척을 보러가니 도척은 이에 부하들을 태산의 남쪽에 쉬게 하고 사람의 간을 회쳐서 먹고 있었다. 공자가 수레에서 내려 앞으로 가서 안내자를 보고 말씀하시기를 '노나라 사람 공구로 장군의 높은 의기를 듣고 왔으니 삼가 뵐 수 있도록 재배를 합니다.' 안내자가 들어가 통보를 하니 도척이 듣고 크

---

292 孔子謂柳下季曰 '夫爲人父者 必能詔其子 爲人兄者必能敎其弟 若父不能詔其子 兄不能敎其弟 則无貴父子兄弟之親矣. 今先生 世之才士也 弟爲盜跖 爲天下害 而弗能敎也 丘竊爲先生羞之 丘請爲先生往說之'

293 柳下季曰 '先生言爲人父者必能詔其子 爲人兄者必能敎其弟 若子不聽父之詔 弟不受兄之敎 雖今先生之辯 將奈之何哉! 且跖之爲人也 心如涌泉 意如飄風 强足以拒敵 辯足以飾非 順其心則喜 逆其心則怒 易辱人以言 先生必无往'

게 성을 냈는데 눈은 샛별과 같고 머리털은 올라 갓을 찌를 듯하
였다. 말하기를 '이 사람은 노나라의 공교하고 위선한 사람 공구
가 아니냐? 나를 위해 고하기를 너는 말을 지어내어 망령되게 문
왕과 무왕을 칭찬하고 사치스럽게 꾸민 갓을 쓰고 허리에 쇠가
죽 띠를 매며 허튼수작의 말이 많고, 농사짓지 않고 먹으며, 베를
짜지도 않고 입고, 입술과 혀를 놀려 멋대로 시비를 만들어 천하
의 임금들을 미혹하게 하고 천하의 학사로 하여금 그 근본에 돌
아가지 못하게 하며, 망령되게 효제를 만들어 제후에 봉해지거나
부귀하기를 요행히 바란다. 그대의 죄가 크고 지극히 중하니 빨
리 돌아가라! 그렇지 않으면 내가 장차 그대의 간으로 낮밥의 반
찬에 더하리라.' 하였다. 공자가 다시 통보하여 말씀하기를 '나는
다행이 계[도척의 형]를 얻었으니 원하건대 막하라도 밟아보기
를 바랍니다.' 안내자가 다시 통보하니 도척이 말하기를 '앞으로
오게 하라.' 공자가 주춤주춤 나아가 자리를 피하여 반대로 가서
도척에게 두 번 절을 하니 도척이 크게 성내고 발을 양쪽으로 펴
고 칼을 잡고 눈을 부릅뜨며 새끼를 가진 호랑이처럼 소리 지르
며 말하기를 '공구야 앞으로 오라! 너의 말하는 바가 내 뜻에 맞
으면 살려주고 내 마음에 거슬리면 죽일 것이다.'²⁹⁴라고 하였다.

---

294 孔子不聽 顔回爲馭 子貢爲右 往見盜跖 盜跖乃方休卒徒於太山之陽
膾人肝而餔之 孔子下車而前 見謁者曰 '魯人孔丘 聞將軍高義 敬再拜
謁者' 謁者入通 盜跖聞之大怒 目如明星髮上指冠曰 '此夫魯國之巧僞

頌曰

盜跖爲人强力多 ^{도척위인강력다}

도척은 사람됨이 강한 힘이 많았고

形容具體甚好羅 ^{형용구체심호라}

나타난 얼굴 갖춘 몸 매우 좋게 벌렸지만

用心行化世非的 ^{용심행화세비적}

마음 쓰고 행동함이 세상과 맞지 않아서

歷史疾流名惡渦 ^{역사질류명악와}

역사 빠른 흐름에 악한 이름 소용돌이네.

교화의 길 3

공자가 말씀하기를 '내가 들으니 무릇 천하 사람에게 세 가지
덕이 있으니 나면서 키가 크고 아름다워 짝이 없고 젊든 어른이

人孔丘非邪? 爲我告之 爾作言造語 妄稱文武 冠枝木之冠 帶死牛之
脅 多辭繆說 不耕而食 不織而衣 搖脣鼓舌 擅生是非 以迷天下之主
使天下學士不反其本 妄作孝弟而僥倖於封侯富貴者也. 子之罪大極重
疾走歸! 不然 我將以子肝益晝餔之膳!' 孔子復通曰 '丘得幸於季 願
望履幕下' 謁者復通 盜跖曰 '使來前!' 孔子趨而進 避席反走 再拜盜
跖. 盜跖大怒 兩展其足 案劍瞋目 聲如乳虎曰 '丘來前! 若所言 順吾
意則生 逆吾心則死')

든 귀하든 천하든 다 보고 기뻐하면 이는 상덕이요, 지혜는 하늘 땅을 연결하고 재능은 모든 사물을 분별하면 이는 중덕이며, 용맹하고 세차며 과감하여 대중을 모으고 부하를 거느릴 수 있으면 이는 하덕입니다. 무릇 사람이 이 한 덕만 있어도 족히 남면하여 고孤라고 칭할 수 있습니다. 지금 장군은 이 세 가지를 겸비하였고 신장이 8자 두 치에 얼굴과 눈에는 빛이 있고 입술은 새빨갛고 이는 가지런한 조개와 같으며 목소리는 황종과 같습니다. 그런데 이름이 도척이니 나는 슬그머니 장군을 위하여 부끄러워 취하지 않습니다. 장군이 뜻을 가지고 내 말을 들어준다면 내가 청컨대 남쪽으로 오나라와 월나라로 사신을 가고, 북쪽으로 제나라와 노나라에 사신을 가며, 동쪽으로 송나라와 위나라에 사신을 가고, 서쪽으로 진나라와 초나라에 사신을 가서 장군을 위하여 큰 성 수백 리를 쌓고 수십만 호의 봉읍封邑을 세워 장군을 높여 제후로 만들어서 천하와 더불어 다시 시작하여 전쟁을 파하여 군사들을 쉬게 하고 형제들을 거두어 길러 함께 선조에게 제사하게 된다면 이것이 성인과 재사가 행하는 것이요 천하가 원하는 것입니다.'[295]라고 하였다. 도척이 크게 성내서 말하기를 '공

---

295 孔子曰 '丘聞之 凡天下人有三德 生而長大美好无雙 少長貴賤見而皆說之 此上德也. 知維天地 能辯諸物 此中德也. 勇悍果敢 聚衆率兵 此下德也. 凡人有此一德者 足以南面稱孤矣. 今將軍兼此三者身長八尺二寸 面目有光 脣如激丹 齒如齊貝 音中黃鍾 而名曰盜跖 丘竊爲將軍恥不取焉 將軍有意聽臣 臣請南使吳越 北使齊魯 東使宋衛 西使晉楚

구야 앞으로 오라. 무릇 이익으로써 규제하고 말로써 간할 수 있
는 것은 다 어리석고 미천한 보통 백성들을 두고 이르는 것이다.
지금 키가 크고 아름다워 사람들이 보고 기뻐하는 이것은 우리
부모가 끼쳐준 덕이다. 공구가 비록 나를 칭찬하지 않아도 내가
유독 스스로 알지 못하겠는가?[296] 또 내가 들으니 면전에서 칭찬
하기 좋아하는 자는 또한 등 뒤에서 헐뜯기를 좋아하는 것이다.
이제 공구가 나에게 큰 성과 많은 백성으로 깨우치니 이는 나를
이익으로 규제하고 보통 백성으로 나를 기르려는 것이다. 어찌
가히 오래고 길겠는가? 성이 크더라도 천하보다는 크지 않은 것
이다. 요와 순은 천하를 두었어도 자손들은 송곳을 꽂을 땅도 없
으며 탕과 무는 천자로 섰지만 후손이 끊어졌으니 그 이익이 너
무 컸기 때문이 아닌가?[297] 또 내가 들으니 옛날에는 금수가 많
고 사람이 적었다. 이에 백성들이 나무에 집짓고 살며 피하였고
낮에는 상수리나 밤을 줍고 밤에는 나무 위에 깃들었다. 그러므
로 유소씨의 백성이라고 명하였다. 옛날에는 백성들이 의복을 알

使爲將軍造大城數百里 立數十萬戶之邑 尊將軍爲諸侯 與天下更始
罷兵休卒 收養昆弟 共祭先祖 此聖人才士之行 而天下之願也'
296 盜跖大怒曰 '丘來前! 夫可規以利而可諫以言者 皆愚陋恒民之謂耳.
今長大美好 人見而悅之者 此吾父母之遺德也. 丘雖不吾譽吾獨不自
知邪?'
297 '且吾聞之 好面譽人者 亦好背而毀之 今丘告我以大城衆民 是欲規我
以利而恒民畜我也, 安可久長也! 城之大者 莫大乎天下矣. 堯舜有天
下 子孫无置錐之地 湯武立爲天子 而後世絶滅 非以其利大故邪?'

지 못하여 여름에 나무를 많이 쌓았다가 겨울에는 땠다. 그러므
로 살 줄을 아는 백성이라고 명하였다. 신농씨의 세상에 누워서
는 삶이 편안하고 일어나서는 만족하였으며, 백성들이 그 어미는
알면서도 그 아비는 몰랐고 사슴과 더불어 같이 살고 갈아서 먹
고 짜서 옷 입으면서 서로 해치는 마음이 없었으니 이것이 지극
한 덕의 융성함이다. 그러나 황제는 능히 덕을 이루지 못하여 치
우와 탁록의 들에서 싸워 피가 백 리까지 흘렀고, 요순이 일어나
여러 신하를 세우고 탕왕은 걸왕을 쫓아내고 무왕은 주왕을 죽
였다. 이로부터 뒤로 강자가 약자를 능멸하고 많음이 적음을 해
치게 되었고 탕왕이나 무왕 이래로 다 (세상을) 어지럽히는 사람
들의 무리이다.[298] 이제 공구는 문무의 도를 닦고 천하의 변론을
장악하여 후세를 가르치며 큼직한 유복儒服에 잔 띠를 두르고 속
이는 말과 위선적인 행동으로 천하의 임금들을 미혹시켜 부귀를
구하고자 하니 도둑에 공구보다 더 큼이 없다. 천하는 어찌하여
자네를 도구盜丘라고 이르지 않고 이에 나를 도척이라 이르는가?
자네는 단 말로 자로를 달래어 자로를 따르게 하고 자로로 하여

---

298 '且吾聞之 古者禽獸多而人少 於是民皆巢居以避之 畵拾橡栗 暮栖木
上 故命之曰 有巢氏之民. 古者民不知衣服 夏多積薪 冬則煬之 故命
之曰知生之民. 神農之世 臥則居居 起則于于 民知其母 不知其父 與
麋鹿共處 耕而食 織而衣 无有相害之心 此至德之隆也. 然而黃帝不能
致德 與蚩尤戰於涿鹿之野 流血百里 堯舜作 立群臣 湯放其主 武王殺
紂 自是以後 以强陵弱 以衆暴寡 湯武以來 皆亂人之徒也'

금 높은 갓을 버리고 긴 칼을 풀며 자네의 가르침을 받게 하니 천하가 다 말하기를 "공구가 사나움을 그치고 그름을 금하게 하였다."라고 하였다. 마침내 자로가 위나라 임금을 죽이려다가 일을 이루지 못하고 몸이 위나라 동문 위에서 젖 담아졌으니 이는 자네의 가르침이 이르지 못한 것이다. 자네는 스스로 재사나 성인이라고 이르는가? 두 번 노나라에서 쫓겨났고 위나라에서는 자취가 깎였으며 제나라에서는 곤궁하였고 진나라와 채나라 사이에서 포위되어 몸을 천하에 용납할 수 없었는데 자네가 자로로 하여금 젖으로 담기는 환난을 당하게 하였으니 위로는 몸을 위하지도 못하고 아래로는 사람을 위하지도 못하는데 자네의 도가 어찌 족히 귀하다 하겠는가?[299] 세상에 높은 이는 황제만 같음이 없는데 황제는 오히려 능히 덕을 온전하게 하지 못하여 탁록의 들에서 싸워 피가 백 리에 흘렀고, 요는 사랑하지 않았고 순은 효도하지 않았으며 우는 반신불수半身不隨가 되었고 탕은 그 임금을 쫓아내고 무왕은 주왕을 쳤으니 이 여섯 명은 세상에서 높이는 바이다. 익히 논하자면 모두 이익 때문에 그 본성이 미혹되어 억

---

299 '今子修文武之道 掌天下之辯 以教後世 縫衣淺帶 矯言僞行 以迷惑天下之主 而欲求富貴焉 盜莫大於子 天下何故不謂子爲盜丘 而乃謂我爲盜跖? 子以甘辭說子路而使從之 使子路去其危冠 解其長劍 而受教於子 天下皆曰孔丘能止暴禁非 其卒之也. 子路欲殺衛君而事不成 身菹於衛東門之上 是子敎之不至也. 子自謂才士聖人邪? 則再逐於魯 削跡於衛 窮於齊 圍於陳蔡 不容身於天下 子敎子路菹此患 上无以爲身 下无以爲人 子之道豈足貴邪?'

지로 그 성정을 뒤집은 것으로 그 행위를 이에 매우 부끄러워하
여야 한다.'[300]라고 하였다.

頌曰

人持三德美長身 인지삼덕미장신

사람이 삼덕을 가지면 아름답고 장대한 몸이요

行備愛仁民衆彬 행비애인민중빈

행동에 사랑과 인을 갖추면 민중에 빛나리

堯舜道程延世直 요순도정연세직

요순의 도의 길이 세상에 곧게 뻗히었으니

相和竝進自爭均 상화병진자쟁균

서로 화해 아울러 나가면 저절로 다툼 고르리.

교화의 길 4

도적이 말하였다.

---

300 '世之所高 莫若黃帝黃帝尙不能全德 而戰逐鹿之野 流血百里. 堯不慈
    舜不孝 禹偏枯 湯放其主 武王伐紂 此六子者 世之所高也 孰論之 皆
    以利惑其眞而强反其情性 其行乃甚可羞也'

'세상에서 이른바 어진 선비로서 백이와 숙제만 같은 이 없을 것이니 백이와 숙제는 고죽국의 왕위를 사양하고 수양산에서 굶어 죽었으니 골육마저 장사지내지 못하고, 포초는 행동을 꾸미고 세상을 비난하다가 나무를 안은채 죽었으며, 신도적은 간하였으나 듣지 않아 돌을 짊어지고 스스로 강물에 던져 고기와 거북의 밥이 되었고, 개자추는 지극히 충성스러워 스스로 그 다리를 베어 문공을 먹였지만 문공은 뒤에 그를 배반하므로 자추가 성을 내고 가서 나무를 안고 불타 죽었으며, 미생은 여자와 더불어 다리 아래서 만나기로 기약하였지만 여자가 오지 않으므로 물이 이르러도 가지 아니하고 다리 기둥을 안고 죽었으니, 이 여섯 사람은 찢기어 죽은 개나 떠내려가는 돼지나 표주박을 잡고 비는 자와 다름이 없는 것이다. 모두 이름을 붙여 죽음을 가벼이 여겨 근본을 생각하고 수명을 양생하려 한 사람들이 아니다.[301] 세상에서 이른바 충신으로서 왕자 비간이나 오자서만 한 이가 없으나 자서는 강물에 잠겼고 비간은 심장이 쪼개졌으니 이 두 사람은 이 세상에서 충신이라고 이르지만 그러나 마침내 천하의 웃음거리가 되었다. 위로부터 보건대 자서와 비간에 이르러 다 족히 귀

---

301 '世之所謂賢士 莫若伯夷叔齊. 伯夷叔齊辭孤竹之君而餓死於首陽之山 骨肉不葬 鮑焦飾行非世 抱木而死 申徒狄諫而不聽 負石自投於河 爲魚鼈所食 介子推至忠也 自割其股以食文公 文公後背之 子推怒而去 抱木而燔死 尾生與女子期於梁下 女子不來 水至不去 抱梁柱而死 此六子者 无異於磔犬流豕操瓢而乞者 皆離名輕死 不念本養壽命者也'

히 여길 게 못 된다.³⁰² 공구가 나에게 이야기하는 것이 만일 나에게 귀신의 사항을 이야기한다면 나는 능히 알지 못할 것이다. 만일 나에게 사람의 일을 이야기한다면 이에 지나치지 아니할 것이다. 다 내가 들어서 아는 바이다.³⁰³ 지금 내가 자네에게 사람의 정을 이야기해 주리라. 눈은 아름다운 빛을 보고자 하고, 귀는 아름다운 소리를 들으려 하며, 입은 좋은 맛을 살피려 하고, 뜻과 기운은 채워지고자 한다. 사람의 상수는 일백 세요, 중수는 80세이며, 하수는 60세이다. 병들어 여위고 죽어 슬퍼하며 걱정하는 것을 제하면 그 중간에 입을 벌려 웃는 것이 한 달 가운데 사오일에 지나지 않을 것이다. 하늘과 땅은 다함이 없는데 사람의 죽음은 때가 있으니 때가 있는 도구[육체]를 가지고 무궁한 사이에 기탁하면 홀연히 준마가 틈을 달려 지나는 것과 다름이 없다. 능히 그 의지를 달래고 그 수명을 보양하지 아니한다면 모두 도를 통한 자가 아니다.³⁰⁴ 공구가 말한 바는 모두 내가 버려야 할 바이

---

302 '世之所謂忠臣者 莫若王子比干伍子胥. 子胥沈江 比干剖心 此二子者世謂忠臣也, 然卒爲天下笑 自上觀之 至于子胥比干 皆不足貴也'

303 '丘之所以說我者若告我以鬼事 則我不能知也. 若告我以人事者 不過此矣, 皆吾所聞知也'

304 '今吾告子以人之情 目欲視色 耳欲聽聲 口欲察味 志氣欲盈. 人上壽百歲 中壽八十 下壽六十 除病瘦死喪憂患 其中開口而笑者 一月之中不過四五日而已矣. 天與地無窮 人死者有時 操有時之具而托於無窮之間 忽然無異騏驥之馳過隙也. 不能說其志意 養其壽命者 皆非通道者也'

다. 빨리 달아나 돌아가서 다시는 말하지 말라. 자네의 도는 믿음을 잃고[광광狂狂:실언失信] 만족하지 아니하여[급급汲汲:부족不足] 속이고 공교하고 헛되고 거짓 되는 일이니 어찌 족히 논하겠는가?'[305]라고 하였다.

공자는 재배하고 빨리 달아나듯 문을 나와 수레에 오르다가 고삐를 잡았지만 세 번이나 놓치고 눈은 아찔하여 보이지 않고 얼굴은 죽은 잿빛과 같았으며 수레 앞 가로막대기에 머리를 숙인 채 능히 숨도 쉬지 않고 돌아와 노나라의 동문 밖에 이르러 지나가는 유하계를 만나니 그가 말하기를 '지금 빠져 며칠간 보지 못하였고 거마도 행색이 있는 듯하니 가서 도척을 보고 온 것이 아닌가?' 공자가 말씀하기를 '그렇네.' 유하계가 말하기를 '도척이 자네의 뜻을 거스른 것이 내가 전에 말함과 같지 않은가?' 공자가 말씀하기를 '그렇네. 나는 이른 바 병도 없이 스스로 뜸뜸이네. 빨리 달려 호랑이 머리를 어루만지고 호랑이 수염을 당기다가 거의 호랑이 입을 면하지 못할뻔했네.'[306]라고 하였다.

---

305 '丘之所言 皆吾之所棄也 亟去走歸 无復言之! 子之道 狂狂汲汲 詐巧虛僞事也 非可以全眞也 奚足論哉!'

306 孔子再拜趨走 出門上車 執轡三失 目芒然无見 色若死灰 據軾低頭 不能出氣 歸到魯東門外 過遇柳下季 柳下季曰 '今者闕然數日不見 車馬有行色得微往見跖邪?' 孔子仰天而歎曰 '然' 柳下季曰 '跖得无逆汝意若前乎?' 孔子曰 '然. 丘所謂无病而自灸也 疾走料虎頭 編虎須 幾不免虎口哉!'

頌曰

忠臣不滅世人知 충신불멸세인지

충성된 신하는 멸치 않아 세인이 알아주고

仁聖非消宇內基 인성비소우내기

어진 성현 사라지지 않아 천하의 기반이라

孔子冒危拯盜跖 공자모위증도척

공자는 위태로움을 무릅쓰고 도척을 건지려고

無顧自體自心卑 무고자체자심비

자신의 체면 돌보지 않고 자기 마음도 낮췄네.

교화의 길 5

《대종경》인도품 57장 교화의 심의深意를 간추려 보면

첫째, 공자의 교화 의지.

양의 동서를 막론하고 성인의 출현은 오직 중생을 건지고 세상에 평화를 이루는 데 있다고 보아야 한다. 사실 세상에 사는 모든 사람이 악하고 어리석고 몽매한 것이 아니라 정신을 차리지 못한 몇 사람에 의하여 세상이 시끄럽게 되고 민중의 삶이 고난

하게 된지도 모른다. 즉 공자님 당시의 세세世勢로 보아 도척만 교화가 되면 세상이 큰 분란紛亂이 없이 잘 돌아갈 수가 있으므로 공자님이 발을 벗고 도척을 직접 찾아가서 온갖 수모를 무릅쓰고 제도하려고 갖가지 방편을 다 발휘하고 권도權道를 썼지만 허사가 되고 말았다. 그 좋은 예가 노나라 사구司寇 벼슬에 오르자마자 당시의 나라와 사회를 불안에 떨게하였던 소정묘少正卯를 처단하였던 것이니 소정묘 한 사람을 처단함으로써 노나라가 바루어지고 정치가 안정되며 사회가 골라졌다고 할 수 있다.

둘째, 교화의 방편은 시대에 따라 다르다.

대종사께서는 '지금 세상 사람들을 제도함에는 말로만 권면하기에 힘쓰는 것보다 실지實地를 먼저 갖추어서 그 결과가 드러난 후에 사람들로 하여금 스스로 돌아오게 하여야 하리라. 무슨 까닭이냐 하면, 지금 사람들은 대개가 각자의 실지는 갖춤이 없이 남을 권면하기로만 위주하여 결국 허위에 떨어지는 사람이 많으므로 모든 인심이 권면만 가지고는 진실로 믿어주지 않게 된 연고라, 그렇다면 저 공자께서 직접 권면으로 도척을 제도하려 하심과는 그 방편이 서로 다르나, 직접 권면으로 하는 것으로 세상을 제도하거나, 실지를 먼저 보이는 것으로 세상을 제도하거나, 그 본의는 다 같은 것이요, 오직 그 방편이 시기를 따라 다를 뿐이니라.' 하였다. 그러므로 교화의 대상이 중생이요 실현이 세상이니 중생이 교화되고 낙원의 세상이 이루어진다면 우리들은 할 일이 없는지라 우리의 할 일이 없을 때까지 교화의 열의는 쉬지 않아야 한다.

셋째, 교화란?

교화란 한 마디로 말한다면 '교도감화教導感化'이다. 즉 '가르치고 인도함으로 감동이 되어 변화[바꾸어지는 것]되게 하는 것'을 말한다. 여기에서 가르친다는 것은 '언어로, 행동으로, 문자로, 마음[염원 : 기도 등]으로, 법력法力[도력]으로' 가르쳐 주자는 것이다. 또한 인도한다는 것은 '외도外道에서 정법正法으로, 암흑闇惑[우치愚癡]에서 명광明光[지혜]으로, 고해苦海[지옥]에서 낙원樂園[극락]으로, 배은背恩[이기利己:빈한貧寒]에서 보은報恩[공익:복덕]으로 중생에서 불보살로, 인도를 하자는 것'을 말한다.

《시전》 주남周南 관저서關雎序에 보면 '교화가 아름다우면 풍속이 옮겨진다.'[307]라고 하였다. 즉 교화를 잘하면 개인으로부터 세상의 어떤 것이라도 능히 변화시킬 수 있고 옮길 수 있으며 바꿀 수 있다.

《예기》 경서經序에 보면 '그러므로 예의 교화가 미미할지라도

---

307 美教化 移風俗

그 사사로움이 나타나기 전에 그치게 하는 것이라.'[308]라고 하였다. 즉 예로서 길을 들여 그 예의범절이 조그만큼만 몸에 배어도 몸과 마음에 삿되고 못된 짓이 밖으로 나오기 이전에 안에서 능히 삭혀지고 제거되는 힘을 갖추게 된다.

《전국책》위책衛策에 보면 임금이 말하기를 '다스리는데 작은 것 없고 어지러운데 큰 것 없다. 교화란 백성을 깨우치는 것이니 삼백 개의 성이 족히 다스려진다. 백성이 염치가 없으면 비록 열 명의 좌씨가 있을지라도 장차 어디에 쓰리오.'[309] 하였다. 혹 작은 것이니까 다스릴 필요가 없다고 생각할 수가 있다. 또 정란政亂이란 꼭 커야만 일어나는 것은 아니다. 백성을 깨우치는 것이 교화이기 때문에 백성들이 잘 깨우치면 삼백 개의 성이 아니라 삼천 개의 성이라도 다 다스릴 수 있지만 만일에 백성들이 염치廉恥가 없어서 함부로 날뛴다면 난신적자亂臣賊子를 떨게 하였던 열 명의 좌씨左氏['춘추좌씨전'의 간칭으로 춘추대의春秋大義 또는 춘추필법春秋筆法]가 있다고 할지라도 염치를 다시 세워 줄 수는 없게 된다.

《열자》천서天瑞에 보면 '하늘의 직분은 내고 엎는 것이요, 땅의 직분은 나타내고 싣는 것이며, 성인의 직분은 가르치고 변화

---

308 故禮之敎化也微 其止邪也於未形
309 君日 "治無小亂無大 敎化喻於百姓 三百之城 足以爲治 民無廉恥 雖有十左氏 將何以用之"

시키는 것이라.'³¹⁰라고 하였다. 이렇게 천·지·인天·地·人이 합일하여 각자의 직분을 다하면 이 우주와 세상은 질서가 서고 평화가 자연 이뤄지게 된다.

《순자》신도臣道에 보면 '정령과 교화란 형상 아래에 그림자와 같다.'³¹¹라고 하였다. 그림자란 형상을 따라 생기는 것이므로 정치의 명령이나 교화가 잘 이뤄지면 나라가 다스려지는 것은 실로 여반장如反掌이라고 아니할 수 없다.

결국 교화자가 어떻게 하느냐에 따라서 피교화자는 변화를 일으킬 수밖에 없는 것이니 우리가 먼저 대종사의 정법에 입신立信이 되고, 오증悟證이 되며, 동화同化가 되고, 공사共事가 되며, 관원貫願이 되어 보보동행步步同行이 되어야 한다.

우리의 교화

우리의 교화는 사람을 건지는 데서부터 시작이 되어야 한다. 아무리 물질이 발달하고 화려하다고 할지라도 그를 쓰고 운전하는 것은 결국 사람이기 때문에 사람의 정신 곧 마음을 바로잡아 똑바르게 세워주는 것이 우리의 교화라고 할 수 있다. 만일에 사

---

310 天職生覆 地職形載 聖職敎化
311 政令敎化 形下如影

람의 마음이 바르지 못하면 자신이 가진 권력이나 물질이나 능력을 이용하여 개개인을 못살게 굴고 세상에 해악害惡을 끼치는 하등下等의 인간이 되어 타락에 타락을 거듭하여 영겁을 지옥의 나락奈落에 들어 깨어 나올 기약이 없게 된다. 그러므로 교화를 통해 지옥에 들기 전에 건지고, 세상에 해악을 끼치기 전에 교화를 해서 도를 알고 진리를 알고 법을 알고 인륜人倫을 알고 생사를 알고 영겁을 아는 사람들로 만들어내야 한다.

교화가 이뤄진 인세人世는?

교화가 완전히 이루어진 세상은 바로 용화세계龍華世界이다. 곧 광대 무량한 낙원세계요 전반氈盤의 세계이니 이러한 세계를 사람이 사는 이 지구, 이 세상에다 세우자는 것으로 바로 용화회상의 편만을 말한다. 이 용화세계의 전개는 대종사님의 말씀을 통해서 되짚어 보자면 '용화회상이라 함은 크게 밝은 세상이 되는 것이니, 곧 처처불상 사사불공의 대의가 널리 행하여지는 것이니라.'라고 하였다. 따라서 '그 시대에는 인지人智가 훨씬 밝아져서 모든 것에 상극이 없어지고 허실虛實과 진위眞僞를 분간하여 저 불상에게 수복壽福을 빌고 원하던 일은 차차 없어지고, 천지 만물 허공법계를 망라하여 경우와 처지를 따라 모든 공을 심어, 부귀도 빌고 수명도 빌며, 서로서로 생불生佛이 되어 서로 제도하며, 서로서로 부처의 권능 가진 줄을 알고 집집마다 부처가 살게 되

며, 회상을 따로 어느 곳이라고 지정할 것이 없이 이리가나 저리
가나 가는 곳마다 회상 아님이 없을 것이라. 그 광대함을 어찌 말
과 글로 다 하리오. 이 회상이 건설된 세상에는 불법이 천하에 편
만하여 승속僧俗의 차별이 없어지고 법률과 도덕이 서로서로 구
애되지 아니하며 공부와 생활이 서로 구애되지 아니하고 만생이
고루 그 덕화를 입게 되리라.'라고 하였다.

頌日

久在紅塵苦海成 구재홍진고해성
오래도록 티끌에 있으면 고해를 이루고
暫留道法佛陀明 잠유도법불타명
잠깐이라도 도법에 머물면 부처 밝네
汝余臻處樂園岸 여여진처낙원안
너와 내가 다다를 곳은 낙원의 언덕이니
盡力生靈敎化行 진력생령교화행
힘을 다해 생령들의 교화를 행할지라.

운심처사
運 心 處 事

마음을 운전하고 일을 처리한다

　　대종사 하루는 주周의 무왕武王이 자기의 천자인 주紂를 치고 천하를 평정한 후에 스스로 천자가 된 데 대하여 말씀하시기를 "나는 무왕의 경우를 당하면 백성의 원을 좇아 주를 치는 일은 부득이 행하려니와 그 위는 다른 어진 이에게 사양하겠노라. 그러나 어진 이가 없거나 그 위를 사양하여도 천하 사람들이 듣지 아니할 때에는 또한 어찌할 수 없느니라."

《대종경》인도품 58장

　　여기에서 우선 중국 고대사의 한 단면을 두고 전개된 이야기이기 때문에 대략적이라도 역사에 대한 이해가 필요하리라고 생각된다. 즉 주周라는 나라의 형성과 무왕이라는 인물과 그 당시 은殷나라의 천자인 주왕紂王과의 얽힌 이야기를 풀어감으로써 당시를 이해하고 대종사님의 법문을 응이회지膺而懷之하는데 도움이 되리라고 생각한다.

주周란 어떤 나라인가? 중국의 고대 왕조(B.C. 1046~B.C. 771)이다. 상商나라 다음의 왕조이며, 이전의 하夏·상商과 더불어 3대三代라 한다. 요堯·순舜의 시대를 이어 받은 이상의 치세로 일컬어진다. 주나라는 왕실의 일족과 공신을 요지에 두어 다스리도록 하는 봉건제도로 유명하다. 봉건이란 말의 원래의 뜻은 곧 주나라의 국가체제를 지칭하는 것이었으며, B.C. 11세기 주나라 무왕武王이 상商나라를 멸망시키고 수도를 호경鎬京[서안 부근]에 정하여 주 왕조를 건설하였을 때 나라의 기초를 굳히기 위하여 실시한 제도였다.

천자天子는 옛날 중국에서 주권자에 대해 부르던 별칭이다. 중국 고대 전설에는 황皇 또는 제帝라고 불리는 주권자가 있었다고 전하나 사실史實로 인정하기는 어렵다. 약간 역사성을 띠고 있는 하夏와 역사시대에 들어와 은殷·주周의 군주는 왕으로 불리었다. 은·주의 왕을 천자라고도 불렀는데, 이것은 많은 신들 가운데 최고의 신인 하늘의 아들이라는 자격으로 천하를 지배한 것이라고 알려져 있다. 중국인이 생각하는 하늘[天]은 원래 푸른 하늘을 말하는데 형체는 없으나 만물의 창조자이다. 이와 마찬가지로 하늘의 아들인 천자는 천하 만민의 통치자여야 했다. 그 때문에 천자는 세계에 오직 한 사람뿐이며 천으로부터 위탁받은 숭고한 임무를 수행하기 위하여 현인賢人의 도움을 빌려 민중에게 질서와 평화를 누리게 하지 않으면 안 된다. 만일 이 같은 의무수행이 벽에 부닥친다면 천은 다른 사람을 선택하고 그에게 천명을 부여하여 천자로 삼는다. 이와 같은 혁명사상은 전국시대戰國時代[B.C. 5~B.C. 3세기]의 맹자가 확립하였다. 진秦나라 통일[B.C. 221] 이후 중국의 천자는 황제皇帝를 정식 칭호로 삼았다.

주紂란 어떤 왕인가? 이름이 수受 또는 제신帝辛으로도 쓴다. 생몰연대는 미상이다. 은殷나라 마지막 임금으로 제을帝乙의 아들이다. 재주와 용력이 남달라 손으로 맹수와 싸워 때려 죽였다. 일찍이 동이東夷를 평정했는데, 이 때문에 국력을 소모했다. 술을 좋아하고 음란했으며, 가혹하게 세금을 거두는 데다 형벌이 엄중해 백성들의 원망이 높아갔다. 구후九侯와 악후鄂侯를 죽이고, 서백西伯[주 문왕]을 가두자 제후들이 곳곳에서 반란을 일으켰다. 충간을 올리는 신하 비간比干 등을 살해하고, 기자箕子를 옥에 가두었다. 달기妲己의 미모에 빠져 주색을 즐기고 백성들에게 부역을 과중하게 부과하는 등 폭정을 일삼아 폭군의 대명사로 일컬어진다.

재위 33년 만에 목야牧野 전투에서 패하고 주 무왕周武王에게 나라를 빼앗기고 말았다.

　무왕武王은 어떤 왕인가? B.C. 12세기 중국에서 활동한 주周의 창건자이며 제1대 황제로 이름은 희발姬發이다. 후대의 유학자들은 그를 현군으로 평가했다. 아버지 문왕의 뒤를 이어 서쪽 변경에 있던 도시국가 주의 우두머리가 되었다. 서백西伯이라는 칭호를 사용했던 문왕 때부터 은나라殷[B.C. 18~12세기]를 무너뜨릴 계획을 세웠다. 무왕은 아버지의 뒤를 이어 다른 8개의 변경 국가들과 연합하여 은의 마지막 황제이며 폭군이던 주왕紂王을 몰아냈다. 은과의 마지막 전투는 대단히 치열했다고 한다. 은의 생존자들은 한반도 같은 먼 지역으로 달아나 이들 지역에 중국문화를 전파한 것으로 보인다. 무왕은 주를 세우고 나서 동생 주공의 도움을 받아 봉건적인 통치제도를 수립함으로써 통치권을 강화했다. 이 제도는 주의 종주권을 인정한다는 전제하에서 왕실 친척들과 가신들에게 영토를 나누어 주는 것이었다. 싸움에서 패한 은조차도 속죄의 대가로 이전의 지배 영역 가운데 작은 지역을 나누어 받았다.

삼황·오제의 역사와 한족

중국의 역사는 삼황三皇과 오제五帝로부터 시작이 된다고 볼 수 있다. 그러나 엄격하게 따지면 중국에 '중국中國'이라는 국호國號를 가진 나라는 일찍이 없었다. 사마천이 쓴《사기》를 통해서 볼 때 진시황이 통일을 이룬 진秦나라 이후에 중국이 존재하는 것으로 역사를 기술하고 있기 때문에 그들이 오랑캐라고 부르는 흉노족이나 선비족, 거란, 금나라나 원나라, 청나라 등은 분명 한족漢族이 아닌 이민족이지만 모두 중국에 포함을 시켜 역사를 미화시켜서 하나로 이어지는 한족의 중국 역사를 이루었다고 보는 것이다. 다시 말하면 치욕적으로 이민족에 의하여 형성이 되었던 역사라도 하나의 중국은 건재하여 왔기 때문에 모두 중국역사라고 보게 된다. 그래서 요사이 우리의 역사인 고구려의 역사까지 자기들의 역사로 편입을 시켜서 전개해가는 소위 동북공정이 자행되고 있다.

삼황과 오제

• 삼황(三皇)에 대한 여러 기록 : ① 燧人, 伏羲, 神農《尙書大傳》② 伏羲, 女媧, 神農《風俗通義》③ 伏羲, 祝融, 神農《風俗通義》④ 伏羲, 神農, 共工《風俗通義》⑤ 伏羲, 神農, 黃帝《古微書》⑥ 自羲農, 至黃帝。號三皇, 居上世《三字經》⑦ 天皇, 地皇, 泰皇《史記》⑧ 天皇, 地皇, 人皇(民間傳說)

• 오제(五帝)에 대한 여러 기록 : ① 黃帝, 顓頊, 帝嚳, 堯, 舜 《大戴禮記》 ② 包犧, 神農, 黃帝, 堯, 舜《戰國策》 ③ 太昊, 炎帝, 黃帝, 少昊, 顓頊《呂氏春秋》 ④ 黃帝, 少昊, 顓頊, 帝嚳, 堯《資治通鑑外記》 ⑤ 少昊, 顓頊, 帝嚳, 堯, 舜《尙書序》

삼황은 누구인가?

중국 고대의 전설은 춘추 말에 '오제설'이 형성되고, 전국 시대 말기에 '삼황'이라는 말이 나왔다. 그리고 한대에 들어와 삼황이 오제 앞에 놓이게 되었다. 전설이기 때문에 확정적으로 삼황이 누구라고 할 수 없지만, 한대에 들어와 대체로 다섯 가지 설이 나왔다. 즉, 천황天皇·지황地皇·인황人皇, 수인燧人·복희伏羲·신농神農, 복희·여와女媧·신농, 복희·축융祝融·신농 등으로 되었다. 그 밖에도 복희·신농·여와·유소有巢씨 가운데 임의로 셋을 택하기도 한다. 그리고 이들 삼황을 가지고 인류의 생활 변화를 비교하여 그들이 무엇을 하였는지 설명하고 있다. 즉, 유소씨는 나무를 얽어 집을 짓고 보금자리를 만들었기 때문에, 이때 인류가 혈거穴居에서 지상으로 나와 살았다 하고 수인씨는 불을 발명하여 날것을 먹던 인류가 익은 음식을 먹을 수 있게 되었으며, 복희씨는 그물을 만들어 물고기를 잡고 사냥하는 방법을 가르쳐 주었고, 신농씨는 인구가 늘어나면서 사냥으로 먹을 것이 부족했기 때문에 농사짓는 방법을 가르쳐 주었다고 하였다.

오제五帝는 누구인가?

오제도 삼황과 같이 다섯 임금이 누구인지 설이 분분하다. 단지 사마천의 《사기》 '오제본기五帝本紀'에 따르면 황제黃帝·전욱顓頊·제곡帝嚳·요堯·순舜이라고 하였다. 사마천의 《사기》에 따르면 황제는 신농씨의 후예이다. 당시 희수姬水[위수의 지류]에서 일어나 희성姬姓인 황제가 이끄는 부락과 역시 신농씨의 후예로 강수姜水[위수의 지류]에서 일어나 강성姜姓인 염제炎帝가 이끄는 부락이 있었다. 이 두 부락은 중원中原 문화의 개척자로 당시 호북 일대의 구려족九黎族 치우蚩尤 부락이 북쪽 중원으로 올라오려고 하여 충돌할 수밖에 없었다. 특히 치우는 우리 민족이라는 설도 있다. 치우는 중국의 전설의 상고시대에 동방[일설에는 남방] 구려족의 영수로 형제가 81명[일설에는 72인]이나 되었으며 용감하고 싸움을 잘하여 세력이 강성하였다. 특히 부락 전쟁 때에 황제와 탁록涿鹿에서 싸웠는데 황제가 부락을 연맹하여 싸워서 이겼다. 즉 황제가 치우와 싸운 이유가 《사기》의 '오제본기'에 나타나 있다. '치우가 난을 일으켜 황제의 명을 행하지 않으니 이에 황제가 제후의 군사를 징병하여 치우와 탁록의 들에서 싸워서 드디어 치우를 잡아 죽였다. 그리고 제후들이 모두 헌원을 높여서 천자로 삼아 신농씨를 대신하게 하니 이가 황제가 되었다.'312 신화에

---

312 蚩尤作亂 不用帝命 於是黃帝 乃徵師諸侯 與蚩尤戰於涿鹿之野 遂禽

따르면 치우는 짐승의 몸으로 말을 하는 무서운 인물로 묘사되었는데, 염제와 황제 부락이 연합하여 52차에 걸친 격전 끝에 탁록涿鹿[하북 탁록의 동남]에서 치우를 격파하였다. 그 후, 염제 부락과 황제 부락이 대립하여 황제 부락이 판천阪泉에서 승리하여 제후들로부터 천자로 받들어지게 되었다. 따라서 황제는 중국인들에게 그들의 조상으로 받들어졌는데, 스스로 '황제의 자손'이라고 불렀다. 그런데 황제 부락과 염제 부락이 오랫동안 연합하여 발전된 것이 한족漢族의 전신인 화하족華夏族을 형성하였기 때문에 최근에는 '염황의 자손炎黃之孫'이라고 바꾸어 부르고 있다. 그리고 생활에 필수적인 문자, 농구農具, 역법, 도량형 등 모든 것을 황제가 발명하였다고 말하기를 좋아하였다. 심지어 중국 땅을 주州로 나누어 다스려 봉건封建이 시작되었으며, 정전법井田法도 그가 시작하였다고 한다. 오제 가운데 황제 다음으로 요堯와 순舜을 현명한 군주로 들고 있다. 이들은 중국의 전통 정치사상에서 가장 이상적 군주이며, 역대 제왕의 모범이었다.《사기》에 따르면 요는 황제의 현손이고, 순은 8세손으로 되어 있지만, 실제는 거의 같은 시대 사람이다. 그리고 그 시기는 대체로 하 왕조보다 170여 년 앞선 기원전 2357년부터 2184년까지로 추정하고 있다.

요는 국호를 당唐, 도읍을 평양平陽[산서 임분臨汾]에 두었다. 그

殺蚩尤 而諸侯咸尊軒轅爲天子 代神農氏 是爲黃帝

는 인자하고 모든 일에 관용을 베풀어 백성들은 자유롭고 안락한 생활을 보냈으며 국가의 간섭도 받지 않았다. 그러나 백성들은 요의 재능을 직접 느껴 보지 못하여 그의 실제 모습을 더욱 알지 못하였다. 그의 업적은 역법을 제정하고, 치수治水를 잘 한 것이었다. 그리고 후세 사람들로부터 칭송받는 것은 천하를 공公으로 생각하고, 제위를 순에게 선양禪讓한 것이었다. 그의 선양은 유가儒家 사상가들에게 가장 칭송받는 것이 되었으며, 역대 왕조를 멸망시킨 제위의 찬탈 사실이 모두 선양으로 가려지게 되었다.

순은 본래 역산歷山[산서 영제설과 산동 제남설]의 농부였는데, 어려서 다른 핏줄의 동생을 데리고 들어온 계모 밑에 살면서 효도와 형제의 우애로 이름났고, 어부·도장陶匠·상인이 되어 여러 방면에서 재주를 보여 주었다. 따라서 그의 재덕이 여러 사람에게 감동을 주었으며, 그에 의지하려고 사람들이 모여들어 읍邑을 형성하게 되었다. 요는 순을 불러들여 두 딸을 시집보내 그가 가정을 다스려 나가는 능력을 시험하였고, 그 결과 그에게 국정을 위임하였다. 순은 국호를 우虞라 하고, 도읍을 포판蒲坂[산서 영제]에 두었다.

오제의 뒤를 이어 일어난 나라가 3대三代이다. 삼대는 하·은·주夏·殷·周를 말한다. 하夏는 중국 최초의 왕조[B.C. 22~19/18세기, 전설상으로는 B.C. 2205경~1766경]이다. 전설로 전해지나 역사적으로 입증되지는 않았다. 전설에 따르면 황허강[황하]의 치수에 큰 공을 세운 우禹[후에는 수확의 신으로 신격화되었음]

가 창건했다고 하며 우는 세습제를 확립, 중국에 최초로 세습 왕조를 세웠다고 한다. 걸桀까지 이르는 왕계가 전설로 전해진다. 걸은 말희妹喜에게 빠져 정사를 게을리하고, 주지육림을 일삼으며 잔학 행위를 자행했고 결국 분노한 백성들이 탕湯을 지도자로 하여 반란을 일으켰으며 탕은 은나라를 세웠다고 한다.

은殷은 상商나라이다. 상나라의 연대는 대략 기원전 1600년경부터 1046년까지 존속했다. 하나라를 역사 시대 최초의 왕조로 보는 학자도 더러 있지만 상나라를 역사 시대 최초의 왕조로 보는 것이 통례이다. 왜냐하면 상나라의 역사, 사회, 문화를 기록한 문헌인 갑골문이 발견되었기 때문이다. 상나라는 탕湯임금이 명조鳴條에서 하나라의 주력군을 격파한 후, 우 임금 때 만들었다는 천자의 상징인 구정九鼎[아홉 개의 솥]을 상나라의 도읍인 박亳으로 옮겨 진정한 창건을 이룩하였다. 건국한 이래 제19대 왕인 반경盤庚에 이르러 쇠퇴해 가는 국력을 회복하기 위해 여러 가지 조치를 취했는데 그 중 대표적인 것이 수도를 옮기는 것이었다. 그는 수도를 박亳에서 은殷으로 옮겼는데 이곳이 바로 중국 최초의 역사 문헌인 갑골문이 발견된 은허殷墟이다. 그 후 국력은 회복되는 듯했으나 무정武丁 시대부터 쇠퇴하기 시작하여 제30대 왕인 신辛이 즉위하면서 멸망의 길을 걷게 된다. 그가 바로 하 왕조의 걸과 함께 폭군의 대명사로 불리는 주紂왕이다.

주나라 무왕武王과 백이伯夷·숙제叔齊에 얽힌 이야기를 하자면 다음과 같다. 고사성어에 '고마이간叩馬而諫'이라는 말이 있다. 즉 '말고삐를 잡아당기면서 간언을 한다.'라는 의미이다. 사마천의 《사기》 백이열전伯夷列傳에 '백이와 숙제가 말고삐를 잡고 간하여 말하기를 "부모가 죽었는데 장례도 지내지 않고, 이에 전쟁을 일으킨다면 가히 효孝라고 할 수 있으리요?"에서 나온 말이다. 다시 말하면 백이와 숙제가 주나라의 무왕이 은나라의 천자인 주왕을 정벌하러 떠날 때 신하가 임금을 시해할 수 없다고 말고삐를 붙잡고 불가함을 간한 고사에서 유래한다. 또한 백이·숙제가 수양산에 숨어서 들에 고사리를 캐먹었다. 이에 한 낮이 되었는데 앞뒤의 두 부인을 만났다. 두 부인이 일제히 묻기를 "두 사람이 이미 주나라 곡식 먹기를 부끄럽게 여겨 도리어 들 고사리를 캐먹는데 정말로 넓은 하늘 아래 왕의 땅 아님이 없고 들 고사리도 또한 주나라에 속한 것인데 어찌하여 엿처럼 먹습니까?" 하니 두 사람이 일시에 말이 막히고 상심한 나머지 이어서 들 고사리를 캐먹지 않았다."³¹³라고 한다.

《논어》 공야장公冶長에 공자께서 말씀하기를 "백이와 숙제는 옛 악을 생각하지 아니하여 원망하는 사람이 이에 드물었느니

---

313 伯夷叔齊隱於首陽山 採食野薇 在此日子中 先後遇有兩婦 兩婦均詢 '二人旣恥食周粟 却採食野薇 正所謂普天之下 莫非王土 野薇亦屬周 何故啖之如飴' 二人一時語塞 傷心之餘 連野薇亦不採食

라."[314]라고 하였다. 《논어》술이述而에 자공이 공자 있는 곳에 들어가 말하였다. "백이와 숙제는 어떠한 사람입니까?" 공자가 말씀하기를 "옛날의 현인이니라." "후회하였습니까?" "인을 구하여 인을 얻었으니, 어찌 후회하였겠는가?"라고 하였다.[315]

여담으로 우리나라 이조 단종 조에 성삼문成三問[1418~1456. 사육신의 한 사람]과의 얽힌 이야기가 《대동기문》이란 책에 실려 있다. 삼문이 일찍이 중원[중국]에 들어가서 이제夷齊의 사당을 지나다가 시를 지었는데 그 시는 아래와 같다.

當年叩馬敢言非 당년고마감언비
당년에 말고삐 잡아당기며 감히 그르다 말함에
大義堂堂白日輝 대의당당백일휘
대의가 당당하여 햇살처럼 빛이 났다오
草木亦霑周雨露 초목역점주우로
풀과 나무 또한 주나라의 비와 이슬에 젖었으니
愧君猶食首陽薇 괴군유식수양미
그대들이 오히려 수양산 고사리 먹었음을 부끄러워하노라.

---

314 孔子曰 '伯夷·叔齊 不念舊惡 怨是用希'
315 子貢]入曰 "伯夷叔齊 何人也" 曰 "古之賢人也" 曰 "怨乎" 曰 "求仁而得仁又何怨"

이렇게 시를 써서 비석에다 놓으니 비석에서 땀이 줄줄 흘러 내렸다고 한다. 그러므로 훗날에 우리나라 충신이 중국의 충신보다 우월하다고 평가를 하게 되었다는 이야기이다. 또한 유준劉峻[자는 효표孝標, 시호는 현정 선생玄靖先生]의 '변명론辨命論'에 '백이와 숙제가 숙원淑媛[여인을 말함]의 말 때문에 죽었다.' 하고, 그 주석에 '백이와 숙제가 고사리를 캐다 어떤 여자가 "당신들이 의리상 주나라 곡식을 먹지 못한다고 하는데, 고사리도 주나라의 초목이다."라고 하자, 그대로 수양산에서 굶어 죽었다.' 했으니, 성삼문의 시가 우연히 그와 부합된 것일까? 혹 그대로 이 일을 따다 쓴 것일까?[316]

頌曰

忠臣不事二君王 충신불사이군왕
충성된 신하는 두 임금을 섬기지 않음으로
大義衝天群國光 대의충천군국광
대의가 하늘을 찔러서 뭇 나라의 빛이었네
周土首陽薇折食 주토수양미절식

---

316 劉峻辨命論云 '夷齊斃淑媛之言 注夷齊采薇 有女子謂之曰 "子義不食周粟 此亦周之草木也" 因饑首陽成詩偶然符合耶 或因用此事歟

주나라 땅 수양산에 고사리 꺾어 먹었다가

空遭三問汗流狼 공조삼문한류랑

공연히 삼문 만나 땀 흘려 낭패 되었네.

曠寞蒼天染色非 광막창천염색비

텅 비고 푸른 하늘 색깔 물들이지 못하고

深淸碧海混丹微 심청벽해혼단미

깊고 맑은 푸른 바다 붉음이 섞지 못하네

衆邦前立富名到 중방전립부명도

뭇 나라 앞에 서고 부귀명예 이를지라도

氣槪孤高獨露輝 기개고고독로휘

기개가 고고하여 홀로 드러나 빛나누나.

우리는 어떠한 자세를 가져야 하는가?

첫째, 겸양지심謙讓之心을 가져야 한다.

《논어》옹야雍也에 '부인자 기욕립이입인 기욕달이달인'[317]이라
는 문구가 있다. 즉 '무릇 어진 사람은 자기가 서고 싶으면 남을

---

317 夫仁者己欲立而立人 己欲達而達人

세워 주고, 자기가 현달하고 싶으면 남도 현달하게 하니라.'라는 뜻이다. 다시 말하면 남을 위하는 애민哀愍의 동정同情이 아니라 진정으로 배려하고 소통하며 겸손하고 양보하는 마음을 먼저 가지고 위기爲己보다는 위인爲人을 해야 한다. 대개 학문에는 위기지학爲己之學이지만 혜시惠施에는 위인지혜爲人之惠가 먼저여야 한다.

둘째, 주어도 받지 않을만한 심력心力을 갖춰야 한다.

사람이 세상을 살면서 무엇인가 남에게 줄 수 있다는 것은 거룩한 마음이다. 따라서 소량小量을 주면 소량을 받을 수 있고 대량大量을 주면 대량을 받을 수 있는 사람 자체도 보통 사람은 아니다. 더욱이 제왕지위帝王之位라는 엄청난 자리를 가지고 남과 타협했던 제왕이나 현인은 선정된 비범을 넘어선 인물이 아니면 절대 불가한 일이다.

이에 몇 가지 예를 들어보자면

《장자》의 잡편雜篇 양왕讓王에 "요임금은 천하를 허유에게 양보하려 하니 허유는 받지 않았다. 또 자주 지보에게 양보하려 했으나 자주 지보가 말하기를 '나를 천자로 삼으려는 것도 오히려 좋으나 비록 그러나 나에게는 우울의 병이 따라다녀 바야흐로 또한 치료해야 하니 천하를 다스릴 겨를이 없습니다.'라고 하였다. 대개 천하란 지극히 중한 것이지만 그것 때문에 생명을 해칠 수는 없는 것이니 또한 하물며 다른 물건이겠는가. 오직 천하 때문에 행위 함이 없는 자에게만 가히 써 천하를 맡겨야 하니라."[318]라고 하였다.

《장자》의 잡편 양왕에 "순임금이 천하를 자주 지백에게 양보하려 하니 자주 지백이 말하기를 '나에게는 우울의 병이 따라다녀 바야흐로 또한 천하를 다스릴 겨를이 없습니다.' 하였다. 그러므로 천하는 큰 그릇이지만 생명과는 바꿀 수가 없는 것이니 도가 있는 사람이 속물과 다른 이유이니라."[319]라고 하였다.

《장자》의 잡편 양왕에 "순임금이 천하를 선권에게 양보하려 하니 선권이 말하기를 '나는 우주의 가운데 서서 겨울에는 가죽 털옷을 입고 여름에는 갈포 옷을 입으며 봄에는 갈아 씨 뿌리되 형체는 노동하기에 만족하고 가을에는 거두어 몸이 쉬고 먹기에 족합니다. 해가 나오면 일을 하고 해가 들어가면 쉬며 천지 사이를 소요하니 마음과 뜻에 만족하게 여겨집니다. 내 어찌 천하 때문에 하겠습니까? 슬픕니다. 임금이 나를 알지 못함이로다.' 드디어 받지 아니하고 이에 떠나서 깊은 산으로 들어갔으나 그곳을

---

318 堯以天下讓許由 許由不受 又讓於子州支父 子州支父曰「以我爲天子 猶之可也 雖然我適有幽憂之病 方且治之 未暇治天下也」夫天下至重 也 而不以害其生 又況他物乎! 唯無以天下爲者 可以托天下也
319 舜讓天下於子州支伯 子州支伯曰 '予適有幽憂之病 方且治之未暇治 天下也' 故天下大器也 而不以易生 此有道者之所以異乎俗者也

알 수가 없었느니라."[320]라고 하였다.

셋째, 하극상下剋上을 할 수도 있었다.

무릇 하극상이란 계급이나 신분이 낮은 사람이 윗사람을 꺾고
오르는 것을 말한다. 《맹자》 양혜왕에 보면 이런 이야기가 있다.
"제나라 선왕이 묻기를 '탕왕이 걸왕을 유치留置하고 무왕이 주왕
을 정벌하였다 하니, 그러한 일이 있습니까?' 맹자가 대답한다.
'전[책]에 있습니다.' 말하기를 '신하로서 그 임금을 시해하는 것
이 옳습니까?' 대답하기를 '인을 해치는 것을 적이라 이르고, 의
를 해치는 것을 잔이라 이르며, 잔적의 사람을 한 지아비라 이르
나니 한 지아비의 주를 베었다 함은 듣고 임금을 죽였다 함은 듣
지 못하였습니다.'"[321]라고 하였다. 제후인 탕湯으로서 걸왕桀王
인 천자를 남소南巢로 내쫓고 은殷나라를 세우고, 무왕 역시 제후
로서 천자인 주왕紂王을 녹대鹿臺에서 불에 타 죽도록 만들고 주周
나라를 세웠다. 이 두 임금은 비록 천자이지만 '잔적殘賊의 한 지
아비'에 불과하다고 본 것이다. 즉 적賊이라는 의미는 '인仁을 해

---

320 舜以天下讓善卷 善卷曰 '余立於宇宙之中 冬日衣皮毛 夏日衣葛絺 春
耕種 形足以勞動 秋收斂 身足以休食 日出而作 日入而息 逍遙於天地
之間 而心意自得 吾何以天下爲哉! 悲夫 子之不知余也' 遂不受 於是
去而入深山 莫知其處
321 宣王問曰 '湯放桀 武王伐紂 有諸?' 孟子對曰 '於傳有之' 曰 '臣弑其
君可乎?' 曰 '賊仁者謂之賊 賊義者謂之殘 殘賊之人謂之一夫 聞誅一
夫紂矣 未聞弑君'

함을 말하는 것으로 흉포하고 음란하며 사나워서 하늘의 이치를 끊는다.[322]는 뜻'이고, 잔殘이라는 의미는 '전도하고 착란하여 떳떳한 윤리를 상하고 패한다.'[323]는 뜻이라고 한다. 다시 말하면 비록 임금이라고 할지라도 인의仁義를 해롭게 하는 것은 일부一夫요 필부匹夫와 같이 취급하여 천하가 나서서 내치고 멀리하여 백성들을 괴롭히지 못하도록 해야 한다고 하였다.

넷째, 부득이할 경우 수용을 해야 한다.

사람이 부득이 수용을 한다 할지라도 과연 적법適法한 것인가, 적의適義한 것인가, 적례適禮한 것인가, 적중適衆한 것인가를 따져보고 받아들여야 뒤에 중구衆口의 시비를 막을 수 있다. 당시를 생각하면 무왕 곧 한낱 제후로서 천자가 포악하다 할지라도 소위 천자인데 주紂를 친다는 것은 어불성설이 아닐 수 없다. 그러나 무왕은 단행을 해서 백성들을 도탄에서 구해냈다. 이 일은 칭찬을 받을 만하지만 잘못 물려 돌아가는 톱니바퀴처럼 어긋남이 있으니 바로 '사양辭讓하는 덕목'이 부족한 것이라고 할 수 있다. 그런 의미에서 남에게 미루고 남을 세웠더라면 금상첨화가 아닐 수 없다. 이렇게 하였는데도 인심이 돌아온다면 마지못해 수용을

---

322 凶暴淫虐 滅絶天理
323 顚倒錯亂 傷敗彝倫

했을 때 더 아름다움이 빛을 발하게 된다.

頌曰

三皇五帝義仁敷 삼황오제인의부

삼황과 오제는 의와 인을 펼쳤지만

後繼君王暴惡愚 후계군왕포악우

뒤를 이은 임금은 사납고 어리석었네

酒色沈淫治事遠 주색침음치사원

술과 여색에 빠져 다스리는 일 멀리하니

失民失命失邦都 실민실명실방도

백성 잃고 목숨 잃고 나라 서울도 잃었네.

辭讓之心是禮端 사양지심시예란

사양하는 마음이 이에 예의 실마리니

人間與物享同安 인간여물향동안

사람과 만물이 함께 누려 평안하다네

功成身退己勝理 공성신퇴기승리

공 이루고 몸 물러남은 자기 이기는 이치니

處下潛留得善盤 처하잠유득선반

아래 처해 잠겨 머물면 좋은 기반 얻으리.

대어상도
對 於 常 道

떳떳한 도에 대하여

　우주의 진리는 원래 생멸이 없이 길이길이 돌고 도는지라, 가는 것이 곧 오는 것이 되고 오는 것이 곧 가는 것이 되며, 주는 사람이 곧 받는 사람이 되고 받는 사람이 곧 주는 사람이 되나니, 이것이 만고에 변함없는 상도常道니라.

《대종경》인과품 1장

　위 법문은 인과품 1장에 실려 있다. 이 법문에서 '상도常道란 과연 어떤 것인가'를 알아보려고 한다. 이에 앞서서 상도常道[상법常法, 상경常經, 상리常理]의 글자 뜻을 대강 풀어서 이해해야 할 것 같아서 대략적인 글자 의미를 간추려 본다.

대어상도對於常道[떳떳한 도에 대하여] 1

상常의 글자에 대하여
- '항상 상'이라 하여 '항구恒久, 영구永久, 불변不變, 불변不變의 도道, 늘 행行하여야 할 도道, 당연當然, 정당正當, 보통普通의 상태, 상례常例, 일정一定, 확정確定, 늘, 평상시平常時'
- '범상 상'이라 하여 '범용凡庸'이라 한다.

또한 한자漢字에 있어서는

- 영수불변永守不變이라 한다. 특히 수守란 '정조貞操·지조志操' 의미로 '길이 지조를 지켜서 변하지 아니한다.'라는 뜻을 가지고 있다.
- 전법典法이라 한다. 《국어》 월어하越語下에 '나라의 전법을 잊음이 없어야 한다.'324 하였는데 그 주에 '상이란 전법이다.'325라고 하였다.
- 오상五常이라 한다. 《서경》 순전舜典 신휘오전전愼徽五典傳에 '오전이란 오상의 가르침으로 아비는 의롭고 어미는 자애로우며 형은 우애하고 아우는 공경하며 자식은 효도하여야 한다.'326라고

---

324 無忘國常
325 常 典法也
326 五典五常之敎父義母慈兄友弟恭子孝

하였다. 또한《예기》악기樂記에 '오상의 행함으로 인도한다.'[327]
라는 말이 있는데 그 주에 '오상이란 오행이다.'[328]라고 하였다.
또한《논형》공문孔問에 '오상의 도란 인과 의와 예와 지와 신이
다.'[329]라고 하였다.

• 범용凡庸이라 한다.《신서》선모善謀에 '보통 사람은 익힌 바를
편안히 여긴다.'[330]라고 하였다.

• 법칙法則이라 한다.《한서》예문지藝文志에 '변화함으로 떳떳함
이 없다.'[331]라고 하였다.

• 항恒[항 : 항상]이라 한다.《예기》소의少儀에 '말은 항상 꼴만
을 먹는 것은 아니다.'[332]라고 하였는데 그 주에 '상이란 항상함이
다.'[333]라고 하였다.

• 불변不變이다. 변하지 아니한다.《주역》건괘坎卦에 '군자는 변
하지 않는 덕을 행한다.'[334]라고 하였다. 이 외에도 많은 의미가
있지만 법문에 합당한 것만 골랐다.

---

327 道五常之行
328 五常 五行也
329 五常之道 仁義禮智信也
330 常人安於所習
331 變化無常
332 馬不常秣
333 注云 '常 恒也
334 君子以常德行

도道의 글자에 대하여

• '길 도'로 '준수하여야 할 덕, 시행하는 방법, 통행하는 곳'이라는 의미이다.

• '도 도'로 '예악, 형정, 학문, 기예, 정치 따위'를 말한다.

• '순할 도'로 '자연에 따른다.'라는 의미이다.

• '다스릴 도'로 '정치를 한다.'라는 의미이다.

• '말할 도'로 '이야기 한다.'라는 의미이다.

또한 한자에 있어서는

• 도로道路라 한다. 즉 '소행도所行道'를 말한다. 《설문해자》에 '도란 행할 바 길이다.'[335]라고 하였다. 《논어》 양화陽貨에 '길에서 듣고 길에서 말한다.'[336] 그 의소義疏에 '도란 길이다.'[337]라고 하였다.

• 도리道理·이치理致라 한다. 《중용》에 '도란 잠깐도 여읠 수 없다.'[338] 장구에 '도란 날마다 활용되어지는 사물이 당연히 행하여야 할 도리[이치]이다.'[339]라고 하였다. 《장자》 선성繕性에 '도란

---

335 道 所行道也
336 道聽而塗說
337 道 道路也
338 道也者 不可須臾離也
339 道者 日用事物當行之理

도리[이치]이다.'[340]라고 하였다. 《한비자》 해로解老에 '도란 모든 이치가 쌓인 것이다.'[341]라고 하였다.

• 만물지시萬物之始라 한다. 즉 '만물의 비롯[시작]이다.'라는 의미이다. 《한비자》 주도主道에 '도란 만물의 비롯이다.'[342]라고 하였다. 《소문》 천원기대론天元紀大論에 '하늘과 땅의 도다.'[343] 그 주에 '도란 변화되고 생겨나서 비롯이 됨을 이른다[道 謂化生之道也]'라고 하였다.

• 묘용지도妙用之道라 한다. '묘한 작용을 하는 도'란 의미이다. 《주역》 계사상繫辭上에 '하나의 음과 하나의 양을 묘하게 작용하는 것이라 이른다.'[344]라고 하였다. 《소문》 천원기대론天元紀大論에 '사람이란 도를 하는 데 있다.'[345] 그 주에 '도란 묘하게 작용하는 도를 이른다.'[346]라고 하였다.

• 법술法術이라 한다. 좌씨 정오左氏 定五에 '나는 나의 도를 알지 못한다.'[347] 그 주에 '도란 법술과 같다.'[348]라고 하였다.

---

340 道 理也
341 道者 萬理之所稽也
342 道者 萬物之始也
343 天地之道也
344 一陰一陽之謂道
345 在人爲道
346 道 謂妙用之道也
347 吾未知吾道
348 道 猶法術也

• 인의덕행仁義德行이라 한다. 《예기》 악기樂記에 '군자는 그 도를 얻어 즐긴다.'[349] 그 주에 '도란 인의를 이른다.'[350]라고 하였다. 《신서》 도덕설道德說에 '도란 덕의 근본이다.'[351]라고 하였다.

• 불가佛家의 말이다. ① 유루도有漏道를 말한다. 즉 '선업은 사람에게 두루 미쳐 선한 곳에 이르게 하고, 악업도 사람에 두루 미쳐 악한 곳으로 나가게 한다. 그러므로 선과 악 두 업을 도라 이른다. 또한, 이르고 나아가는 곳을 역시 도라 이르는데 지옥과 같은 육도가 이것이다.'[352]라고 하였다. ② 무루도無漏道를 말한다. 즉 '칠각이나 팔정 등의 법이니 능히 수행하는 사람에게 두루 미쳐 열반에 이르게 한다. 그러므로 도라 이른다.'[353]라고 하였다. 《구사론》 25에 '도의 의미는 어떤 것인가. 열반의 길을 이른다. 이를 타고 능히 열반성에 가기 때문이다.'[354]라고 하였다. ③ 열반지체涅槃之體를 말한다. 즉 '일체의 장애를 배제하고 걸림이 없이 자재한다. 그러므로 열반의 도라고 이른다.'[355]라고 하였다. 《열반무명

---

349 君子樂得其道

350 道 謂仁義也

351 道者 德之本也

352 善業通人使至善處 惡業通人使趣惡處 故善惡二業謂之道. 又所至所趣之處 亦名爲道. 如地獄等之六道是也

353 七覺八正等法 能通行人使至涅槃 故謂之道

354 道義云何 謂涅槃路 乘此能往涅槃城故

355 排除一切障礙 無礙自在 故謂之道

론》에 '대범 열반을 도라 이른다. 고요하고 텅 비어서 가히 형명으로 얻을 수 없으며 미묘하여 모양이 없어서 가히 유심으로 알지 못한다.'[356]라고 하였다.

이 외에도 많은 의미가 있다. 특히 도에 대해서는 유·불·선 삼교가 다 말하고 있는 문제임으로 방대하지만 일반적인 것과 불교에서 조금 골랐다.

頌曰

常意云恒久 상의운항구

상의 뜻이란 길이 오램을 이름이요

道情謂義程 도정위의정

도의 뜻도 올바른 길을 이른다네

兩言皆不變 양언개불변

두 말이 다 변하지 아니하는 것이니

善守得功成 선수득공성

잘 지키면 공덕 이룸을 얻으리라.

---

356 夫涅槃之名道也 寂寥虛曠 不可以形名得 微妙無相 不可以有心知

대어상도對於常道[떳떳한 도에 대하여] 2

여기서는 '불생불멸·인과보응不生不滅·因果報應'만을 선택하여 말을 하려고 한다. 우주의 진리인 불생불멸과 인과보응 이것이 바로 상도요 또한 상법이며 또한 상경이요 또한 상리이다.[357]《대종경》서품 1장에 '원기 원년 4월 28일에 대종사 대각을 이루시고 말씀하시기를 "만유萬有가 한 체성體性이며 만법萬法이 한 근원根源이로다. 이 가운데 생멸生滅 없는 도道와 인과보응되는 이치가 서로 바탕하여 한 두렷한 기틀을 지었도다." 즉, 우주에 본유本有한 불생불멸의 도와 인과보응되는 이치가 바로 상도요 상법이며 상리라는 의미이다. 이는 진리의 속성屬性으로 주로 불교에서 많이 밝혔고 우리도 역시 일원 진리의 근원으로 삼고 있다. 그렇다면 불생불멸의 진리란 무엇이며 인과보응의 진리란 무엇인가. 몇몇 조목을 나열하여 공부하는데 재료材料를 삼으려 한다.

불생불멸의 도不生不滅之道란?
• 우주 공광의 이치에 바탕을 두고 있다.[358]
• 본래의 진리는 생함도 멸함도 없고 또한 감도 옴도 없다.[359]

---

357 宇宙之眞理 不生不滅 因果報應 是卽常道 又常法 又常經 又常理也
358 有體於宇宙空曠之理
359 本來之理 無生滅亦無去來

- 항상 머물러서 변함이 없는 진여의 실상이다.[360]

- 여여자연하는 진리의 본질이다.[361]

- 열림이 없는 긴긴 세월에 숨고 나타나기를 자재한다.[362]

- 시작이 없음으로 또한 끝이 없고 끝이 없음으로 또한 시작이 없다.[363]

- 모두가 다 비었을 뿐이다.[364]

- 모자람도 없고 남음도 없이 두루 다 갖추었다.[365]

- 낳고 죽음이 없이 영겁토록 항상 살아 있다.[366]

- 텅 비어 상모가 없는 제일의 오묘한 진리이다.[367]

- 《열반경》에 '열은 나지 않음을 말하고 반은 멸하지 않음을 말한다. 나지도 않고 멸하지도 않음을 큰 열반이라 한다.'[368]

- 생멸에 상대되는 말로 항상 머묾의 다른 이름이다.[369]

- 《유마경》 불이문품不二門品에 '법은 본래 나지 않음으로 지금

---

360 常住不變 眞如之實相
361 如如自然之眞理本質
362 無開長劫 隱顯自在
363 無始亦無終 無終亦無始
364 一切皆空爾
365 無欠無餘 圓滿具足
366 不生不死 永劫常活
367 眞空無相 第一妙諦
368 涅言不生 槃言不滅 不生不滅名大涅槃
369 對生滅之語 常住之異名

에 멸함이 없다.'[370]

위에 든 몇 가지뿐이겠는가. 헤아릴 수 없이 많다.

•《원불교대사전》에서 말하고 있는 '불생불멸'을 인용하면 생멸 없는 도와 인과보응의 이치는 일원상 진리의 내용이요, 우주의 진리이다. 석가모니불은 이 진리를 깨쳐 불교를 창시했고, 소태산도 이 진리를 깨쳐 원불교를 창건했다. 불교에서는 현실 세계는 생함이 있고 멸함이 있으나 그 근본은 생함도 없고[불생] 멸함도 없다[불멸]고 했으니, 이것이 곧 불생불멸이라는 것이다. 그러나 소태산은 불생불멸의 이치를 '없음'의 논리보다 '돌고 도는' 논리로 밝히고 있다.

불교에서 현실 세계는 생과 멸로 변화하여 떳떳함이 없으나 근본은 생과 멸이 없으니[불생불멸] 이것이 참 진리라고 말한다. 이렇게 되면 근본과 현실을 나누어 놓는 것이 되며, 현실에 집착하지 말고 근본으로 돌아가라는 의미, 곧 현실을 부정하게 되는 것이다. 그러나 소태산의 '돌고 도는' 논리는 현실과 근본을 나누지 않고, 현실과 근본을 하나로 보는 것이다. 모든 것은 생과 멸로 돌고 도는 것이니, 이 돌고 도는 것이 일원상의 진리이다.

---

370 法本不生 今則無滅

소태산은 불생불멸을 '생멸 거래에 변함이 없는 자리'라고 했다. 이는 생과 멸이 변함이 없이 돌고 돈다는 것으로, 한번 돌고 마는 것이 아니라 영원하게 돌고 돈다는 것이다. 생멸 거래에 변함이 없다는 것은 불생불멸의 진리를 말한 것이다. 또 "진공 묘유의 조화는 우주 만유를 통하여 무시 광겁無始曠劫에 은현 자재隱顯自在하는 것이 곧 일원상의 진리니라."라고 했다. 진공묘유 곧 일원상 진리의 조화는 시작도 없고 끝도 없이 숨었다 나타났다 하면서 영원하게 돌고 돈다는 것이다. 이것을 또한 불생불멸이라 할 수 있다.

"상주불멸로 여여자연如如自然하여 무량세계를 전개했고"라고 했다. 항상 없어지지 않고 한량없는 세계를 전개했다는 것이요, 한량이 없다는 것은 시간적으로 영원하고 공간적으로 다양한 것이다. "생·로·병·사의 이치가 춘·하·추·동과 같이 되는 줄을 알며"라고 했다. 인간의 생멸이 우주의 사시순환과 같이 돌고 돈다는 것이니, 일반적으로 사람은 태어나서 살다가 늙으면 죽어 버리는 것으로 알지만, 인간의 삶과 죽음은 우주의 사시순환과 같이 영원하게 돌고 돈다는 것이요, 이것이 불생불멸인 것이다.

"유有는 무無로 무는 유로 돌고 돌아 지극하면 유와 무가 구공俱空이나 구공 역시 구족具足이라"고 했다. 게송은 소태산이 일원상의 진리를 가장 간단한 어구로 집약해서 밝힌 것이다. '돌고 돌아 지극하면'이라 했으니, 모든 것은 돌고 있다는 것이요, 있는 것은 없는 것으로 돌고 없는 것은 있는 것으로 돈다는 것이다. 지극하게 돌아 돈다는 것을 볼 수 없을 만큼 돌며, 돈다는 것을 생각할 수 없을 만큼 돈다는 것이다. 이처럼 지극하다는 것은 무엇이라고 말할 수 없을 정도를 가리키는 것으로, 엄청나게 돌고 있다는 표현인 것이다.

또한 '유와 무가 구공이냐'라고 했으니, 이는 너무나 엄청나게 돌기 때문에 있다고도 할 수 없고 없다고도 할 수 없다는 것이며, 있다고 하자니 없어지고 없다고 하자니 있어진다는 것이다. 돈다고 할 수 없을 만큼 도니 돈다고 할 수 없는 것이요, 이 경지는 비었다고 할 수 밖에 없는 것이다. 이것이 곧 불생불멸이다. 또 "천지는 생멸이 없으므로 만물이 그 도를 따라 무한한 수壽를 얻게 됨이니라."라고 했다. 천지는 생멸이 없이 영원하게 돌고 돌아 만물의 생명을 무한하게 하는 것이니 이것이 또한 불생불멸이다.

인과보응의 진리란?
• 우주 음양상승의 도에 바탕을 둔 유동적인 원리이다.[371]
• 사람이 짓는 업인에 따라 능히 상응하는 과보가 나타난다.[372]
• 선을 지은 업인에는 반드시 복락의 과보가 있고, 악을 지은

---

371 有體於宇宙陰陽相勝之道 流動之原理
372 隨人作之業因 能顯相應之果報

업인에는 꼭 죄고의 과보가 있다.[373]

　· '자기가 지어서 자기가 받는 것'이요 전가시키거나 대신할 수 없다.[374]

　· 가고 옴과 주고받음이 호리도 틀림없이 이루어진다.[375]

　· 천삼라지만상의 차별 현상이다[376].

　· 신의 조화에서 탈리한 모든 만물 자체의 소장이다.[377]

　· 인은 능히 내는 것이요 과는 받는 바이다. 원인이 있으면 반드시 결과로 받고 결과가 있으면 반드시 원인을 짓게 되는 이것을 인과의 이치라 이른다.[378]

　· 《관무량수경》에 '깊이 인과를 믿어서 대승을 비방하지 않는다.'[379]

　· 《지관》5 하에 '과를 부르는 게 인이 되고 얻도록 정해짐이 과가 된다.'[380]

　· 인과응보因果應報라고도 한다. '선한 인은 선한 과이요 악한

---

373 作善業因 必有福樂之果 作惡業因 須有罪苦之果
374 自作自無受[自業自得·自因自果] 不使轉嫁 不做代身
375 去來與賜受 無忒毫釐而成
376 天森羅地萬象之差別現象
377 脫離於神之造化 諸物自體之消長
378 因者能 生 果者所受 有因必受果 有果則必作因 是謂因果之理
379 深信因果 不謗大乘
380 招果爲因 剋獲爲果

인은 악한 과로 원인이 있으면 반드시 결과로 응보가 되는 것이다.'[381]

• 대개 삼세의 인과이다. 혹 짧은 인에 짧은 과도 있겠지만 그러나 거의 삼세로 이어져서 이뤄지는 긴긴 인에 긴긴 결과이다.[382]

•《인과경》에 '과거의 인을 알고자 하면 그 현재의 과를 보고, 미래의 과를 알고자 한다면 그 현재의 인을 보라.'[383]라고 하였다.

•《열반경》교진품憍陳品에 '선과 악의 갚음은 그림자가 형상을 따름과 같나니 과거·현재·미래의 인과로 돌고 돌아 지나치지 않는다. 이 생을 헛되게 지내면 뒤에 뉘우쳐도 따를 수가 없다.'[384]라고 하였다.

위에 든 몇 가지뿐이겠는가. 헤아릴 수 없이 많다.

《원불교대사전》에서 말하고 있는 '인과보응'을 인용하면 "천지의 영원불멸한 도를 체받아서 만물의 변태와 인생의 생·로·병·사에 해탈을 얻을 것이요"라고 했다. 소태산은 불생불멸을 영

---

381 善因者善果 惡因者惡果 有原因則必有結果之應報也
382 大槪三世之因果 或有短因而短果 然大部分三世連成 長因而長果
383 欲知過去因者 見其現在果 欲知未來果者 見其現在因
384 善惡之報 如影隨形 三世因果 循環不失 此生空過 後悔無追

원불멸이라고도 했다. 영원히 없어지지 않고 돌고 돈다는 것이다. 영원불멸의 도는 우주와 만물을 생·로·병·사로 돌고 돌게 하며 인생을 생·로·병·사로 돌게 하는 이 도의 이치를 체받으면 생사를 해탈케 한다는 것이다.

우주와 인간을 없는 면으로 보면 불생불멸이며 있는 면으로 보면 인과보응이다. 우주와 인간에 나타난 모든 현상은 우연히 나타난 것이 아니며, 반드시 어떠한 원인이 있어서 그 결과로 나타난 것이다. '공적영지空寂靈知의 광명을 따라 … 선악업보에 차별이 생겨나며'라고 했으니, 텅 비어 있으면서 신령한 앎이 있어 선과 악의 업인과 과보를 나타낸다. 인이 있어 과를 나타내니 인과보응이다. '우주의 성·주·괴·공成住壞空과 만물의 생·로·병·사生老病死와 사생四生의 심신작용을 따라 육도六途로 변화를 시켜 또는 진급으로 또는 강급으로 또는 은생어해恩生於害로 또는 해생어은害生於恩으로 이와 같이 무량세계를 전개하였나니'라고 했다.

우주가 성·주·괴·공으로, 만물이 생·로·병·사로 나타나는 것은 어떠한 인이 있어 그러하며, 이것이 곧 인과보응이다. 사생의 심신작용을 따라 육도로 나타나는 것은 선악 간에 지은바 인의 결과이다. 소태산은 '동물들은 하늘에 뿌리를 박고 살므로 마음 한번 가지고 몸 한번 행동하고 말 한번 한 것이라도 그 업인이 허공법계에 심어져서 제각기 선악의 연을 따라 지은대로 과보가 나타나나니 어찌 사람을 속이고 하늘을 속이리오.'라고 했다. 유정 중생이 지은 업인은 허공 법계에 심어지며, 그 심어진 업인 따라 육도로 나타내게 하는 것은 음양상승의 조화에 의해 나타난다는 것이다.

심신작용이 인이 되어 많은 사람을 살리기도 하고 죽이기도 하는 결과로 나타나기도 한다. 착한 인을 지으면 진급이 되고 악한 인을 지으면 강급이 되며, 유정중생이 지은 선악 간의 업인을 따라 한량없는 세계가 천차만별로 나타나니, 이것이 곧 인과보응이다.

특히 '인과보응'과 '음양상승'을 결부시켜 해설하자면 '인과보응의 이치가 음양상승과 같이 되는 줄을 알며'라고 했다. 음의 기운이 극하면 양의 기운이 나타나듯, 지은 업력이 극하면 과보로 변한다는 뜻이다. 음이 지나면 반드시 양이 나타나듯이 인을 지으면 반드시 과보를 받는다. 소태산은 '우주의 음양상승하는 도를 따라 인간에 선악인과의 보응이 있게 되나니 … 인간의 일도 … 선과 악의 짓는 바에 따라 … 상생상극의 과보가 있게 되나니 이것이 곧 인과보응의 원리니라.'라고 했다.

소태산은 대각의 경지에서 음양상승하는 기운과 인과보응하는 기운을 하나로 보고, 인과보응의 이치가 음양상승과 같이 된다고 했다. 불교의 유식 사상에서는 육근으로 지은 업인이 제7식을 거쳐 제8식에 함장되었다가 연을 따라 과보로 나타난다는 원리로 인과보응의 법칙을 밝혔다. 그러나 소태산은 인간의 마음작용과 우주의 음양상승하는 기운을 직결시켜 곧 인과보응의 법칙을 움직이게 하는 원리를 밝히고 있다.

그는 "눈 한번 뜨고 감는 것과 숨 한번 내쉬고 들이쉬는 것 하나하나가 음양상승의 기운"[박창기, 《대종사법설집》]이라 했다. 우리가 짓고 받는 것은 육근 작용이나, 이 육근 작용에는 음양상승의 기운과 인과보응의 기운이 함께 있다는 것이다. 그래서 짓고 받는 인과보응의 작용과 음양상승의 작용은 하나인 것이다. '인과보응의 이치가 음양상승과 같이 된다.'는 것은 소태산의 독창적인 사상이다.

이 두 진리를 몰아서 말한다면

옛 현인의 말씀처럼 "역천겁이불고歷千劫而不古하고 긍만세이장금亘萬世而長今이라." 즉 '천겁을 지낸다 할지라도 옛날이 아니요, 만세를 뻗칠지라도 길이 지금이어라.'라는 의미로 볼 때 오직 이 진리 이 이치인 '불생불멸과 인과보응'만이 그러할 뿐 여타餘他는 절대로 그렇게 될 수가 없다. 또한 우리가 크게 주목을 해야 할 대목은 대종사님께서 인과因果의 원리를 음양陰陽의 상승相勝과 연계를 시켜 근본의 바탕[根本之體]을 삼아 주심은 역대 어느 성인도 말씀하지 아니한 특점特點인 것이니 많은 연구가 이루어져야 할 것으로 본다.

결말을 지어 말하자면 "이 진리의 바탕인 근원은 절대로 텅 비거나 있는 것이 아니지만, 그러나 능히 텅 비기도 하고 묘하게 있기도 하며, 절대로 변하거나 바뀌는 것이 아니지만 능히 변하기도 하고 바뀌기도 하며, 절대로 숨거나 나타나는 것이 아니다. 그러나 능히 숨기도 하고 나타나기도 하며, 절대로 고요하거나 움직이는 것이 아니다. 그러나 능히 고요하기도 하고 움직이기도 하며, 절대로 벗어나거나 제멋대로 되는 것이 아니지만 능히 조화를 부리기도 하나니, 이와 같은 두 면과 두 축이 한량없는 긴긴 세월과 다함 없는 긴긴 세상을 통하여 한결같은 정성과 길이 떳떳한 길로 끊어지거나 쉼이 없이 굴러가는 것이라."[385]

《원불교대사전》에서는 '불생불멸' '인과보응'과 '일원상 진리'에 대해서 말하고 있다. 소태산은 일원상의 진리를 '원만구족한 것이며 지공무사한 것이로다.'라고 했다. 일원상의 진리는 곧 지공무사한 것이다. 지공무사는 지극히 공정한 것이요, 공정한 것은 틀림 없는 것이니, 일원상의 진리는 지은 대로 받게 해주며, 옳고 그름을 소소영령하게 알아서 공정하게 받게 해준다는 것이다. "구공 역시 구족具足이라" 했다. 일원상의 진리는 텅 비어 있

---

385 結而言之하면 "斯理體之源也者는 絕對不空有나 然이나 能空而妙有하며 絕對不變易이나 然이나 能變而換易하며 絕對不隱顯이나 然이나 能隱而顯露하며 絕對不靜動이나 然이나 能靜而蠢動하며 絕對不脫放이나 然이나 能造而表化하야 如此之兩面與兩軸이 通於無量永劫과 無盡永世하야 如一之誠과 永常之道로 不斷不息而轉之也라."

으면서 가득찬 것으로, 가득찬 것은 만능의 위력을 나타내는 것이니, 인과보응은 지은대로 받게 하는 만능의 나타남이다.

"천지의 도는 지극히 밝은 것이며 … 지극히 공정한 것이며"라고 했다. 지극히 밝은 도는 인과보응의 이치가 소소영령하게 작용하는 것이다. 지은바 인이 그대로 나타난 것이요, 조금도 혼란함이 없이 짓는 바를 따라 밝게 구분해 주는 것이 인과보응의 작용이다. 지극히 공정한 도는 지은 대로 공정하게 받게 해주는 작용으로, 지극히 공변되어 사私가 없이 지은 대로 나타내는 것이요, 선악업보에 구별이 완연하다. 인과보응을 체로 보면 '밝은 도'이며 용으로 보면 '공정한 도'라 할 수 있다.

정산 종사는 "일원 가운데 또한 인과의 묘리妙理가 지극히 공변公遍되고 지극히 밝아서 각자의 마음 짓는 바를 따라 선악업보로 변하는 것이 호리도 틀림이 없고 고금에 변하지 아니함을 알아서 가히 속이지 못하며 가히 어기지 못할 것을 신앙하자는 것이요"라고 했다. 일원상의 진리에는 인과의 현묘한 이치가 갖추어 있어 지극히 공변되고 지극히 밝게 짓는 바를 따라 선과 악의 과보로 나타나게 한다는 것이다. 그러므로 이러한 인과의 현묘한 이치는 속이지도 못하고 어기지도 못한다는 것이다.

소태산은 "그 사람이 보지 않고 듣지 않는 곳에서라도 미워하고 욕하지 말라. 천지는 기운이 서로 통하고 있는지라 그 사람 모르게 미워하고 욕 한 번 한 일이라도 기운은 먼저 통하여 상극의 씨가 묻히고 그 사람 모르게 좋게 여기고 칭찬 한 번 한 일이라도 기운은 먼저 통하여 상생의 씨가 묻히었다가 결국 그 연을 만나면 상생의 씨는 좋은 과果를 맺고 상극의 씨는 나쁜 과를 맺느니라."라고 했다. 음양상승의 기운은 착함은 상생으로 나타나게 하고 악함은 상극으로 나타나게 하니, 알게 하고 모르게 하는 것에 관계가 없다는 것이다.

음양상승의 기운은 숨어 있는 것과 나타나 있는 것을 통관한다. 또 소태산은 "우주와 만물도 또한 그 근본은 본연 청정한 성품 자리로 한 이름도 없고 한 형상도 없고 가고 오는 것도 없고 죽고 나는 것도 없고 부처와 중생도 없고 허무와 적멸도 없고 없다 하는 말도 또한 없는 것이며 유도 아니요 무도 아닌 그것이나 그중에서 그 있는 것이 무위이화無爲而化 자동적으로 생겨나 우주는 성·주·괴·공으로 변화하고 만물은 생·로·병·사를 따라 육도와 사생으로 변화한다"라고 했다. 여기에서 '가고 오는 것도 없고 죽고 나는 것도 없고' 등은 불생불멸의 내용이며, '만물은 생·로·병·사를 따라 육도와 사생으로 변화하고' 등은 인과보응이라 할 수 있다. 무위이화 자동적으로 생겨난다는 것, 곧 함이 없이 스스로 된다는 것은 없는 자리에서 있는 자리로 생겨나는 것이 아니고, 없는 것과 있는 것이 스스로 그러하다는 것이다.

이처럼 불생불멸과 인과보응은 일원상 진리를 양면으로 본 것이라 말할 수 있다. 생과 멸이 없는 면으로 보면 불생불멸이며,

원인이 결과로 나타나는 면으로 보면 인과보응이다. "우주의 진리는 원래 생멸이 없이 길이길이 돌고 도는지라 가는 것이 곧 오는 것이 되고 오는 것이 곧 가는 것이 되며 주는 사람이 곧 받는 사람이 되고 받는 사람이 곧 주는 사람이 되나니 이것이 만고에 변함없는 상도니라."라고 했다. 불생불멸과 인과보응은 나누어져 있는 것이 아니며, 우주의 진리가 원래 생멸이 없이 길이 돌고 도는 진리 곧 일원상 진리로 하나가 되는 것이다.

頌曰

不生無滅理 불생무멸리

나지도 않고 소멸함도 없는 진리이요

因果報相應 인과보상응

원인과 결과의 갚음이 서로 거두누나

宇宙原常道 우주원상도

우주간의 원래에 떳떳한 도이니

人途定則承 인도정칙승

사람 길에 정해진 준칙으로 받을지라.

음양상승
陰 陽 相 勝

음과 양이 서로 이기다

대종사 말씀하시기를 "천지에 사시 순환循環하는 이치를 따라 만물에 생로병사生老病死의 변화가 있고 우주에 음양상승陰陽相勝하는 도를 따라 인간에 선악善惡 인과因果의 보응報應이 있게 되나니, 겨울은 음陰이 성할 때이나 음 가운데 양陽이 포함되어 있으므로 양이 차차 힘을 얻어 마침내 봄이 되고 여름이 되며, 여름은 양이 성할 때이나 양 가운데 음이 포함되어 있으므로 음이 차차 힘을 얻어 마침내 가을이 되고 겨울이 되는 것과 같이, 인간의 일도 또한 강强과 약弱이 서로 관계하고 선과 악의 짓는 바에 따라 진급進級 강급降級과 상생상극相生相剋의 과보果報가 있게 되나니, 이것이 곧 인과보응因果報應의 원리니라." 《대종경》인과품 2장이 말씀은 《대종경》 인과품 2장에 실려 있는 말씀이다. 우리가 우주라는 광대무변廣大無邊하고 실불가측實不可測한 덩치를 놓고 볼 때 이 안에서 성립되고 전개되며 숙살肅殺하지 않는 것은 하나도 없다. 즉 우리의 사량이나 짐작으로 미칠 수 없는 상황들이 일분일각도 쉬지 않고 생성되어 왔고 경영되고 있으며 사멸되어가고 있는 것이 정말로 명약관화明若觀火하다고 아니할 수 없다.

그렇다면 이 중심의 축에 과연 무엇이 들어있는가 아니면 없는가? 또 있다면 그것이 의식적인 작용으로 돌리고 있는가? 아니면 아무 것도 없지만 자연적으로 돌아가고 있는 것인가?

대종사님 말씀처럼 '천지에 사시 순환하는 이치'가 있다 하셨을 때 무언가가 있기는 있는 것 같다. 얼굴도 보이지 않고 소리도 들리지 않으며 몸통도 나타남이 없지만 분명 무엇인가 있어서 순환하고 운행을 하는 것으로 인하여 생로병사가 있고 선악이 나타나며 강약이 드러나고 진급과 강급이 전개된다고 말씀을 하고 있다.

그러면 과연 중심의 축을 이루고 있는 진체眞體는 무엇일까?

옛 성자들이 이미 천명하여 놓은 것을 다시 한번 간추려 본다면 불교적인 입장에서는 '청정법신불淸淨法身佛'이라 하였고, 도가의 입장에서는 '자연自然' 혹은 '도道'라 하였으며, 유가의 입장에서는 '무극無極' 혹은 '태극太極'이라 하였고, 기독교의 입장에서는 '천주天主[하느님]'라고 하였다.

따라서 원불교에서는 '법신불일원法身佛一圓' 또는 '법신불일원상法身佛一圓相' 또는 '일원一圓' 또는 '일원상一圓相' 등 여러 가지로 표현을 하고 있다.

그러나 결국 궁극에 이르러서는 '일리一理[하나의 이치]'라고 할 수밖에 없다. 따라서 그 자체에는 명암明暗이나 청탁淸濁이 없고 심천深淺이나 광협廣狹도 없으며 또한 방원方圓이나 고저高低도 없고 은현隱顯이나 생멸生滅도 없는 것이지만 관觀의 독립이나 각覺의 주안主眼에 의하여 동체호이同體號異 즉 한 몸인데 부르기를 다르게 하고 공인수패共人殊牌 곧 사람은 같은데 명찰을 다르게 달아서 자연 다양성을 띠게 되었다고 할 수 있다. 다시 말하면 진체眞體 또는 본체本體·본원本源으로서는 동등하지만 성자나 종교에 따라 내세우는 바는 다르다고 할 수 있다.

예를 들자면 한 마리의 코끼리가 있다고 할 때 눈이 어두운 사람이 코끼리에게 다가가서 코끼리를 더듬는데 귀를 만져본 사람은 코끼리란 넓은 키와 같다고 할 것이고, 등배를 만져본 사람은 코끼리란 커다란 통나무와 같다 할 것이며, 다리를 만져본 사람은 코끼리란 절구통처럼 생겼다 할 것이며, 꼬리를 만져본 사람은 코끼리란 큰 빗자루처럼 생겼다 하는 등등, 서로 만져서 감지感知한 만큼이 각자의 코끼리 모습이지만 눈이 뜨인 사람이 코끼리 전체를 한 눈으로 바라본다면 장님들의 코끼리는 한 편만을 본 것에 지나지 않음을 알게 된다.

그러므로 이 인과품 2장에서 말씀한 '생로병사生老病死'에 대한 이야기를 하고 또한 '음양상승陰陽相勝'을 말하지 않을 수 없게 된다.

頌曰

一象鴻陵立 일상홍릉립

한 마리 코끼리가 큰 언덕에 섰는데

盲人撫異言 맹인무이언

눈 어둔 사람 어루만지고 말 다르네

理源同體爾 이원동체이

진리의 근원은 같은 바탕일 뿐인데

各敎築殊軒 각교축수헌

각각 종교에서 다른 집을 지었어라.

생로병사生老病死란 무엇인가?

나는 것과 늙음과 병듦과 죽음을 말한다. 이 천지에 형상을 가진 모든 것은 이 과정을 겪으면서 소장消長을 하고 있다. 그리하여 그 형상 그대로는 절대로 영원성永遠性을 보장할 수 없고 또한 받을 수도 없는 것이니 그 이면을 깨닫고 터득함으로써 영생永生의 존재를 확인해야 한다.

• 일체 생명과 우주 만물과 모든 사람의 한평생을 시간적으로 분류해서 네 방면으로 설명하는 말이다.

• 사람이라면 누구나 반드시 받아야 할 네 가지 고통. 태어나고, 늙어가고, 병들고, 죽고 하는 모든 일이 고통이라는 말이다. 원불교에서는 이 생로병사를 피할 수 없이 겪어야 할 고통으로 보지만, 이 고통을 극복하는 정도에 따라서 공부의 등위가 정해진다고 본다.

• 법위등급의 법강항마위 승급 조항에 '생로병사에 해탈을 얻은 사람의 위'라고 하여 법강항마위는 생로병사에 끌리지 않을 정도이요, 출가위에 올라야 자유자재할 수 있다고 보고 있다.

• 불교에서는 사람이 받아야 할 네 가지 고통으로 출생出生과 쇠로衰老와 생병生病과 사망死亡을 말하고 있다.

생生이란 무엇인가?

고전을 더듬어보자면

• 《설문해자》에 "생이란 나아간다. 풀과 나무가 땅위로 나온 모양이다."[386]

---

386 生進也 象草木生出土上

• 《광아》에 "생은 나오는 것이다."[387]

• 《광운》에 "생이란 생장한다."[388]

• 류헌의 《역의》에 "없는 것으로부터 있는 것으로 나오는 것을 말해서 생이라 한다."[389]

• 《역·계사》에 "하늘땅의 큰 덕을 말해서 생이라 한다."[390]

• 《춘추좌전》 소공 25년에 "사는 것은 누구나 좋아하고, 죽는 것은 누구나 싫어한다."[391]

• 《순자》 왕제·王制에 "풀과 나무는 나옴은 있지만 지혜는 없다."[392]

• 《맹자》 고자하告子下에 "우환에서는 살지만 안락에서는 죽게 됨을 안다."[393]

• 생유어사 사유어생生由於死 死由於生 : 삶은 죽음으로부터 말미암고 죽음은 삶으로부터 말미암는다.

---

387 生 出也
388 生 生長也
389 自無出有曰生
390 天地之大德曰生
391 生好物也 死惡物也
392 草木有生而無知
393 知生于忧患 而死于安樂也

노老란 무엇인가?

고전을 더듬어 보자면

• 《설문해자》에 "노란 생각하는 것이라[제사 때 돌아가신 부모를 생각한다는 의미]. 나이 70세를 늙은이라 한다."[394]

• 《예기》 곡례·曲禮에 "나이 70세 이상을 말해서 늙은이라 한다."[395]

• 《국어》 오어吳語에 "부모님이 연로하나 형제가 없는 자는 조사하여 보고 하라."[396]는 글이 있다. 그 주석에서는 '60세가 된 사람을 '기耆'라 하고 70세가 된 사람을 '노老'라 한다.'[397]

• 《관자》 해왕海王에 "60세 이상을 늙은 남자라 하고, 50세 이상을 늙은 여자라 한다."[398]

병病이란 무엇인가?

고전을 더듬어보자면

• 《설문해자》에 "병은 괴로움[아픔]이 더한 것이라."[399]

• 《의례》 기석례儀禮·既夕禮에 "질병에는 바깥과 안을 모두 청소

---

394 老 考也 七十曰老
395 七十以上曰老
396 有父母耆老而無昆弟者以告
397 六十曰耆 七十曰老
398 六十以上爲老男 五十以上爲老女
399 病 疾加也

한다."400라고 하였고, 그 주석에 '괴로움[아픔]이 심한 것을 병이라 말한다.'401

• 《주역》 설괘説卦에 "감괘는 마음의 병이 된다."402

• 왕충 《논형》 정귀訂鬼에 "병을 얻어서 눕게 되면 두려움으로 귀신이 이른다."403

• 《한비자》 고분孤憤에 "죽은 사람으로 더불어 같은 병이라면 가히 살지 못한다."404

• 당 한유의 《원훼》에 "순임금과 같지 못하고, 주공과 같지 못함이 나의 병이다."405

• 송 사마광의 《훈검시강》에 "남들은 모두 나를 고루하다고 비웃지만 나는 (고루한 것을) 병으로 여기지 않는다."406

사死란 무엇인가?

고전을 더듬어 보자면

---

400 疾病外內皆掃

401 疾甚曰病

402 坎爲心病

403 得病寢衽 畏懼鬼至

404 與死人同病者 不可生也

405 不如舜 不如周公 吾之病也

406 人皆嗤吾固陋 吾不以爲病

• 《설문해자》에 "사란 백성들이 죽는 일이다."[407]
• 《열자》 천서天瑞에 "사란 사람의 마침이다."[408]
• 《예기·곡례禮記·曲禮》에 "보통사람의 죽음을 말하자면 사란."[409]
• 《춘추좌전》 애공 16년에 "백성들이 죽지 않는다는 것을 알고 그들 또 한 분발심을 갖게 되다."[410]
• 《춘추좌전》 소공 23년에 "초의 영윤이 죽다."[411]

음양상승陰陽相勝이란 무엇인가?

이 우주나 천지에는 상반되거나 때로는 상화하는 두 기운이 있으니 바로 음의 기운과 양의 기운으로 이 두 기운이 서로 밀고 밀어 순환불궁循環不窮하는 것을 '음양상승'이라고 말할 수 있다.

《원불교대사전》에 의거하면 음양은 우주의 근원에서 나온 두 대립적 기운으로 이 두 가지 기운의 조화造化로 인하여 만물의 생

---

407 死 民之卒事也
408 死者 人之終也
409 庶人曰死
410 民知不死 其亦夫有奮心
411 楚令尹死

성 변화가 이루어진다고 보는 것이 고대 중국에서부터 형성된 관점이었다. 장자《남화경》·《춘추좌씨전》에 이미 음양의 설이 중요하게 언급되어 있으며 노자《도덕경》과《주역》 계사전에 이르면 음양의 두 기운이 우주의 근원인 태극太極이나 도道와 불가분의 관련을 가지고 있는 것으로 제시되어 있다.

《주역》의 계사전에서는 "한번 음이 되고 한번 양이 되는 것을 도라 한다."[412] 또한 "태극에서 양의兩儀[음양]가 생한다."[413]라고 말하고 있다. 나아가 음양 대신에 강유라는 표현을 사용하여 두 가지 기운의 상호 작용을 강유상추剛柔相推라고 표현하기도 한다. 음陰이란 대체로 소극적이고 물러나는 기운을, 양陽이란 적극적이고 활동적인 기운을 대표하지만 서로 다른 두 기운이 아니고 한 기운의 두 가지 측면으로 풀이되는 경우도 있다. 명확하게 '음양상승'이라는 표현이 나타난 문헌은 도교 경전인《황제음부경》이다.《음부경》은 당대唐代 무렵 주석본이 나타나 세상에 알려지기 시작했다.

《음부경》의 사상에는《주역》 사상과 노자 사상의 두 가지가 함축되어 있으며 한대漢代 이후 정립된 기론적 세계관을 수용하여 음양오행의 도를 주체적으로 파악하여 활용하는 길을 밝히는

---

412 一陰一陽之謂道
413 太極生兩儀

데에 역점이 있다. 《음부경》에서는 "천지의 도가 스며들기 때문에 음양이 서로를 이긴다. 음양이 서로를 밀치어 변화가 순조롭다."[414]라고 말한다. 하늘과 땅의 도가 스며든다는 것은 하늘과 땅이 서로 교감한다는 뜻이며 이에 따라 음양이 서로를 이긴다는 것은 음이 양으로 변하고 양이 음으로 변한다는 뜻이다. 이 변화는 갑자기 이루어지는 것이 아니라 서서히 알지 못하는 가운데 교감하며 변화의 전기가 이루어진다는 의미에서 스며든다고 표현한 것이다. 이를 다시 음양이 서로를 밀치어 변화가 순조롭다고 말한 것이다.

《음부경》에는 판본에 따라 "음양상승의 술이 상에 분명히 드러나 있다."[415]라는 내용이 있다. 여기서 '음양상승'이란 완성된 표현이 보이며 '음양상승지술'이란 팔괘갑자^{八卦甲子} 등 음양 변화를 파악하고 통어하는 방법을 의미한다.

원불교에서의 의미는 어떤 것인가?

소태산 대종사가 이러한 전통적인 음양설에 대하여 어느 정도

---

414 天地之道浸故陰陽勝 陰陽相推而變化順矣
415 陰陽相勝之術 昭昭乎進於象矣

로 수용한 것인지는 분명치 않다. 《음부경》의 음양 사상을 수용
했다는 것은 원기元氣에 의한 우주 생성을 제시하는 기론적 세계
관을 받아들였음을 의미한다. 그러나 구체적이고 지엽적인 것에
대하여 언급이 없는 것으로 보아 대체적인 원리原理만을 받아들
인 것으로 보인다.

소태산은 《음부경》에 나타난 음양의 이론에 대하여 공감을 표
시하고 순환의 이론과 생사生死의 사상 등은 불교의 인과 사상에
결부될 수 있는 것으로 해석했다. 《음부경》의 "생은 죽음의 근본
이요, 죽음은 생의 근본이다."[416]라는 내용이 그 소재이다. 이렇게
두 가지 반복 순환을 주재主宰하는 기운 또는 원리로 인해서 한번
뿌려진 종자[種子因]는 그대로 있지 않고, 과果로서 다시 나타나
반복된다는 것이다. 오면 가고 가면 오는 이치가 있음은 일원一圓
의 절대 진리가 갖추고 있는 묘용妙用으로서 피할 수 없는 우주의
원리라고 말한다.

《정전》의 '일원상 법어'에서는 '인과보응의 이치가 음양상승
과 같이 되는 줄을 알며'라고 하여 인과보응의 이치와 직결시키
고 있다. 《정전》의 '참회문' 서두에서는 "음양상승의 도를 따라
선행자는 후일에 상생의 과보를 받고 악행자는 후일에 상극의
과보를 받는 것이 호리도 틀림이 없으되 영원히 참회 개과하는

---

416 生者死之根 死者生之根

사람은 능히 상생상극의 업력을 벗어나 죄복을 자유로 할 수 있나니"라고 하여 음양상승을 인과와 연결시키고 있다.

음양상승과 인과보응의 관계는?

'음양상승'과 '인과보응'의 관계를 대종사의 말씀을 통하여 간단하게 알아보자. 대종사는 '일원상 법어'에서 "인과보응의 이치가 음양상승과 같이 되는 것이다."라고 하였다. 또한 '참회문'에서 "음양상승의 도를 따라 선행자는 후일에 상생의 과보를 받고 악행자는 후일에 상극의 과보를 받는다."라고 하였다.

또한, 인과품 2장에서 "천지에 사시 순환하는 이치를 따라 만물에 생로병사의 변화가 있고 우주에 음양 상승하는 도를 따라 인간에 선악 인과의 보응이 있게 되나니, 겨울은 음이 성할 때나 음 가운데 양이 포함되어 있으므로 양이 차차 힘을 얻어 마침내 봄이 되고 여름이 되며, 여름은 양이 성할 때나 양 가운데 음이 포함되어 있으므로 음이 차차 힘을 얻어 마침내 가을이 되고 겨울이 되는 것과 같이, 인간의 일도 또한 강과 약이 서로 관계하고 선과 악의 짓는 바에 따라 진급 강급과 상생상극의 과보가 있게 되나니, 이것이 곧 인과보응의 원리니라."라고 하였다.

또한, 정산 종사는 원리편 40장에서 "음양상승의 도가 곧 인과의 원리인바, 그 도를 순행順行하면 상생의 인과가 되고 역행逆行하면 상극의 인과가 되나니, 성인들은 이 인과의 원리를 알아서 상생의 도로써 살아가시나 중생들은 이 원리를 알지 못하고 욕심과 명예와 권리에 끌려서 상극의 도로써 죄업을 짓게 되므로 그 죄고가 끊일 사이 없나니라.”고 하였다.

위의 두 분 말씀에서 보면 ‘음양상승’이 ‘인과보응’의 원리요, ‘인과보응’이 곧 ‘음양상승’의 원리라고 할 수 있다. 즉 사전적인 의미로 음양상승이란 음과 양의 두 기운이 서로 밀고 밀어서 순환하는 것이요 음양의 두 기운이 서로 조화하고 서로 밀어서[相推] 순환불궁하는 것이다. 소태산 대종사는 ‘인과보응의 이치가 음양상승과 같이 되고’, ‘음양상승의 도를 따라 선행자는 후일에 상생의 과보를 받고 악행자는 후일에 상극의 과보를 받으며’, ‘우주에 음양상승하는 도를 따라 인간에 선악 인과의 보응이 있게 된다.’라고 하였다. 이처럼 음양상승은 인과보응의 이치와 같이 음양의 두 기운이 두레박처럼 돌고 도는 것을 말한다. 두레박 하나가 위로 올라가면 하나는 내려오고, 다시 내려온 것이 올라가면 올라간 것은 내려오게 된다. 이처럼 음양의 두 기운이 서로 순환불궁하는 것이 음양상승인 것이다.

또한, 사전적인 의미로 인과보응은 이를 인과응보라고도 한다. 사람이 짓는 선악의 업인에 따라 거기에 상응하는 과보가 있게 되는 것이니 착한 인因에는 착한 과果가 있고, 악한 인因에는 악한 과果가 있게 되는 것이 조금도 틀림이 없는 것이다.

그러므로 자기가 지은 것은 반드시 자기가 받게 되는 것으로 선인 선과·악인 악과·자인 자과가 조금도 틀림이 없는 것이다. 결국 이 두 원리가 상응相應 된다는 것은 전성前聖도 밝힌 바가 없고 음양의 원리를 창출創出해낸 중국에서도 연관을 지은 바가 없는 대종사님의 각관覺觀이요 탁견卓見이라고 아니할 수 없는 것이다.

음양을 고전에서 인거해 보면

• 《소문素問》〈음양응상대론陰陽應象大論〉에 말하기를 "음과 양은 하늘땅의 도이요 만물의 기강이며 변화의 부모이고 남과 죽음의 근본으로 신명의 곳집이라."[417]고 하였다.

• 《대대례기大戴禮記》〈문왕관인文王官人〉에 말하기를 "그 음과 양을 상고하여 그 정성을 보니라."[418]라고 하였고, 노변盧辯의 주에 '음은 정이 주체이고 양은 동이 주체라. 그 음양을 상고한다는 것은 그 도정을 살피는 것이라'[419]라고 하였다.

• 《예기》〈교특생郊特牲〉에 말하기를 "악은 양으로 말미암아서

---

417 陰陽者 天地之道也 萬物之綱紀 變化之父母 生殺之本始 神明之府也
418 考其陰陽 以觀其誠
419 陰主靜 陽主動 考其陰陽者 察其動靜也

온 것이고 예는 음으로 말미암아서 일어난 것이라. 음양이 화합하여야 만물이 (마땅한 바를) 얻게 되니라."[420]라고 하였다.

• 《순자·예기》에 말하기를 "천지가 화합하여 만물이 생겨나고, 음양이 교접하여 변화가 일어나니라."[421]라고 하였다.

• 《도덕경》에 말하기를 "도가 하나를 낳고 하나가 둘을 낳고 둘이 셋을 낳고 셋이 세상 만물을 낳는 것이라. 만물은 음을 등지고 양을 안아서 음양이 서로 어울려 조화를 이루게 되니라."[422]라고 하였다.

• 《도덕경》 왕필王弼 주에 "무릇 음이 구하는 바는 양이요, 양이 구하는 바는 음이라."[423]라고 하니라.

• 《주자어류》에 말하기를 "오행은 음양과 하나이고 음양은 태극과 하나이라."[424]라고 하였다.

• 《주자어류》에 말하기를 "우주의 시작은 다만 음양으로서의 기일 뿐이라."[425]라고 하였다.

• 《주자어류》에 말하기를 "이른 바 태극이란 음양을 여의지 않음을 말하는 것이요, 또한 음양이 섞이지 않음을 말하는 것이

---

420 樂由陽來者也 禮由陰作者 陰陽和而萬物得
421 天地和而萬物生 陰陽接而變化起
422 道生一 一生二 二生三 三生萬物 萬物負陰而抱陽 衝氣以爲和
423 夫陰之所求者陽也 陽之所求者陰也
424 五行一陰陽 陰陽一太極
425 天地初間只是陰陽之氣

라."[426]라고 하였다.

　•《중용집주》에 말하기를 "하늘이 음양과 오행으로 만물을 화생함에 기로 형상을 이루고, 이치를 또한 부여하니라."[427]라고 하였다.

　•《여씨춘추》에 말하기를 "만물의 시초는 태일이 빚어내고 음양에서 변화하니라."[428]라고 하였다.

　•《열자》에 말하기를 "예전에 성인은 음양을 이유로 하여 하늘과 땅을 거느림이라. 대체로 형체가 있는 것은 형체가 없는 것에서 나온 것이니 하늘과 땅이 어디로부터 나왔을까? 그래서 말하기를 '태역이 있고 태초가 있으며 태시가 있고 태소가 있음이라. 태역이란 아직 기가 나타나지 않음이며 태초란 기가 시작함이며 태시란 형체의 시작이고 태소란 바탕의 시작이다.'"[429]라고 하였다.

　•《회남자》에 말하기를 "천지의 기운에 화보다 더 큼은 없는 것이라. 화란 음과 양이 조화로운 것이니, 낮과 밤이 나뉘면 사물이 생겨나는 것으로 춘분으로서 생겨나고 추분으로서 이루는 것

---

426 所謂太極者 不離乎陰陽而爲言 亦不雜乎陰陽而爲言

427 天以陰陽五行 化生萬物 氣以成形 而理亦賦焉

428 萬物所出 造於太一 化於陰陽

429 昔者聖人 因陰陽以統天地 夫有形者生於無形 則天地安從生 故曰 '有太易 有太初 有太始 有太素 太易者 未見氣也 太初者 氣之始也 太始者 形之始也 太素者 質之始也'

이라, 생겨나는 것과 이루는 것은 반드시 화의 정수精髓를 얻게 되
는 것이라."⁴³⁰라고 하였다.

• 《회남자》에 말하기를 "천문이란 음과 양의 기운을 조화롭게
하는 것이라."⁴³¹라고 하였다.

• 차갑고 덥고 따뜻하고 서늘한 것은 기이요, 시고 쓰고 달고
맵고 짠 것은 맛이니 기는 양이 되고 맛은 음이 되는 것이라.⁴³²

• 기가 두터운 것은 양 가운데 양이요 맛이 두터운 것은 음 가
운데 음이라. 기운이 엷은 것은 양 가운데 음이요 맛이 엷은 것은
음 가운데 양이라.⁴³³

• 가볍고 맑고 오르고 뜨는 것은 양이요 무겁고 흐리고 가라앉
고 내리는 것은 음이라.⁴³⁴

• 양의 기운이 나가는 것은 윗구멍이요 음의 맛이 나가는 것은
아래 구멍이라.⁴³⁵

• 무릇 정 가운데 동이 머금었고 동 속에 정이 포함되었으니

---

430 天地之氣 莫大於和 和者 陰陽調 日夜分 而生物. 春分而生 秋分而成
　　生之與成 必得和之精
431 天文者 所以和陰陽之氣
432 寒熱溫凉 氣也 酸苦甘辛鹹 味也. 氣爲陽 味爲陰也
433 氣厚者 陽中之陽, 味厚者 陰中之陰. 氣薄者 陽中之陰, 味薄者 陰中
　　之陽
434 輕淸升浮 陽, 重濁沈降 陰
435 陽氣出 上竅, 陰味出 下竅

정은 이에 정이요, 동은 이에 양으로 정이 먼저이요, 동이 뒤이며 음이 먼저이요, 양이 뒤니라.[436]

· 무릇 음과 양이라는 것이 바로 큰 자연의 질서라 이에 동전의 앞뒤와 같나니 말하자면 삶과 죽음의 존재도 반드시 두 면의 성질이 있는 것이라.[437]

頌曰

陰陽循轉理 음양순전리

음과 양이 돌고 구르는 이치는

因果逐相應 인과수상응

인과 과가 서로 보응을 이룸이네

善報招歡樂 선보초환락

선한 과보는 기쁨과 즐거움 부르고

惡行受苦疼 악행수고동

악한 행위는 괴로움과 아픔 받으리.

---

436 夫靜中含動하고 動裏包靜이니 靜是陰이요 動是陽으로 靜先而動後이요 陰先而陽後也라.

437 夫陰陽者는 卽大自然之秩序라 迺如銅錢之前後하니 言生死之存在는 必有兩面之性也.

상생상극
相 生 相 克

상생과 상극

　대종사 말씀하시기를 "그 사람이 보지 않고 듣지 않는 곳에서라도 미워하고 욕하지 말라. 천지天地는 기운氣運이 서로 통通하고 있는지라 그 사람 모르게 미워하고 욕 한 번 한 일이라도 기운은 먼저 통하여 상극相剋의 씨가 묻히고, 그 사람 모르게 좋게 여기고 칭찬 한 번 한 일이라도 기운은 먼저 통하여 상생相生의 씨가 묻히었다가 결국 그 연緣을 만나면 상생의 씨는 좋은 과果를 맺고 상극의 씨는 나쁜 과를 맺느니라. 지렁이와 지네는 서로 상극의 기운을 가진지라 그 껍질을 불에 태워보면 두 기운이 서로 뻗지르고 있다가 한 기운이 먼저 사라지는 것을 볼 수 있나니, 상극의 기운은 상극의 기운 그대로 상생의 기운은 상생의 기운 그대로 상응相應되는 이치를 이것으로도 알 수 있느니라."

《대종경》인과품 5장

상생과 상극

이 장에서 주제로 삼아 이야기하려는 것은 '상생相生'과 '상극相克'의 문제이다.

먼저 '상생'에서 '생生'의 의미는 '자생資生한다.'라는 의미와 '조장助長한다.'라는 의미를 가지고 있다. 이는 주로 오행五行 가운데서 서로 촉진促進하고 서로 의존依存하는 관계를 가지고 있기 때문에 '서로 살려준다.'라는 의미에서 '상생'이라고 한 것이니, 곧 '수생목·목생화·화생토·토생금·금생수水生木·木生火·火生土·土生金·金生水'의 상생 관계를 이루고 있는 것으로써 순환 무궁하여 그치지 않는다. 다시 말하면 오행 상생의 관계에서 '물은 나무를 낳고 나무는 불을 낳으며 불은 흙을 낳고 흙은 쇠를 낳으며 쇠는 물을 낳는 관계'로 이루어져서 서로 조장하고 있다는 말이다.

다음으로 '상극'에서 극克의 의미는 '제재制裁한다.'라는 의미와 '소승所勝한다.'라는 의미를 가지고 있다. 이는 주로 오행 가운데서 서로 제약制約하고 서로 극복克服하는 관계를 가지고 있기 때문에 '서로 이긴다.'라는 의미에서 '상극'이라고 한 것이니 '목극토·

토극수·수극화·화극금·금극목木克土·土克水·水克火·火克金·金克木"의 상극 관계를 이루고 있는 것으로써, 역시 순환 무궁하여 그쳐질 수가 없다. 다시 말하면 오행 상극의 관계에서 "나무는 흙을 이기고 흙은 물을 이기며 물은 불을 이기고 불은 쇠를 이기며 쇠는 나무를 이기는 관계"로 이루어져서 서로 소승을 하고 있다.

동양에서 오래전부터 행하여졌던 이 음양오행설은 음·양의 2기氣와 수水·화火·목木·금金·토土의 5행으로 자연현상이나 인간·사회의 현상을 설명하는 사상이다. 음양설과 5행설은 각각 독립적으로 발전했으나, 전국시대 중엽에 하나의 사상체계로 통합되었다.

원래 음양은 산의 북쪽[응달]과 남쪽[양달]을 가리키는 말이었을 뿐 만물을 형성하는 에너지적 원소로서의 의미를 가진 개념은 아니었으며, 또 실재하는 어떤 대상을 지칭하는 개념도 아니었다. 춘추시대에 이르러 음양이 풍風·우雨·회晦·명明과 함께 천天의 6기六氣 가운데 하나로 취급되면서 비로소 음양은 실재하는 어떤 대상을 가리키는 개념으로 발전했다.

B.C. 3세기 전반 무렵에 천지 만물의 생멸과 변화를 기氣의 모임과 흩어짐에 의해 설명하는 사고방식이 성립되면서, 이때부터 음양을 성질이 상반되는 2종류의 기로 설정하고, 음양 2기에 의해 천지자연의 운행을 설명하기 시작했다. 5행이란 수·화·목·금·토를 가리키며, B.C. 4세기 초부터 그 개념이 보이기 시작하

는데, 처음에는 일상생활에 필수적인 물자의 기본재가 상징화되었던 것으로 보인다. 그 후 음양설과 결합하여 5종류의 기, 즉 우주에 편재하고 충만한 5가지의 에너지적 원소로 간주되었다. 즉이 5행은 목·화·토·금·수 등의 5요소의 변전變轉으로 만물의 생성 소멸을 설명하는 이론이다.

오행설은 음양陰陽의 이론과 밀접하게 연관되어 있는 까닭에 흔히 '음양오행설陰陽五行說'로 불린다. 오행설은 음양이론과 마찬가지로 고대 중국인들의 세계관과 자연에 대한 이해에서 비롯된 것으로 중국 고대 문헌에서 최초로 오행설에 대한 언급을 발견할 수 있는 곳은 《상서》의 홍범洪範으로서 홍범구주洪範九疇의 첫 번째가 바로 오행이며 그 순서는 수·화·목·금·토로 되어 있다.

이러한 5가지 요소는 이른바 민용오재民用五財라는 것으로, 고대인의 생활에 불가결했던 5가지 재료를 가리키는 것이며, 그 순서도 사람의 생명을 유지하는 데 가장 긴요한 물과 불에서 시작해서 생활 자재인 나무와 쇠붙이를 거쳐 모든 것의 기반이 되는 흙에 이르는 것이다. 그러나 이러한 순서는 《예기》의 월령月令에 나타난 목·화·토·금·수의 오행상생五行相生의 순서나, 제齊나라 추연鄒衍이 정한 토·목·금·화·수의 오행상승五行相勝의 순서로 변모가 되었던 것이다.

오행의 상생

- 목생화木生火 : 나무는 불을 낳는다. 나무에서 불이 난다. 나무는 불을 살린다. 불은 나무가 없으면 존재할 수가 없다.

- 화생토火生土 : 불은 흙을 낳는다. 불이 나면 재가 나와 흙이 된다[재가 흙을 비옥하게 만든다]. 불은 흙을 살린다. 흙은 불이 없으면 형체를 변경할 수 없다.

- 토생금土生金 : 흙은 쇠를 낳는다. 흙에서 쇠가 난다. 흙은 쇠를 살린다. 흙 속에 광물이 들었다. 금은 땅 속에서 나온다.

- 금생수金生水 : 쇠는 물을 낳는다. 쇠에서 물이 맺힌다[쇠가 물을 맑게 한다]. 쇠는 물을 살린다. 광물질이 많은 암반에서 좋은 생수가 나온다.

- 수생목水生木 : 물은 나무를 낳는다. 물은 나무를 살린다. 나무는 물이 없으면 살지 못한다.

오행의 상극

- 목극토木剋土 : 나무는 흙을 이긴다. 나무가 흙에 뿌리를 내린다. 나무는 땅속에 뿌리를 박고 살기 때문에 흙을 괴롭힌다.

- 토극수土剋水 : 흙은 물을 이긴다. 흙은 물을 가둔다[혹은 흙은 물을 탁하게 한다]. 흙은 물을 못 흐르게 막아 버릴 수 있어 물을 지배한다.

- 수극화水剋火 : 물은 불을 이긴다. 물은 불을 끈다. 물은 타오

르는 불을 꺼버릴 수 있다.

• 화극금火剋金 : 불은 쇠를 이긴다. 불은 쇠를 녹인다. 불은 금을 녹여 형체를 바꾸어 버린다.

• 금극목金剋木 : 쇠는 나무를 이긴다. 쇠는 나무를 자른다. 쇠로 만든 톱이나 칼로 나무를 베어낸다.

오행의 '상생상극도相生相克圖'는 아래와 같다.

[오행 상생상극도]

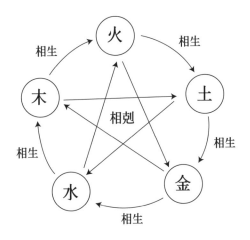

頌曰

夫五行之理 부오행지리

대범 오행의 이치는

在相克倂生 재상극병생

상극과 아울러 상생이 있어서

無非關萬有 무비관만유

만유와 관계되지 아니함이 없으며

列國政治紘 열국정치굉

여러 나라 정치의 벼리도 되었네.

오행다의 五行多意

중국 고래의 철리哲理로, 만물을 조성하는 다섯 가지의 원기 곧, 목·화·토·금·수이다. 즉 이것이 우주의 삼라만상을 형성하는 5가지 활동적 원소라고 할 수 있다. 처음에는 오행을 자연과 인생에 없어서는 안 될 단순한 나무, 불, 흙, 쇠, 물의 물질적 관념으로만 생각하였다. 그런데 나무에 의해서 불이 되고, 불은 모든 것을 태우고 나면 재가 되어서 다시 흙이 되고, 흙으로부터 쇠가 형성되어 나오고, 쇠는 또 물을 생성하며, 물은 나무를 살아가게 한다는 사실을 알게 되었다. 이때부터 오행을 기氣의 작용력으로 고찰하게 되었다. 이렇게 우주에 존재하는 모든 만물은 오행의 변화에 의해서 생성과 소멸을 한다. 오랜 세월 사람의 경험에 의해서 오행의 속성은 여러 가지로 설명되었다.

나뭇잎이 푸르기 때문에 나무[木]를 청靑이라고 하고, 화염이 붉기 때문에 불[火]을 적赤이라고 하였다. 금속의 광택이 백색을 반사하기 때문에 쇠[金]를 백白이라고 하고, 물이 깊어 심연한 것이 암흑이기 때문에 물[水]을 흑黑이라고 하였다. 흙은 대개 황색이므로 토[土]를 황黃이라고 했다.

나무를 봄으로 한 것은 봄이 되면 새싹이 돋아나기 때문이다. 불을 여름으로 한 것은 여름에 뜨거움이 심하기 때문이다. 금을 가을로 한 것은 찬 가을 누른 잎이 마치 금속의 색깔과 촉각이 같기 때문이고, 물이 겨울인 것은 물의 한랭함이 겨울의 추위와 비슷하기 때문이다.

목은 뒤덮고 무성해짐이 있으니, 이것은 측은을 널리 베푸는 것이요, 화는 어두움을 없애고 밝게 비침이 있으니, 이것은 분별함을 법으로 실천하는 것이며, 수는 윤택함을 가지고 유통하니, 이것은 밝은 지혜를 밝게 통하게 하는 것이고, 금은 강하고 예리한 칼날이 있으니, 이것은 의에 합치되도록 옳고 그름을 판단하는 것이며, 토는 잡아주고 싣고 포용함이 있어서 때에 맞추어 만물을 태어나게 하니, 이것은 신실하게 실행하고 속이지 않는 것

이다.[438]

정현이 《예기》 중용편을 주석하여 이르기를 "목신은 인, 금신은 의, 화신은 시, 토신은 지이다."[439]라고 하였다.

소길蕭吉의 《오행대의》에 ① 인은 측은한 것으로 본체를 삼고, 널리 베푸는 것으로 작용을 삼는다.[440] ② 예는 분별하는 것으로 본체를 삼고, 법을 실천하는 것으로 작용을 삼는다.[441] ③ 지는 밝은 지혜로 본체를 삼고, 밝게 지혜를 쓰는 것으로 작용을 삼는다.[442] ④ 의는 의에 합치되는 것으로 본체를 삼고, 결단하는 것으로 작용을 삼는다.[443] ⑤ 신은 속이지 않는 것으로 본체를 삼고, 신실하게 실행하는 것으로 작용을 삼는다.[444]

《한서》의 천문지에 ① 세성[목성]은 사람에게 있어서 오상으

---

438 木有覆冒滋繁 是其惻隱博施也. 火有滅暗昭明 是其分彆踐法也. 水有含潤流通 是其了智明睿也. 金有堅剛利刃 是其合義裁斷也. 土有持載含容. 以時生萬物. 是其附實不欺也

439 鄭玄注禮記中庸篇云. 木神則仁. 金神則義. 火神則禮. 水神則信. 土神則智

440 仁者以惻隱爲體 博施以爲用

441 禮者以分別爲體 踐法以爲用

442 智者以了智爲體 用叡以爲用

443 義者以合義爲體 裁斷以爲用

444 信者以不散爲體 附實以爲用

로는 인仁이고 오사로는 모貌이다. 인이 어그러지고 모[모습]를 잃고, 춘령春令을 거역하여 목木의 기운을 상하면 벌이 세성에 나타난다.[445] ② 형혹[화성]은 사람에게 있어서 오상으로는 예禮이고 오사로는 시視이다. 예[예절]가 어그러지고 시視를 잃으며, 하령을 거역하여 화火의 기운을 상하면 벌이 형혹에 나타난다.[446] ③ 태백[금성]은 사람에게 있어서, 오상으로는 의義이고 오사로는 언言이다. 의가 어그러지고 언[말]을 잃으며, 추령을 거역하여 금金의 기운을 상하면 벌이 태백에 나타난다.[447] ④ 진성(수성)은 사람에게 있어서, 오상으로는 지智이고 오사로는 청聽이다. 지가 어그러지고 청[듣는 것]을 잃으며, 동령을 거역하여 수水의 기운을 상하면 벌이 진성에 나타난다.[448] ⑤ 진성[토성]은 사람에게 있어서, 오상으로는 신信이고 오사로는 사思이다. (오상의) 인의예지는 신으로 주인으로 삼고, (오사의) 모언시청은 사心를 정正으로 삼는다. 네 별이 모두 잘못되면 진성이 그들을 위해 움직인다.[449]

오상은 인의예지신이다. 오래도록 행해서 항상 빠뜨릴 수 없

---

445 歲星於人 五常 仁也. 五事 貌也. 仁虧貌失. 逆春令. 傷木氣 罰見歲星
446 熒惑於人. 五常 禮也. 五事 視也. 禮虧視失. 逆夏令. 傷火氣 罰見熒惑
447 太白於人. 五常 義也. 五事 言也. 義虧言失. 逆秋令. 傷金氣 罰見太白
448 辰星於人. 五常 智也. 五事 聽也智虧聽失. 逆冬令. 傷水氣 罰見辰星
449 鎭星於人. 五常 信也. 五事 思也.仁義禮智.以信爲主. 貌言視聽以思爲正. 四事皆失 鎭星乃爲之動

는 것이기 때문에 상常[항상]이라고 부른다. (오상은) 또한 오덕
이라고 하는데, 이것을 항상 행해서 그 덕을 이룰 수 있기 때문에
오덕이라 하며, 이 오덕을 오행에 배속시켰다.[450]

오행의 대응對應은 다음과 같다.

오행五行의 상생相生과 반생反生

목木 : ① 목뢰수생 수다목부木賴水生 水多木浮 : 나무는 물의 도움
을 받아 살지만 물이 많으면 부목浮木[물에 뜬 나무]이 되어 오히
려 나무가 살기 어렵게 된다. ② 목능생화 화다목분木能生火 火多木焚
: 나무는 능히 불을 낳지만 불이 많으면 오히려 나무를 모두 불태
워서 재가 되게 한다. ③ 목능극토 토다목절木能剋土 土多木折 : 나무
는 능히 흙을 이겨서 제어할 수 있지만 흙이 많으면 오히려 나무
를 부러뜨릴 수가 있다. ④ 목왕득금 방성동량木旺得金 方成棟樑 : 나
무가 왕성하면 쇠를 필요로 하는데 나무를 다듬어 견제하여 들
보[材木]를 만들기 위함이다. ⑤ 목왕득화 방화기완木旺得火 方化其
頑 : 나무가 왕성하면 불을 필요로 하는데 그것은 왕성한 나무를

---

450 五常者. 仁 義 禮 智 信也. 行之終久 恒不可闕 故名爲常亦云五德. 以
　　此常行 能成其德 故云五德. 而此五德 配於五行

설기泄氣하여 적절히 변화시키기 위함이다. ⑥ 목다토색木多土塞 : 나무가 많으면 목극토木剋土하여 흙의 기세가 소멸된다.

화火 : ① 화뢰목생 목다화색火賴木生 木多火塞 : 불은 나무의 도움을 받아 살지만 나무가 많으면 오히려 화기火氣를 꺼버릴 수 있다. ② 화능생토 토다화회火能生土 土多火晦 : 불이 능히 흙을 낳지만 흙이 많으면 오히려 불을 모두 꺼버릴 수 있다. ③ 화능극금 금다화식火能剋金 金多火熄 : 불은 능히 쇠를 녹이지만 쇠가 많으면 오히려 불을 꺼버릴 수 있다. ④ 화왕득수 방성상제火旺得水 方成相濟 : 불이 왕성하면 물을 필요로 하는데 그것은 서로 돕고 견제하여 완성을 이루기 위함이다. ⑤ 화왕득토 방화기완火旺得土 方化其頑 : 불이 왕성하면 흙을 필요로 하는데 그것은 왕성한 불을 설기泄氣하여 적절히 변화시키기 위함이다. ⑥ 화다금용火多金鎔 : 불이 왕성하면 쇠가 모두 녹아 없어진다.

토土 : ① 토뢰화생 화다토초土賴火生 火多土焦 : 흙은 불의 도움을 받아 살지만 불이 많으면 오히려 흙이 모두 불타 없어진다. ② 토능생금 금다토허土能生金 金多土虛 : 흙은 능히 금을 낳지만 금이 많으면 오히려 토기土氣를 모두 상실한다. ③ 토능극수 수다토류土能剋水 水多土流 : 흙은 능히 물을 이기지만 물이 많으면 오히려 흙이 모두 떠내려간다. ④ 토왕득목 방능소통土旺得木 方能疏通 : 흙이 왕성하면 나무를 필요로 하는데 그것은 목극토木剋土로 견제하여 소통시켜 중화中和를 이루기 위함이다. ⑤ 토왕득금 방선기체土旺得金 方宜其滯 : 흙이 왕성하면 쇠를 필요로 하는데 그것은 왕성한 흙을 설기泄氣하여 정체된 것을 풀어 원활한 흐름을 유지하기 위해서이다. ⑥ 토다수색土多水塞 : 흙이 지나치면 수로가 막혀 물이 갈곳이 없을 수 있다.

금金 : ① 금뢰토생 토다금매金賴土生 土多金埋 : 쇠는 흙의 도움을 받아 살지만 흙이 많으면 오히려 금이 묻혀 버린다. ② 금능생수 수다금침金能生水 水多金沈 : 쇠는 능히 물을 낳지만 물이 많으면 오히려 쇠가 잠겨 버린다. ③ 금능극목 목다금결金能剋木 木多金缺 : 쇠는 능히 나무를 이기지만 나무가 많으면 오히려 쇠를 부러지게 한다. ④ 금왕득화 방성기명金旺得火 方成器皿 : 쇠가 왕성하면 불을 필요로 하는데 그것은 기물을 다듬어 그릇을 만들기 위함이다. ⑤ 금왕득수 방좌기봉金旺得水 方挫其鋒 : 쇠가 왕성하면 물을 필요로 하는데 그것은 왕성한 금[쇠 ; 칼날, 날카로움]을 설기泄氣하여 부드럽게 함이다. ⑥ 금다목절金多木折 : 쇠가 지나치면 나무를 부러뜨려 나무를 쓰지 못하게 만들 수도 있다.

수水 : ① 수뢰금생 금다수탁水賴金生 金多水濁 : 물은 쇠의 도움을 받아 살지만 쇠가 많으면 오히려 물을 흐리게 한다. ② 수능생목 목다수축木能生木 木多水縮 : 물은 능히 나무를 낳지만 나무가 많으면 오히려 물이 말라 건조해 진다. ③ 수능극화 화다수증水能剋火 火多水蒸 : 물은 능히 불을 이기지만 불이 많으면 오히려 물이 모두 증발해 버린다. ④ 수왕득토 방성지소水旺得土 方成池沼 : 물이 왕성하면 흙을 필요로 하는데 그것은 흙으로서 둑을 쌓아 늪지 즉 연못을 만들기 위함이다. ⑤ 수왕득목 방설기세水旺得木 方泄其勢 : 물이 왕성하면 나무를 필요로 하는데 그것은 왕성한 물의 기세를 순리적으로 설기泄氣 시키기 위함이다. ⑥ 수다화식水多火熄 : 물이 지나치면 불을 꺼버린다.

　무릇 천지만물의 생성과 변화의 과정 중 오행의 순환은 중화中和를 이룰 때 상생의 관계를 이루지만 중화가 깨졌을 때는 그 중화를 이루기 위해서 상극相剋[견제]을 하면서 서로가 함께 성장하고 기氣와 정신이 형성되는 것이라고 할 수 있다. 다시 말하면 이는 서로를 죽이고 자신만 살고자 하는 것이 아니고 가정이나 사회국가가 모두 함께 조화롭게 살기 위해서는 상생을 바탕으로 하지 않을 수 없다.

頌曰

　相生相剋有 상생상극유

상생과 상극이 있으니

惡出惡多難 악출악다난

악에서 악이 나와 어려움 많네

此世無眞偶 차세무진우

이 세상에 정말 우연은 없으니

活間勿隻看 활간물척간

사는 사이 척져 보지 말지라.

도산지옥
刀 山 地 獄

칼산의 지옥

김삼매화金三昧華가 식당에서 육물을 썰고 있는지라 대종사 보시고 물으시기를 "그대는 도산지옥刀山地獄을 구경하였는가." 삼매화 사뢰기를 "구경하지 못하였나이다." 대종사 말씀하시기를 "도마 위에 고기가 도산지옥에 있나니 죽을 때에도 도끼로 찍히고 칼로 찢겨서 천 포 만 포가 되었으며 여러 사람이 사다가 또한 집집에서 그렇게 천 칼 만 칼로 써니 어찌 두렵지 아니하리오."

《대종경》인과품 32장

이 장에서는 주로 도산지옥에 중점을 두어서 해설하려고 한다. 따라서 김삼매화도 말하지 않을 수 없다.

먼저 글자나 단어를 풀이하면

- 刀 : 칼 도. 칼.
- 山 : 뫼 산. 산. 뫼.
- 刀山 : 칼산. 칼숲. 지옥에 있다고 하는 칼이 삐죽삐죽 솟은 산. 험악한 곳[경지]. 칼을 심어놓은 산.
- 地 : 땅 지. 땅. 토지의 신.
- 獄 : 옥 옥. 감옥. 송사.
- 地獄 : ① 원불교에서는 육도 사생으로 윤회 전생輪回轉生 하는 중생이 사후에 가게 되는 악도 중 가장 무서운 세계로 인정하면서도 현실 세계 속의 고통받는 중생의 삶, 특히 마음속에서 일어나는 고통을 상징하는 개념으로 사용되고 있다. 소태산 대종사는 '네 마음이 죄복과 고락에 사로잡혀 있으면 그 자리가 곧 지옥'[대종경 변의품 10]이라 했다. 또 정산 종사는 "항상 진심을 내어 속이 끓어 올라 그 마음이 어두우며 제 주견만 고집하여 의논 상대가 없는 세계"[정산종사법어 경의편 52]라고 했다. ② 고대 인도의 선인 선과善因善果·악인 악과惡人惡果에 따르는 윤회 관념을 받아들인 불교는 생사를 반복하는 세계로서 지옥·아귀·축생·아수라·인간·천상의 육도六途를 상정했다. 이 지옥에는 근본 지옥으로서 팔열八熱：八大·팔한八寒 지옥이 있으며, 팔열 지옥의 주변에는 각각 십육유증十六遊增 지옥이 있다. 또한, 산간·광야·나무

밑·공중에 고독 지옥이 있다. ③ 사후에 가는 타계의 하나. 명계, 명부, 음부라고도 하며, 영어의 hell, 독일어의 Hölle, 프랑스어의 enfer, 이탈리아어의 inferno 등에 해당한다. 일반적으로 묘지의 정경이나 사체의 부패 과정을 연상해서 만들어진 것인데, 초상적 超常的인 관념이나 표상에 의해서 만들어진 경우도 있다. '지옥'이라는 말은 후술하는 산스크리트어에서 유래하며, 후에 불교와 함께 중국에 수입되어 태산부군泰山府君의 명계관과 결합되어서 십왕 사상을 낳았다. 지옥의 관념에 공통적으로 보이는 특색은 인과응보나 수고受苦와 심판 사상이다. 그 때문에 동서고금을 불문하고 지옥과 유사한 관념은 널리 인정되는데 그중 주요한 것을 개관하였다.

김삼매화金三昧華[1890~1944. 법호는 낙타원洛陀圓]

1890년 10월 29일 경성부 창인동에서 부친 성초成初와 모친 탁卓 씨의 2남 1녀 중 장녀로 태어났다. 어릴 적부터 천성이 견실 근면했으며, 일찍이 결혼 생활을 했으나 25세 시 부부간에 파탄으로 친가로 돌아와 생활하던 중, 당시 조선왕조의 종친인 완순군完順君의 차남 이규용李達鎔의 소실로 있던 이동진화李東震華의 침모針母가 되었다. 1924년(원기9) 봄, 소태산 대종사의 첫 상경 시 박사시화朴四時華의 인도로 이동진화가 귀의했고, 이동진화가 소태산을 찾아 만덕산 초선初禪에 동참할 때 함께 참여하여 법열을 느꼈다. 1925년(원기10) 9월에는 이동진화가 자신의 수양 처인 서울 창신동 605번지의 초가 10여 칸과 땅 1백여 평을 교단에 희사하여 경성지부가 창설되자 함께 경성지부 창립주가 되었다. 1934년(원기19)에 출가하여 경성지부 감원으로 지부 발전에 크게 조력했고, 1943년(원기28) 54세 시에 총부 식당 주무로 임명되어 간고한 총부 살림을 알뜰히 꾸려나갔다. 이청춘李靑春, 이공주李共珠와 더불어 박사시화朴四時華의 노후 시봉을 위해 은모시녀恩母侍女 결의식을 행했고, 이들 세 자매는 서로 다정하게 지내며 박사시화에 대한 시봉의 예를 극진히 했다. 1943년 6월 소태산의 열반 후 크게 슬퍼하다가 1년이 지나지 않은 1944년(원기29) 4월 1일, 55세를 일기로 중앙총부에서 열반에 들었다.

도산지옥이란 어떤 곳인가?

세상의 모든 종교에서 등장하는 요소로, 살아생전에 죄를 많이 짓거나 특정 종교를 믿지 않은 사람이 사후에 떨어져 불이나 각종 고문 기구, 또는 악마 등에 의해 고통을 받게 되는 곳을 말하여 지옥이라 하였다. 지옥의 개념은 각 종교의 세계관이 구체화 되면서 발달했으며, 고대의 신화나 원시적인 형태의 종교에서는 지하세계 정도의 언급은 있으나 사실 지옥과 천국의 개념은 명확하게 제시되지 않는다. 특히 이 도산지옥은 날카로운 칼날이 뾰족뾰족 튀어나온 평상 위에 알몸의 죄인을 눕히고, 지옥

의 옥졸들이 커다란 칼로 막 찌른다고 말하고 있다. 이 도산지옥
에서 위로 세 번째 부분에 위치하며 진광대왕秦廣大王이 다스린다.
이승에서 깊은 물에 다리를 놓은 공적도 없고, 배고픈 자에게 밥
을 준 공덕도 없는 사람들이 죽어서 가는 곳이다. 따라서 도산지
옥은 온통 칼로 뒤덮인 산을 의미하는 지옥으로 진광대왕의 심
판에 통과하지 못한 중생들이 떨어지는 지옥이다. 구두쇠가 가는
지옥으로 이곳에서의 형벌은 끝없는 칼날을 맨발로 걸어가야 한
다. 도산지옥은 말 그대로 칼로 되어있는 산을 끊임없이 올라야
하는 지옥이다. 도산지옥에 가면 무수한 칼날이 다리와 몸을 찢
어발겨 고통을 주는 지옥으로 실수로 넘어지기라도 하면 온몸에
칼이 박혀버린다. 또한, 조금이라도 쉬려고 하면 옥졸들이 달려
와 바닥에 사정없이 내동댕이쳐서 창으로 마구 찌르는 곳이라고
할 수 있다.

10대 지옥과 시왕

• 도산지옥刀山地獄 : 진광대왕秦廣大王이 주왕主王이다. 사후 1~7
일. 7일째 되는 날 대왕 앞에 나가 다스림을 받는다. 앞뒤로 나찰
이 따라붙어 사출산을 넘어야 진광왕의 대궐에 도달할 수 있다.
• 화탕지옥火湯地獄 : 초강대왕初江大王이 주왕이다. 사후 8~14일.
삼도천. 죄의 경중에 따라 각기 다른 세 개의 강을 건넘. 의령수
에 죄인의 옷을 걸어 죄의 무게를 측정한다.

• 한빙지옥寒氷地獄 : 송제대왕宋帝大王이 주왕이다. 사후 15~21일. 대해 동남쪽 아래 대지옥. 대지옥 안에 16개의 지옥. 대왕이 직접 죄인의 죄를 소상히 읊어준다. 마음속 작은 죄까지 읊는다.

• 검수지옥劍樹地獄 : 오관대왕五官大王이 주왕이다. 사후 22~28일. 업칭이라는 저울에 사람의 죄를 측정해 경중에 따라 벌을 줌. 업칭은 공중에, 좌우에 동자들이 업보를 적은 업부를 갖추고 있다.

• 발설지옥拔舌地獄 : 염라대왕閻羅大王이 주왕이다. 사후 29~35일. 죄인의 죄를 비추는 아홉 면의 업경에 죄인의 머리채를 잡아 보게 함. 예부터 몇 번, 몇만 번을 왔다며 다음 생에서는 선행해서 오면 안 된다고 했는데 또 왔다고 호통을 친다.

• 독사지옥毒蛇地獄 : 변성대왕變成大王이 주왕이다. 사후 36~42일. 아직도 죄가 남은 죄인들을 지옥에 보내 벌 받게 한다. 변성대왕의 대궐에서는 유족들이 공덕을 쌓으면 죄인들의 죄가 감해진다. 대궐에 이르기까지 '철환소'라는 둥글고 큰 돌이 움직여 부딪히는 곳을 지나야 한다.

• 거해지옥鉅骸地獄 : 태산대왕泰山大王이 주왕이다. 사후 43~49일. 염라대왕의 서기로 인간의 선악을 기록하여 죄인이 태어날 곳을 정한다. 4일째에 죄값을 치른 모든 죄인이 태산대왕의 어전에서 새로 태어날 곳을 지정받는다. 6도[지옥도, 아귀도, 축생도, 아수라도, 인간도, 천상도] 중 한 군데로 결정. 그러나 죄인은 남

은 죄를 탕감하기 위해 계속 다른 대왕에게로 가서 벌을 받는다.

• 철상지옥鐵床地獄 : 평등대왕平等大王이 주왕이다. 사후 100일 관리. 공평하게 죄와 복을 다스린다는 의미. 8한 8열 지옥의 사자와 옥졸을 거느림. 철빙산이라고 하는 두꺼운 쇠 얼음과 칼날 같은 얼음을 지나야 평등대왕의 대궐에 도달한다. 죄인에게 더 엄히 벌을 내리지만 죄인이 노력하여 공덕을 쌓으면 자비로 천당을 보게 된다.

• 풍도지옥風途地獄 : 도시대왕都市大王. 사후 1년째 관리. 죄인이 1년째에 이곳을 지나기가 더욱 힘들고 육도 윤회도 여전히 미정. 친족들이 좋은 일을 하면 춥고 뜨거운 고통이 없어지기도 한다.

• 흑암지옥黑闇地獄 : 오도전륜대왕五道轉輪大王이 주왕이다. 사후 3년째 관리. 관중옥사를 거느림. 최후로 죄인의 윤회가 결정되는데, 죄가 탕감되지 않았다면 건너갈 수도 없는, 지금까지의 고통은 큰 바다에 비교해 방울에 불과한 무간지옥으로 보내져야 한다.

지옥에 들어가는 업장을 녹이고 또한 능력을 가지려면 어떻게 해야 할 것인가?

• 보어은혜報於恩惠 : 은혜를 갚아야 한다. 우리가 천지와 부모와 동포와 법률에게서 입은 은혜가 바로 없어서는 살 수 없는 은혜이니 이 은혜를 갚음으로써 산에 가면 산신령이 돕고 물에 가면

물귀신이 도와서 지옥에 들지 않는다.

• 축어선업蓄於善業 : 선업을 쌓아야 한다. 우리가 세상을 살면서 때와 장소를 가리지 않고 정신과 육신과 물질로 힘이 닿는 대로 베풀어 선업이 쌓음으로써 방폐防弊가 될 수 있다. 다시 말하면 담이 높으면 도둑이 들어오지 못한다.

• 행어참회行於懺悔 : 참회를 행해야 한다. 우리가 세상을 살면서 지부지간知不知間에 지어지는 업장, 의타의간意他意間에 지어지는 업장, 직간접간直間接間에 지어지는 업장 등을 진정으로 통회痛悔하고 회루悔淚한다면 업장이 자연 소갈消竭되어 진다.

• 배어심력培於心力 : 마음의 힘을 배양해야 한다. 마음의 힘 곧 혜력慧力과 복조福祚가 배양되어야 한다. 즉 깊은 수행을 통해서 마음의 힘이 쌓이고, 복락이 유여해야 자유자재할 수 있는 마음의 힘을 갖추게 된다.

• 각어이성覺於理性 : 진리와 성품을 깨쳐야 한다. 우리가 공리空理와 공성空性이 되었을 때 비로소 업장이 없다는 사실을 알기 때문에 성리性理를 깨닫는 것이 가장 중요한 것이라고 아니할 수 없다. 그러면 자연 업장은 붙어있을 곳이 없게 되고 또한 붙여둘 만한 곳도 없게 된다.

頌曰

夫人原不拘 ^{부인원불구}

무릇 사람은 원래 잡힌 게 아닌데

自縛入尋囚 ^{자박입심수}

스스로 얽어서 감옥을 찾아 드네

心閉乾坤獄 ^{심폐건곤옥}

마음이 닫히면 하늘땅이 지옥이요

反開宇宙遊 ^{반개우주유}

반면에 열리면 우주가 놀이터여라.

즉심시불

即 心 是 佛

곧 마음이 이에 부처이다

한 제자 여쭙기를 "어떠한 주문을 외고 무슨 방법으로 하여야 심령이 열리어 도를 속히 통할 수 있사오리까." 대종사 말씀하시기를 "큰 공부는 주문 여하에 있는 것이 아니요, 오직 사람의 정성 여하에 있나니, 그러므로 옛날에 무식한 짚신 장수 한 사람이 수도에 발심하여 한 도인에게 도를 물었더니 '즉심시불即心是佛'이라 하는지라, 무식한 정신에 '짚신 세 벌'이라 하는 줄로 알아듣고 여러 해 동안 '짚신 세 벌'을 외고 생각하였는데 하루는 문득 정신이 열리어 마음이 곧 부처인 줄을 깨달았다 하며, 또 어떤 수도인은 고기를 사는데 '정한 데로 떼어 달라' 하니, 그 고기 장수가 칼을 고기에 꽂아 놓고 '어디가 정하고 어디가 추하냐?'는 물음에 도를 깨쳤다 하니, 이는 도를 얻는 것이 어느 곳 어느 때 어느 주문에만 있는 것이 아님을 여실히 보이는 말이라. 그러나 우리는 이미 정한바 주문이 있으니 그로써 정성을 들임이 공이 더욱 크리라.”

《대종경》변의품 13장

변의품 13장에서 두 가지 문제를 들고 있다. 하나는 ‘짚신 세 벌’이요, 다른 하나는 ‘고기의 정추精麤’이다. 즉 짚신 세 벌은 무식한 짚신장수의 이야기이요, 다른 이야기는 보적 선사寶積禪師와 관계된 사실이다.

두 이야기에 있어서

짚신 세 벌의 원문은 “옛날에 한 무식한 신발장수가 있었는데 수도에 발심하여 도를 한 도인에게 물으니 도인이 말하기를 ‘곧 마음이 이에 부처니라.’ 하였다. 정신이 어둡고 우둔함으로 인하여 ‘짚신 세 벌’이라고 잘못 듣고 수년간을 오직 ‘짚신 세 벌’이란 한 말만을 외었는데 어느 날 정신이 단번에 열려서 문득 마음이 곧 부처라는 이치를 깨달으니라.”[451]이다.

---

451 昔有一無識之草鞋商 發心修道 問道於一道人 道人曰 ‘卽心是佛’ 因精神昏鈍 誤聽爲 ‘草鞋三雙’ 數年間 惟誦 ‘草鞋三雙’ 一語 某日 精神頓開 便悟心卽佛之理

유주의 반산 보적 선사가 시장 길을 가다가 어떤 사람이 돼지 고기를 사러 가서 고기 파는 사람에게 말하였다. "좋은 고기를 한 근만 잘라주시오." 하니 고기를 파는 사람이 칼을 놓고 팔짱을 끼고 말하기를 "어떤 것이 깨끗하지 않는 것입니까?" 함에 보적 선사가 이를 보고 깨침이 있었느니라.[452]이다.

※ 보적 선사 : 마조 도일馬祖道一 선사의 법사法嗣이다. 평생의 자취는 알 수가 없다. 그는 늘 참선만 하고 있다가 하루는 거리에 나가 장례식을 구경하였다. 그때 상주가 슬피 우는 소리를 듣고 문득 깨쳤다. 남들은 통곡을 하는데 그는 혼자서 덩실덩실 춤을 추면서 뛰어놀았다. 그는 마조馬祖의 법을 받고 유주幽州의 반산에서 교화하였다. 상당上堂 법문 하나를 소개한다.

대사가 상을 당하여 무리들에게 말했다.

"마음에 일이 없다면 만상이 나지 못했을 것이요, 뜻이 현묘한 이치조차 끊어 없애면 가는 티끌인들 어디에 서랴! 도는 본래 체가 없거늘 도를 인하여 이름을 세우고, 도는 본래 이름이 없거늘 이름으로 인하여 호칭이 생긴다. 만약 마음이 곧 부처라고 한다

---

452 幽州盤山寶積禪師 因於市肆行 見一客人買豬肉 語屠家曰 '精底割一
斤來!' 屠家方下刀 叉手曰 '那個不是精底?' 師於此有省

면 지금 현묘한 진리에 들지 못하고, 만약 마음도 아니고 부처도 아니라고 말한다면 여전히 자취를 가리키는 극칙일 뿐이다. 위로 향하는 한 길은 천 명의 성현도 전하지 못하거늘 배우는 자가 형체를 수고롭게 하는 것은 마치 원숭이가 그림자를 잡으려는 것과 같다. 무릇 대도는 중간도 없거늘 무엇이 앞이며 무엇이 나중이랴! 아득한 허공은 경계를 끊었으니 무엇으로써 측량하겠으며, 허공이 이미 그와 같다면 도는 다시 어떻게 설하겠는가? 마음 달이 홀로 둥근데 그 광명은 만상을 삼키니 광명이 경계를 비추는 것도 아니고, 경계 또한 존재하지 않는다. 광명과 경계가 모두 없어지면 다시 이 무슨 물건인가?"[453]

글자와 단어를 풀어보면

- 草 : 풀 초. 초원. 거친 풀.
- 鞋 : 신 혜. 짚신. 목이 짧은 신.
- 草鞋 : 짚신. 볏짚으로 삼아 만든 신.
- 三 : 석 삼. 셋. 거듭. 세 번. 자주.

---

453 師上堂示衆曰 '心若無事萬象不生 意絶玄機纖塵何立 道本無體因道
而立名 道本無名因名而得號 若言卽心卽佛 今時未入玄微 若言非心
非佛 猶是指蹤之極則 向上一路千聖不傳 學者勞形如猿捉影 夫大道
無中復誰先後 長空絶際何用稱量 空旣如斯道復何說 夫心月孤圓 光
吞萬象 光非照境 境亦非存 光境俱亡 復是何物?'

• 雙 : 쌍 쌍. 둘씩 짝을 이룬 것. 둘을 하나로 묶어 세는 단위. 두 짝으로 이루어지다.

• 精 : 정밀할 정. 정성 정. 정精하다[정성을 들여서 거칠지 아니하고 매우 곱다]. 깨끗하다. 정성스럽다. 뛰어나다. 우수하다. 가장 좋다. 훌륭하다. 총명하다. 똑똑하다. 영리하다. 세밀하다. 정밀하다. 정교하다. 정력精力.

• 麤 : 거칠 추. 거칠다. 소략하다. 성질이 과격하다.

• 精麤 : 정밀한 것과 거친 것을 아울러 이르는 말.

두 가지가 무엇을 말하려는 것인가?

결국 진리를 깨닫고 본래 마음을 회복하여 부처가 되자는데 목적이 있다고 할 수 있다.

• 불조재심佛祖在心 : 부처와 조사는 마음에 있다. 이 세상에 마음을 갖지 않는 생령은 하나도 없다. 즉 원초적으로는 모두 똑 같이 하나의 마음을 지니고 있다. 다만 그 마음을 밝히고 맑히느냐 그렇지 않느냐에 따라 지우智愚가 나뉘고 불생佛生이 나뉘며 고하高下가 나뉘고 현불초賢不肖가 나뉘는 것은 어쩔 수 없는 상황이라고 할 수밖에 없다. 그러므로 생령 가운데 고등高等하다는 사람은 마음을 가지고 있으니 부처가 되고 조사가 되는 것은 당연하다고 아니할 수 없다.

• 공부재주功不在呪 : 공부는 주문에 있지 않다. 우리는 공부를

한다. 꼭 연필 들고 학교에 다니며 노트에 쓰는 것만 공부가 아니라 이치나 사물에 대하여 궁구窮究하는 것이 모두 공부 아님이 없다. 그러므로 신묘神妙한 주문만을 외우려고 고집하지 말고 이 우주에 널려있는 모든 사상事上에서 주문을 찾아보고 또한 공부의 줄거리를 잡아야 한다.

• 오재진성悟在盡誠 : 깨달음은 정성을 다함에 있다. 깨달음이란 어떤 것일까? 아마 우주의 이치를 알고 자신의 본래 성품 곧 마음을 회복하는 것이라고 할 수 있다. 다시 말하면 이성理性에 대해서 가늠이나 짐작이 아니라 확실하게 점두點頭를 하는데 결국 정성이 들어가야 한다. 유성유성각有誠有成覺이요 무성무성각無誠無成覺이다. 즉 정성이 있으면 깨달음을 이루지만 정성이 없으면 깨달음을 이룰 수 없게 된다.

• 이무정추理無精麤 : 진리에는 정과 추가 없다. 우리가 시장에서 고기를 산다. 소고기든 돼지고기든 간에 부위의 다른 점이 있을지라도 고기 자체에는 정추精麤가 없다. 즉 고기장수의 입장에서는 자기 점포 고기는 모두 깨끗한데 깨끗한 부위로 고기를 달라고 하니 화가 나지 않을 수 없다. 그러므로 칼을 고기에 꼽고 정추를 가려보라고 하였다. 이와 같이 진리 자체에는 정추가 없는 자리이기 때문에 수행자의 눈이 뜨여지지 않을 수 없다.

• 자단사량自斷邪思 : 저절로 삿된 생각이 끊어졌다. 무식한 짚신장수가 '짚신 세 벌'이라고 알아듣지 않고 '마음이 곧 부처이다.'

라고 알아들었으면 어떻게 되었을까? 아마 진리를 깨닫기 어려 웠을 가능성이 다분하다고 아니할 수 없다. 왜냐하면 사사私邪의 사량思量이 들어가기 때문이다. 다시 말하면 날 넘은 생각이나 넘 겨짚는 마음, 곧 추론推論이 생겨 자기의 깨침과 타협을 하기 때문 에 진각眞覺의 경지에 도달하기가 어렵게 될 수밖에 없다. 그러므 로 진리를 공부하는 데 있어서는 지해知解 중근기 보다는 무식無識 의 하근기가 훨씬 나은 것이라고 할 수 있다.

부처란 무엇일까?

'즉심시불卽心是佛'이라 하였으니 부처에 대해서 알아볼 필요가 있다. 여러 가지 단상을 내리기보다는 사전적인 의미와 과거 경 전에서 말한 부처의 근리近理를 적어보려 한다.

《원불교대사전》에 "깨달은 자覺者. 불타佛陀, buddha·불타佛馱·부 타浮陀 등으로 음역한다. 한자로는 불타, 또는 줄여서 불佛이라고 한다. 의미상으로는 각자覺者·지자知者·각覺의 뜻이므로, 붓다인 석가모니불 곧 석존이나 모든 부처를 가리킨다. 부처는 B.C. 6세 기경 인도의 카필라국에서 태어나 태자의 지위를 버리고 출가한 뒤 6년의 수행을 거쳐 일체의 번뇌를 끊고 무상無上의 진리를 깨 달아 중생을 교화했던 석가모니를 존경하여 부르는 말이다. 그 러나 부처는 깨달은 사람이라는 말에서 볼 수 있듯이 석가모니 에게만 국한된 절대적인 명칭은 아니다. 부처는 일체법一切法, 곧 우주 만법의 참모습을 있는 그대로 보고 알아서 더할 수 없는 진리를 체득한 성자를 의미하는 것이며, 그러한 성자가 바로 석가모니이기 때문에 그를 부처라고 한다. 부처의 깨달음에는 ① 자각自覺[스스로 깨달음], ② 각타覺他[다른 중생들을 깨닫게 함], ③ 각행원만覺行圓滿[깨달음 작용이 전지전능全知全能하게 충만함]의 3가지 의미가 있는데 부처는 이 세 가지를 원만하게 갖추었다."

원불교의 입장에서는 "원불교에서 부처는 불교 전래의 의미를 계승해 오고 있다. 다만 붓다 곧 석가모니불은 소태산 대종사가 대각 후 《금강경》을 열람하고 그 증오 처를 확인하는 과정에서 성중성聖中聖으로 찬탄하고 연원불로 받들고 있다. 또한, 소태산이 대각하고 상징한 일원상[○]을 법신불로 받들며 최고 종지宗旨로 삼고 있다.[<원불교 교헌> 제1조] 이를 '교리도'에서는 "일원一圓은 법신불이니 우주 만유의 본원이요 제불 제성諸佛諸聖의 심인心印이요 일체중생의 본성이라."라고 정의하고 있다. 일원상의 진리를 크게 깨쳐 일원의 위력을 얻고 일원의 체성에 합한 성자, 삼학 병진 수행으로 삼대력을 얻어 만능·만덕을 얻은 수행자라는 말이며, 그 수행의 결과를 대각여래위大覺如來位로 받든다. 정산 종사는 '대종사성비명大宗師聖碑銘'에서 소태산을 '뭇 성자들이 모여 크게 이룬[集群聖而大成] 새 회상의 주세불主世佛'로 밝히고 있다." 이러한 의미로 볼 때 부처란 각자 지자覺者知者의 뜻으로, 안으로 심성心性을 각지하고 밖으로 사리事理를 각지하여 일체 법一切法과 일체 종상一切種相과 일체 번뇌와 일체 무명과 일체 유정과 일체 무정과 일체 유상과 일체 무상 등을 돈각돈지頓覺頓知함은 물론이거니와 다른 사람에게도 심성과 사리를 깨닫도록 교도하는 자각각타自覺覺他의 원만행圓滿行을 성취하여 일체 지혜와 일체 복락과 일체 능력과 일체 위덕을 다 갖추어 활용 자재할 수 있는 천상천하에 최존 최귀한 성자를 말한다.

경전에서 말한 부처는

• 《지도론》에 보면 '불타는 진나라 말로 지자라는 뜻이다. 유상무상 등 일체 모든 법을 보리수 아래서 명백하게 깨쳐 알았기 때문에 부처라 한다.'[454]라고 하여 '모든 것을 아는 사람'이라 하였다. 《지도론》에 '불은 깨닫는다는 뜻으로 일체의 무명이나 수면 속에서 처음으로 깨달았기 때문에 각이라 한다.'[455]라고 하여 '무명이나 미혹을 깨친 사람'이라고 하였다.

• 《법화문구》에 '인도에서 불타라는 말은 여기서는 깨달은 자, 아는 자라는 말이니 미혹에 대하여 안다는 것이요 어리석음에

---

454 佛陀秦言知者 有常無常等一切諸法 菩提樹下了了覺知 沽名佛陀
455 佛名爲覺 於一切無明睡眠中 最初覺故名爲覺

대하여 깨닫는다는 것이다.'[456]라고 하였다.

• 《선견률》4에 '불이란 스스로 깨치고 또 다른 사람도 깨치게 한다. 또 안다고도 하는데 무엇을 안다고 하는가. 진제眞諦와 속제俗諦[사실事實과 이실理實]를 알기 때문이니 그러므로 부처라 한다.'[457]라고 하였다.

• 《인왕경》에 '일체중생으로 삼계의 번뇌와 과보를 끊어서 다 해버린 사람을 부처라 한다.'[458]라고 하였다.

• 마조 선사와 대매 법상 선사大梅法常禪師의 문답이다. "마조 도일 선사가 대매 스님의 물음으로 인하여 '어떤 것이 부처입니까?' 마조 선사가 이르기를 '마음이 곧 부처이니라.'라고 했다."[459]

• 황벽 단제 선사黃檗斷際禪師의 《완릉록》에 묻기를 "어떤 것이 부처입니까?" 선사가 이르기를 "너의 마음이 부처라. 부처는 곧 마음이니, 마음과 부처가 다르지 않기 때문에, 이르기를 '마음이 곧 부처라'라고 하는 것이니, 만일 마음을 여의고는 따로 부처가 없느니라."[460]

---

456 西竺言佛陀 此言覺者知者 對迷名知 對愚名覺
457 佛者名自覺亦能覺他 又言知 何謂爲知 知諦故 故名爲佛
458 一切衆生 斷三界煩惱果報盡者名爲佛
459 馬祖 因 大梅問 '如何是佛' 祖云 '卽心卽佛'
460 問 '何者是佛' 師云 '汝心是佛 佛卽是心 心佛不異故 云 <卽心卽佛> 若離於心 別更無佛'

• 달마 대사의 《혈맥론》에 '성품이 곧 이 마음이요 마음이 곧 이 부처이며 부처가 곧 이 도요 도가 곧 이 선이라.'[461]

• 운문 선사雲門禪師가 만일 '마음이 곧 부처다.'라고 한 것은 방편으로 한 것이니 머슴을 인증하여 스승으로 삼는 것이요, '생사가 열반이다.' 함은 흡사 목을 베고 살리기를 찾으려는 것이라. 만일 부처를 말하고 조사를 말한다면 부처의 뜻과 조사의 뜻은 대체로 염주 알을 가지고 그 눈동자를 바꾸려는 것과 같으니라."[462]

• 황벽 단제 선사의 《전심법요》에 "이 마음이 곧 부처이니, 부처가 곧 중생이라. 중생일 때에도 이 마음은 줄어들지 않고, 부처일 때에도 이 마음은 불어나지 않느니라."[463]

• 황벽 단제 선사의 《전심법요》에 황벽이 배휴에게 말하기를 "모든 부처와 모든 중생이 오로지 한 개 마음이고, 다시 다른 법은 없느니라. 이 마음은 애초부터 생겨난 적이 없고 사라진 적이 없으며, 푸른색도 아니고 누른색도 아니며, 모습도 없고 모양도 없으며, 있는 것도 아니고 없는 것도 아니며, 새롭지도 않고 낡지도 않으며, 길지도 않고 짧지도 않으며, 크지도 않고 작지도 않으

461 達磨大師 血脈論曰 '性卽是心 心卽是佛 佛卽是道 道卽是禪

462 若'言卽心卽佛'權目認奴作師 '生死涅槃' 恰似斬頭覓活 若說佛說祖 佛意祖意 大似將木穗子 換却爾眼睛相似

463 此心卽是佛, 佛卽是衆生。爲衆生時此心不減, 爲諸佛時此心不添

며, 모든 한계와 이름과 흔적과 상대를 벗어나서 지금 이대로가 곧장 이것이니 생각을 움직이면 어긋나고 마치 허공과 같아서 테두리가 없으니 헤아릴 수 없느니라."[464]

• 황벽 단제 선사의 《전심법요》에 "오직 한 개 마음뿐, 얻을 수 있는 법은 티끌만큼도 없으니 바로 이 마음이 부처라. 오늘날 도를 배우는 사람들은 이 마음의 본바탕을 깨닫지는 못하고 곧장 마음 위에서 마음을 내니, 밖에서 부처를 구하는 것이며 모습을 붙잡고 수행하는 것이므로, 모두가 악법이고 깨달음이 아니니라."[465]

• 황벽 단제 선사의 《전심법요》에 "다만 곧장 자기의 마음이 본래 부처임을 문득 깨달아 얻을 법이 하나도 없고 닦을 수행이 하나도 없으면, 이것이 위 없는 깨달음이며 참되고 변함없는 부처이다."[466]

• 《대지도론》에 "마음으로써 부처를 보고 마음으로써 부처를

---

464 師謂休日 '諸佛與一切衆生 唯是一心 更無別法. 此心無始已來 不曾生不曾滅 不靑不黃 無形無相 不屬有無 不計新舊 非長非短 非大不非小 超過一切限量 名言蹤跡對待 當體便是 動念卽乖. 猶如虛空 無有邊際 不可測度'

465 唯此一心 更無微塵許法可得. 卽心是佛 如今學道人 不悟此心體 便於心上生心 向外求佛 著相修行 皆是惡法 非菩提道

466 唯直下頓了自心本來是佛 無一法可得 無一行可修 此是無上道 此是眞如佛

만들어내나니, 마음이 곧 부처이고 마음이 곧 이 몸이니라."[467]

• 보조 국사의《수심결》에 "삼계의 뜨거운 번뇌가 마치 화택과
같거늘 거기에 참아 오래 머물러 긴 고통을 달게 받으랴. 윤회함
을 면하고자 할진대 부처를 구함만 같지 못하고 만일 부처를 구
하고자 할진대 부처는 곧 마음이니 마음을 어찌 멀리 찾으리오
각자의 몸 가운데를 여의지 아니하였도다."[468]

• 《조당집》마조전馬祖傳에 도일 선사는 대중에게 일러 말하기
를 "그대들은 각자의 마음이 이에 부처임을 믿을지니 이 마음이
곧 이에 부처의 마음이라."[469]

• 《도일선사탑명병서》에 도일 선사가 항상 말하기를 "부처가
사람에 멀지 않다는 것은 곧 마음이 증명함이라."[470]

• 《육조단경》에 한 스님 법해는 소주 곡강 사람인데 처음 조
사를 참례하고 물어 말하기를 "곧 마음이 곧 부처라는 말을 알지
못하겠으니 원컨대 가르쳐 깨워주소서." 대사가 말하기를 "앞 생
각이 나지 않음이 곧 마음이요 뒤 생각이 멸하지 않음이 곧 부처
이며, 일체를 이룸이 곧 마음이요 일체 상을 여읨이 곧 부처이니

---

467 以心見佛 以心作佛 心卽是佛 心卽我身
468 三界熱惱 猶如火宅 其忍淹留 甘受長苦 欲免輪廻 莫若求佛 若欲求佛
　　佛卽是心 心何遠覓 不離身中
469 道一每謂衆曰 '汝今各信心是佛 此心卽是佛心'
470 道一常說 '佛不遠人 卽心而證'

내가 만일 갖추어 말하면 많은 세월을 말하여도 다하지 못할지니라."[471]

• 《육조단경》에 "너희들은 자세히 들어라. 후대에 미혹한 사람이 만일 중생임을 알면 그것이 곧 불성이고 만일 중생임을 알지 못하면 만겁 동안 부처를 찾아도 만나기 어려우니라. 내가 이제 그대들을 가르쳐서 자기 마음의 중생을 알게 하고 자기 마음의 불성을 보게 하리니 부처님을 보고자 하면 다만 중생임을 알아라. 중생이 부처를 미혹하게 한 것이지 부처가 중생을 미혹하게 한 것이 아니니, 자성을 만일 깨달으면 중생이 곧 부처요, 자성이 만일 어리석으면 부처가 바로 중생이니라. 자성이 평등하면 중생이 바로 부처고 자성이 삿되고 험하면 부처가 바로 중생이니라. 그대들의 마음이 만일 험하고 굽으면 곧 부처가 중생 가운데 있고 한 생각 평등하고 곧으면 곧 중생이 성불하는 것이라. 내 마음에 스스로 부처가 있으며 자기의 부처가 참 부처이니 만일 불심이 없으면 어느 곳에서 참 부처를 구하리오. 그대들의 마음이 곧 부처이니 다시는 의심하지 말아라. 밖으로는 한 물건도 세울 것이 없으니 모두 이 본심이 만 가지 법을 내는 것이라. 그러므로 경에 이르기를 '마음이 생기면 온갖 법이 생기고 마음이 없어지

---

471 僧法海 韶州曲江人也. 初參祖師 問日 '卽心卽佛 願垂指諭' 師日 '前念不生卽心, 後念不滅卽佛 成一切相卽心 離一切相卽佛 吾若具說 窮劫不盡'

면 온갖 법이 없어진다.' 하였느니라. 내가 이제 한 게송을 남기고 너희들과 이별하리니 이름이 '자성진불게'이니라. 후대 사람이 이 게의 뜻을 알면 스스로 본심을 보아서 스스로 불도를 이루리라."[472]

• 남전 화상에게 어떤 스님이 묻기를 "아직 사람에게 설하지 못하는 법이 있습니까?" 남전 화상이 말하기를 "있느니라." 그 스님이 다시 묻기를 "어떤 것이 사람에게 설하지 못하는 법입니까?" 남전 화상 대답하기를 "마음도 아니요, 부처도 아니며, 물건도 아니니라."[473]

頌曰

閉眼群塵滿 폐안군진만

닫힌 눈에는 뭇 티끌 채워지고

---

[472] 師言 汝等諦聽 後代迷人 若識衆生 即是佛性 若不識衆生 萬劫覓佛難逢 吾今教汝識自心衆生 見自心佛性 欲求見佛 但識衆生 只爲衆生迷佛 非是佛迷衆生 自性若悟 衆生是佛 自性若迷 佛是衆生 自性平等 衆生是佛 自性邪險 佛是衆生 汝等心若險曲 即佛在衆生中 一念平直 即是衆生成佛 我心自有佛 自佛是眞佛 自若無佛心 何處求眞佛 汝等自心是佛 更莫狐疑 外無一物而能建立 皆是本心生萬種法 故經云 '心生種種法生 心滅種種法滅' 吾今留一偈 與汝等別 名自性眞佛偈 後代之人 識此偈意 自見本心 自成佛道

[473] 南泉和尙 因僧問云 '還有不與人說底法麼?' 泉云 '有' 僧云 '如何是不與人說底法' 泉云 '不是心 不是佛 不是物'

開心宇宙盛 개심우주성

열린 마음에는 우주가 담긴다네

無知成佛祖 무지성불조

알음알이 없으면 부처조사 이루지만

有識造迷生 유식조미생

유식은 미혹한 중생을 만드니라.

첫 권의 말미에 글을 붙이니

大凡此身-住於深山澗谷에 都忘世展種種之事하야 與鳥獸
爲朋하고 幽聞風水之聲也라 不久與童子五六人과 佃夫二三
人으로 紅日啓東에 採草根而摘木果하고 開墾宿田四五之畝
하며 共唱擊壤之歌와 樵叟之詠하고 幷感自然感事之心이라.
隨而日烏傾西에 收遊心而置空窩하고 當靜夜而掛月燈하며
亦讀古經聖賢之文하고 硏磨圓理奧妙之義하야 能脫生死迷惑
之網也라 惟獨永生傍助我佛之業하고 長劫普轉一圓之道하며
仍作福樂하고 又備智慧하리라 實堅立弘願하야 濟度衆生하
고 建設樂園하야 逍遙於乾坤盡滅之日하리니 果然這活을 孰
敢爲干涉乎아.

무릇 이 몸이 깊은 산 시냇물 흐르는 계곡에 머물러 세상에서
펼쳐지는 갖가지 일을 다 잊고 새와 짐승으로 더불어 벗을 삼으
며 그윽이 바람소리 물소리를 들으리라. 이윽고 동자 대 여섯과

밭가는 농부 두 셋으로 더불어 붉은 해가 동쪽에 열리면 풀뿌리를 캐고 나무 열매를 따며 묵은 밭 네다섯 이랑을 일구고 함께 격양의 노래와 늙은 나무꾼 노래를 부르며 아울러 자연의 고마운 마음을 느낄지라. 따라서 태양이 서쪽으로 기울면 놀던 마음을 거두어서 텅 빈 집에 두어두고 고요한 밤을 당해서 달을 등 삼아 걸고 또한 옛 경전 성인의 글을 읽으며 둥근 진리 오묘한 뜻 연마하여 능히 생사의 미혹한 그물을 벗어버리리라. 오직 홀로 긴긴 생애 우리 부처님 사업 곁에서 돕고 긴긴 세월 일원의 도 널리 굴리며 이에 복락을 장만하고 또한 지혜를 갖추리라. 진실로 큰 원력을 굳게 세워서 중생을 제도하고 낙원을 건설하여 하늘땅이 다 소멸하는 날까지 소요하리니 과연 이러한 삶을 누가 감히 간섭하겠는가.